从小有畜聚 到见微知著

曾仕强 著

民主与建设出版社
Democracy & Construction Publishing House

图书在版编目（CIP）数据

易经的智慧合集／曾仕强著. --北京：民主与建设出版社，2016.4（2025.4重印）
ISBN 978-7-5139-1069-9

Ⅰ.①易… Ⅱ.①曾… Ⅲ.①《周易》-研究 Ⅳ.①B221.5

中国版本图书馆CIP数据核字（2016）第081321号

易 经 的 智 慧 合 集
YIJING DE ZHIHUI HEJI

责任编辑：	顾客强
出版发行：	民主与建设出版社有限责任公司
电　　话：	（010）59417749　59419778
社　　址：	北京市朝阳区宏泰东街远洋万和南区伍号公馆4层
邮　　编：	100102
印　　刷：	河北环京美印刷有限公司
版　　次：	2016年4月第1版　2025年4月第2次印刷
开　　本：	710mm×1000mm　1/16
印　　张：	107.75
书　　号：	ISBN 978-7-5139-1069-9
定　　价：	680.00元（全6册）

注：如有印、装质量问题，请与出版社联系。

目 录

第二十二集　卦有次序⋯⋯⋯⋯⋯⋯1

第二十三集　小有畜聚⋯⋯⋯⋯⋯13

第二十四集　以小养大⋯⋯⋯⋯⋯25

第二十五集　实践天道⋯⋯⋯⋯⋯37

第二十六集　柔能克刚⋯⋯⋯⋯⋯49

第二十七集　天下太平⋯⋯⋯⋯⋯63

第二十八集　君子的责任⋯⋯⋯⋯75

第二十九集　否从泰来⋯⋯⋯⋯⋯87

第三十集　　无道则愚⋯⋯⋯⋯⋯99

第三十一集　否极泰来⋯⋯⋯⋯⋯111

第三十二集	一视同仁	125
第三十三集	万众一心	137
第三十四集	为富要仁	151
第三十五集	谦恭合礼	163
第三十六集	谦谦君子	175
第三十七集	乐极生悲	187
第三十八集	择善而从	201
第三十九集	整治腐败	215
第四十集	临事而惧	229
第四十一集	亲临现场	241
第四十二集	观察瞻仰	253
第四十三集	见微知著	265
第四十四集	慎始善终	279

易经的智慧・第二十二集　卦有次序

伏羲氏创造的八卦图只有符号而没有文字，因而被称为"无字天书"，几千年来，后人不断地用文字对八卦图进行各种各样的诠释，逐渐形成了《易经》。其中最著名的有三部：《连山易》《归藏易》《周易》。这三部《易经》最大的区别，就是六十四卦的排序不同。在漫长的历史长河之中，《连山易》和《归藏易》渐渐残缺不全了，能够流传至今的，只有周文王所著的《周易》。那么《周易》是根据什么对六十四卦进行排序的？这种排序又给了我们什么启示呢？

第二十二集　卦有次序

大家如果用心看《易经》，会发现它提供了一个很好的架构，让我们每一个人都可以根据自己的学识，根据自己的见地，根据自己的胸襟，根据自己的涵养，做不同的诠释。所以每一个人讲《易经》，多少都会有所不同，我们都应该予以尊重。

伏羲氏一画开天地，这一画就是太极，而太极生两仪，两仪生四象，四象生八卦，八个三画卦又互相组合，成为六画卦，就形成了六十四卦。也就是说，六画卦一共有六十四种变化（图22-1）。

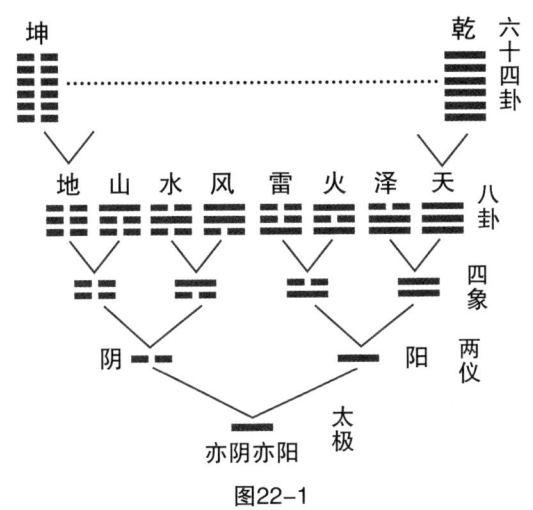

图22-1

那么，六十四种变化所产生的卦，该怎么去安排次序？这个当然也是仁者见仁，智者见智，你说你的，他说他的，你排你的，他排他的。

我们知道，有一种把艮卦排在第一卦的，叫作《连山易》，因为艮就是山，艮卦上艮下艮，下面一个山，上面一个山，山外有山。当时在天地之间最高的就是山，而且山连续不断，统治者希望他的统治能够像山一样

连绵不断,所以就把艮卦摆在第一卦,这是非常合情合理的。也有把坤卦摆在第一卦的,叫《归藏易》。因为坤为地,万物莫不归藏其中。人类的文化和文明都以大地为主,所以在人类文明草创时期以坤卦为首,也是有道理的。而《周易》是把乾卦摆在第一卦。当然,我们也相信有很多人会把谦卦摆第一卦,因为谦卦本来就是《易经》中核心的一卦!还可以把泰卦摆在第一卦……可是弄来弄去,最后大家慢慢地取得一致的想法——就按照周文王当时所排列的卦序,他一定有相当的道理。

历史上《易经》六十四卦有很多排序方法,而至今还广为流传的,只有周文王所著的《周易》,也就是以乾卦为首的排序方式。为了便于人们理解《周易》的这种排序,孔子还专门作了《序卦传》。那么,《序卦传》是如何解释这种排序的呢?

《序卦传》是把乾、坤、屯、蒙、需、讼、师、比……这六十四卦为什么会有这样的次序进行了推演。第一句话是:**有天地,然后万物生焉**。天地就是乾坤两卦,所以实际上一出来就是两个卦,不是只有一个卦。因此我们再说一遍,中国人最大的遗憾就是把儒家跟道家分开来看。儒家比较偏重乾卦的发挥,道家比较偏重坤卦的使用,道家的以柔克刚、不敢为天下先,都在讲坤卦。我们只能说把乾卦解释得最精彩的是孔子,把坤卦讲得最精妙的是老子。

一个人,如果始终是儒家的刚健、自强不息,恐怕也活不下去。那样太紧张了,一定要用道家的无为思想来调适。所以孔子不是纯粹的刚健、自强不息,孔子有他轻松的一面。有一天,孔子跟子路说:"哎呀,这个道不可行,我们那么辛苦,人家根本就不相信我们,干脆我们弄个小船,到海外去溜达溜达,不问世事算了。"子路听了就很认真地说:"老师,你真的要去,我陪你去!"孔子说:"你真傻,我会做这种事吗?我讲着玩儿而已啦!"(原文见《论语·公冶长》)这里的"讲着玩儿"就是道家。

第二十二集 卦有次序

同样，一个人就算是道家，也必定有积极的时候，也必定有自强不息的一面，否则也是道不起来的。所以我们不能再把儒道分家。后来我们又把佛家的思想也拉进来，主要就是因为它可以构成我们生活里面更充实的内涵，而它跟《易经》也是不冲突的。

天地生万物，乾坤是《易》的门户，那么，天地的功能是什么？就是创造万物。可能有人会问，这到底是创造论，进化论，还是演化论？我想那是西方的思路，对我们中国人来讲，这些都是同时存在的，既创生又演化，然后又不停地进化，有进必然有退，不可能一路进或者一路退，因为进退是一体两面的。

譬如说中国人有能屈能伸的民族性，这个能屈的部分就是坤，能伸的部分就是乾。乾告诉我们要自强不息，只要有机会就要抓住，只要有能量就要发挥。可是当环境不许可的时候，当你感觉到力不从心的时候，那你就要像坤卦一样的逆来顺受。所以中国人老是讲两句很矛盾的话——自强不息，逆来顺受，合起来就叫作能屈能伸。

 自强不息，逆来顺受，合起来就叫作能屈能伸。
　　　　　　　　　　　　　——《易经》的智慧

读卦的时候，凡是看到一个卦，就要想到与之相反的那一种变化，然后把两个合起来，才可以考虑得比较全面、比较周到。

乾为天，坤为地，天地孕育了万物，所以乾坤两卦成为《周易》的开始。然后乾卦的六条阳爻和坤卦的六条阴爻，互相交错，从而生出其他的六十二卦。那么，天地之间的万物是怎样繁衍的？而乾坤之后的屯卦和蒙卦，又是如何解释这个现象的呢？

《序卦传》接着说道："盈天地之间者，唯万物，故受之以屯。屯者，盈也；屯者，物之始生也。物生必蒙，故受之以蒙。蒙者，蒙也，物之稚也。"

"盈"这个字很像怀孕的"孕"字，就表示天地孕育万物，而盈满天地之间的也不过是万物而已。万物有一个共同的根本，就是天地。《序卦传》第一句话"有天地，然后万物生焉"中的"天地"，在告诉我们要把乾坤合在一起（图22-2），而这几句话就在告诉我们要把屯卦与蒙卦这两个卦合在一起（图22-3）。

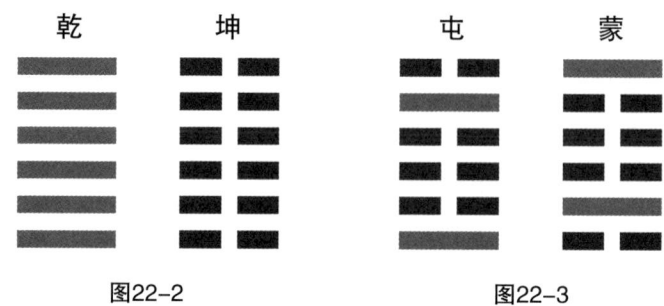

图22-2　　　　　　　图22-3

原始人类一开始是从小孩子出生这个难关去感受始生之艰难的。当你看到屯卦的时候，你可能会想象到一棵小草很容易就生长出来了，不像人出生那么艰难，要怀胎十月，而且生产时还会面临高度的危险。其实如果设身处地，把自己想象成一棵小草，你会发现小草要钻出地面，跟人怀胎十月生产的危险和辛苦的程度是一样的。只是很多人没有办法将心比心，所以才无法了解。我们看卦象，想道理，一定要将心比心。人跟草是一样的，草的艰难，草的用心，草在最后突破的时候，跟人怀胎、诞生所遭遇到的艰难与危险程度是没有差别的。

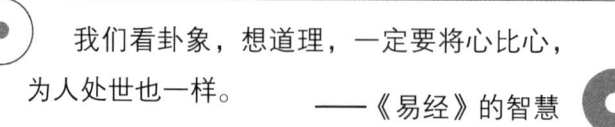

我们看卦象，想道理，一定要将心比心，为人处世也一样。
——《易经》的智慧

这就告诉我们，万事起头难。同时也不要以为只要生出来以后，就能一通万通，一辈子都没有问题了，而是一岁有一岁的问题，两岁有两岁的问题，三岁有三岁的问题……随时有问题产生。我们知道《易经》六十四卦都是相互对应的，所以我们不仅要看到屯卦的万事起头难，还要马上看

第二十二集 卦有次序

到它的综卦,就是蒙卦。蒙卦的要义告诉我们,要活到老学到老。

"蒙者,蒙也,物之稚也",前面的"蒙"是卦名,指蒙这个卦,后面的"蒙"是指蒙卦所表示的意思,即蒙昧,这样才叫作"蒙者,蒙也"。"物生必蒙,故受之以蒙",意思是物生下来必然会蒙,蒙就是蒙昧、幼稚,说好听一点叫天真。天真很可爱,但是幼稚是很可怜的。这又是一阴一阳之谓道。小孩子天真很可爱,但如果他到了十岁还天真,到二十岁还天真,做父母的就着急了:这孩子将来可怎么办呢?可见,每一件事情都需要有一个阶段性的调整,这也就是为什么一个卦要有六个爻的原因。

蒙是什么?蒙就是"物之稚也","稚"就是幼稚。物一生出来,它一定是蒙昧、幼稚的,所以一定要学习。

屯是始生,蒙是幼稚、蒙昧,把屯卦跟蒙卦合在一起,我们才能去体会孔老夫子讲的那一句话:"朝闻道,夕死可矣!"这句话的意思是说,我早上听懂了道理,就开始脸红,开始觉得很不好意思,知道自己因为不懂道理而做错了很多事情。这里的"夕死可矣"并不是说知道了道理,晚上就算死掉也心甘情愿,而是说我就把过去的那些错误当作昨天晚上已经逝去一样,从现在开始过新的生活。

人一出生,就面临着蒙昧,启蒙之后会再生,再生是又一个新的屯(始生)出现。人随时要过新的生活,为什么要过新生活?就是因为老的那一套不对,要丢掉,要更新自己的生命,那就等于重生了。其实很多人会觉得自己死过好几次,就是自己曾经很丢脸,恨不得去死,可是后来通过自己的改变,又得到了大家的欢迎,自己也觉得这样无愧于天地,这就是一个新的人出来了。就算一个人坐了牢,我们也希望他在牢里面能够改过自新,出狱以后重新做人,我们愿意再给他一次重生的机会。这就是由屯到蒙,再由蒙而屯,屯蒙始终连续不断,可以说人的一生都在做这件事情。

表面看来《序卦传》是解释卦序排列的,实际上,它也是在说明人生的成长过程:母亲历经千辛万苦,生下孩子,而孩子刚出生的时候是蒙昧的,需要启蒙。那么,启蒙了以后,又会出现什么问题呢?

《序卦传》接下来说："物稚不可不养也，故受之以需。需者，饮食之道也。""需"是饮食，即需求，有了需求，就一定会产生争执，因此接下来说道："饮食必有讼，故受之以讼"。可见需和讼是同时出现的（图22-4）。人有需求，而资源不足，由此而产生争讼，一直到现在这个问题仍然存在。

图22-4

需卦是说人一出生就有需求。需求好不好？答案是：很难讲。人完全没有需求，像木头人一样，那是很可怕的。所以需求在某个方面来讲，对人是好的。可是需求经常会过度，要求不断，欲望无穷，再加上每个人都是好了还要更好，有了还要更多，那样需求就变成人的一种负担，最后人就会非常痛苦。而且因为资源永远是有限的，机会永远是不足的，而每一个人的需求却都越来越大，这样一来，大家就会去抢资源，争地盘，就是我们常讲的争权夺利。所以需和讼也是不分家的。

为什么会讼？小孩子抢玩具，大人抢职位，这都是争执。讼的广义就是看到东西就争抢。口头上骂来骂去是讼，打来打去也是讼，打官司更是讼。我们把需、讼两卦合在一起，就知道平常要未雨绸缪，有争端，要想办法消弭于无形，这就是孔子所讲的"必也使无讼乎"。

人是一定会讼的，但是有修养的人，一方面会未雨绸缪，一方面事到临头的时候，会退让一步，使本来会争执，会发生口角，要打官司的讼，消弭于无形。这也就是我们平常讲的，既要节制需求，还要少惹是非。

所以每一个人都要忍耐，把忍耐当作是一种美事。因为如果一有需求马上就得到满足，欲望就会逐渐高涨，然后欲望就无穷了，就变得贪得无

第二十二集 卦有次序

厌了。贪得无厌是所有人都看不惯的：你这个人什么都有，你还要！你不应该想想别人吗？你不应该照顾一下别人吗？像这些事情，其实我们从需卦里面都可以看得非常清楚。

各取所需，一定要加上讼卦的精神。讼卦的精神就是慎谋能断——盘算盘算自己该不该要，该要多少，该什么时候要，该向谁要，要来怎么样……这些通通都想清楚以后，就必"无讼乎"，就把本来会引起争执的，都消弭于无形了。所以需和讼这两个卦合在一起，社会就会很和谐，每一个人都会比较愉快，大家才会精诚团结，共同找到一个商量的目标，分工合作，使整个社会逐渐地进步。

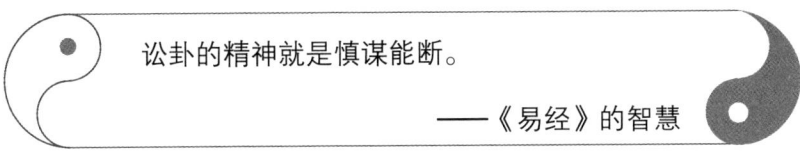

讼卦的精神就是慎谋能断。
——《易经》的智慧

人人都有需求，但要适当地节制，避免造成需求无度和利益冲突；而当利益发生冲突时，要学会谦让和忍耐，从而做到"无讼"，这就是"需"和"讼"的意义。但是，如果事情处理不当，发展到了必须"讼"，而"讼"的结果又不能令人满意的时候，人们又该怎么办呢？

《序卦传》接下来说："*讼必有众起，故受之以师。师者，众也。众必有所比，故受之以比。比者，比也*（图22-5）。"

图22-5

当一个人骂不过人家，就叫上几个人一起来骂，还骂不赢就开打了，然后就兴师动众。打不赢，骂不赢，打官司输得不服气，然后就开始纠集

一帮人靠武力来解决问题，这就是师。简而言之，师就是一批人为了同一个目标去卖力，甚至搞到流血。

劳师动众就是师卦。师卦有一个必要的原则，就是要为民除害，才可以兴师动众。如果为了私人的利益而把一帮人聚集起来，使得社会不安定，那就不叫师卦，而是叛乱，跟出师有名完全是相反的。

与师卦对应的是比卦，比卦是要志同道合。志同道合的目的是什么？如果大家志同道合是要去欺负弱小，去霸占他人财产，把所有的机会都垄断，那样的志同道合是没有好处的。所以志同道合一定要有一个共同的目标，就是为民造福。

师和比这两个卦，一个是为民除害，一个是为民造福，可见我们所作所为都要为大众而不要为私人。这样我们才知道，为什么中国人很少主张个人主义，我们所采取的，是对大家都有利的，而不是以个人的利益为出发点，这一点我们从《易经》的卦象里面，可以看得非常清楚。师卦是物以类聚，物以类聚就是气味相投的人会结成一个小团体，成立一个小组织，可是比卦告诉我们，知己难逢，相识满天下，知心有几人？就表示亲比的对象难找，我们要很谨慎去选择亲比的对象。

"众必有所比"，就是说我们要去比较，自己跟哪些人比较志同道合，跟哪些人是貌合神离，意见相左，迟早要分开的。我们需要在这里面去比来比去。比来比去的结果就是我们常讲的大圈圈里面有小圈圈，小圈圈里面还有皇圈圈，皇圈圈就是指最为亲近的那些人。

我问过几百个总经理，我说："作为领导，你是喜欢把你的干部领导得一视同仁，还是领导得有差别？"大多数人都是说，一定要有差别。我说："为什么？"他们的说法是："如果我一视同仁，讲起来很好听，但是只要有什么风吹草动，所有人都跑光了。因为他们心里会想：你平常也没有特别照顾我，这时候我为什么要留下陪你！这样的话，大家就都跑光了，只剩下我孤家寡人一个。所以必定要大圈圈里面有小圈圈，小圈圈里面还有皇圈圈，碰到危险的时候，外面那几圈人都跑掉了，最起码那个核心的团体还会巩固我这个领导中心……"我相信这是痛苦经验得出的结

第二十二集　卦有次序

论,但是这不成道理,如果人人都这样,那每个人都只有私心了。

比,比较合理的方式就是刚开始的时候一视同仁,因为谁都不认识,怎么可以偏心呢?但是慢慢地就会比较亲近某些人了。但是一定要记住,不能因为他是我的同乡,我就特别照顾他,不能因为他是我的老同学,所以我特别跟他走得近一点,不是因为他是谁的亲戚朋友,所以我特别重视他一些,都不可以。要纯粹以公为出发点,哪些人表现得好,对这个团体贡献得多,就可以拉近一点。所以,比有两个情况,一个是私的比,一个是公的比,这也是一阴一阳之谓道。

综上所述,无论是师,还是比,都不能用来谋私,而必须建立在为公的基础之上,这才符合《易经》中一阴一阳之谓道的思想。而人们常说的"师忧比乐",其实也是事物的一体两面。那么,如果把师和比这两个卦融合在一起,将会产生怎样的结果呢?

把师卦和比卦这两个卦合在一起想,就不难想出中国人几千年来一直在做的,就是不打不相识,天下为一家。从我们的历史中,大家会发现,我们是很多不同的种族打来打去,最后打成了一个泱泱大国。

当你读历史,读到黄帝去打炎帝的时候,有什么感觉?炎帝跟黄帝是兄弟,为什么中国的历史是从内斗开始,而不是从打外人开始?中国人好像对外人都很客气,而对自己人反而很不客气,老是打来打去的,就是从《易经》里面得到的启发。

试想一下,有两个年轻人不听你的话,其中一个是你的弟弟,另一个不是你的弟弟,你打谁?你能打那个不是你弟弟的人吗?当然不能,否则别人一定会质疑:他又不是你弟弟,他为什么要听你的?连你的弟弟都不听你的,你还怎么能要求外人听你的呢?所以你宁愿先打自己的弟弟——你是我的弟弟,你都不听我的,其他的人怎么会听我的?由此中国人对外人比较客气,反而对自己人板着个脸,要求很严格,从这一点我们就可见一斑。

我们看到隔壁的小孩,都觉得他很可爱。因为他跟我们没有关系,他去玩泥巴是他的事,他将来怎么样是他的事,可是对我们自己的小孩,我们的感觉就不一样了,就觉得这样不对,那样不对。我们对自己人比较严,对他人比较宽松,这都是事实,这就是中国人的比。

比卦的后面是什么?《序卦传》接着说道:"比必有所畜,故受之以小畜。"到底是念小畜(chù),还是小畜(xù),我觉得不必争论,都可以。这两个字在古代是相通的,所以念小畜(xù)卦,或小畜(chù)卦,都对。真正了解它的内涵,会活用在生活当中,这才重要。

人类比对的目标就是找到少数志同道合的人,大家才会有些储蓄。做企业的人最清楚这一点。要创业,单打独斗是不行的,一个人照顾不过来,除了摆地摊以外,还能做什么?因此就必须要找几个志同道合的人,一开始也不会有明确的分工,因为一开始就明确分工,万一搞错了怎么办?我们共同来开创一个事业,大家响应,然后大家在一起,大致上有个分派,就开始比来比去,自然就有人进来,有人出去,这叫作磨合。磨合一段时间,就要定下来了,定下来就开始有产品,就开始有储蓄,就开始慢慢累积经营的资本,这样就可以逐步发展了。

关于卦序,这次只讲到我们曾经分析过的乾、坤、屯、蒙、需、讼、师、比这八个卦,每个卦与其前后卦都是环环相扣的,每一卦的产生都有一定的原因,也都有承前启后的作用。下一单元我们就要从小畜卦开始,研究后面的十二个卦。下一集我们要研讨的题目叫作小有畜聚。

易经的智慧・第二十三集

小有畜聚

面对日益高涨的物价，不断攀升的房价，以及优惠的贷款政策，储蓄在人们心目中的地位岌岌可危。当次贷危机成为世界性问题时，储蓄与消费的关系再次被世人所关注。对此，《易经》中的小畜卦给了我们怎样的告诫？通过学习小畜卦，我们又将获得怎样的生活智慧呢？

第二十三集　小有畜聚

小畜卦（图23-1）是《易经》的第九卦，这个"九"摆在这里也蛮有意思的。小畜，几乎是我们长长久久都会碰到的一种状况。大家住在一起，最起码是一个小家庭，要经历风风雨雨，有时候找工作困难，有时候耕种没有收成……时刻面临着种种的考验。慢慢我们就知道了，生活中多少要有一点储蓄，以备不时之需，就是一些意想不到的开支，要从平常的储蓄中来。

图23-1

远古时代，人们成立一个家，为了避免野兽来侵害，很自然地会用草、秸秆、树枝等各色各样的东西，混合泥巴，筑成围墙，来保护自己。这样院子里就可以养鸡、养鸭，就有了自己的储蓄，这个时候小畜卦就出现了。

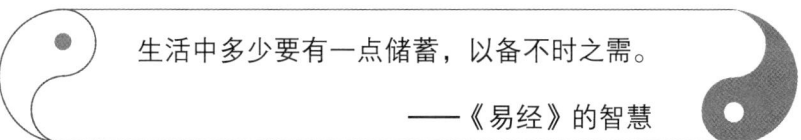

生活中多少要有一点储蓄，以备不时之需。
——《易经》的智慧

为什么用"小畜"来命名？就是告诉我们，最初的畜聚只能有一点点，还不能有太多。一个家庭也好，一个团体也好，一个社区也好，充其量都不过是小有积蓄而已。因此小畜卦的卦辞中只有"亨",没有"元"。如果说元亨,那就表示有了小小的储蓄,就可以大大的亨通,这当然是不可能的。

小畜卦的卦辞(图23-2):亨,密云不雨,自我西郊。

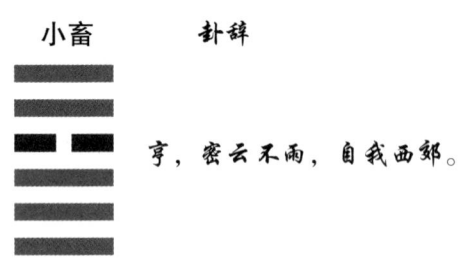

图23-2

"亨"的意思就是不是元亨,不是大亨,只是小亨而已。为什么只能小亨,不能大亨呢?从小畜卦整个的卦象,上巽下乾,风行天上,我们可以看出四个字,叫作"密云不雨"。天上有乌云,大地等待着下雨,可是怎么等,雨就是下不来。为什么会下不来呢?因为"自我西郊"。"自我西郊"的意思是说风的方向不对,风是从西边吹过来的。

很早民间就流行一句谚语:云往东,一场空;云往北,只空黑;云往南,水潭潭;云往西,马溅泥。就是说如果云是从西往东走,那是等不到雨的,只有乌云而已,不会下雨。如果云从南往北跑,也等不到雨,就只有黑云而已。可是云往南就水潭潭了,如果云是从北往南走,雨会下得很多,可以积起一潭一潭的水。如果云是从东往西走,那就要小心了,雨后路面会有积水,马跑动的时候会把泥溅起来。

中国古代在天文学方面是非常先进的,老百姓经过长期的经验累积,一看就知道,"自我西郊",风从西往东吹,到最后只是乌云密布,却等不到雨,这个时候,人会觉得很闷热,很不舒服,这象征着什么呢?我们要从小畜卦的卦象来分析。

小畜卦六个爻里面五个是阳爻,只有一个是阴爻,而六四这个阴爻就

第二十三集 小有畜聚

要发挥两种功能。六四的第一个功能就是代表物质，其他五个阳爻则代表人。人一看到物质，眼睛就睁得大大的，就想要得到，但是阴爻只有一个，就象征物质相对匮乏，而人那么多，以一个阴要养那么多的阳，人口过多而资源不足，那一定会产生"密云不雨"的那种不舒服的感觉。六四的第二个功能就是它告诉我们，要适可而止。一个阴爻，就把下面三个要往上升的阳爻压在下边，根本上升不了。

我们把小畜整个的卦象分成两段来看（图23-3），上卦是巽，巽就是风，下面三个爻是乾，乾就是天。

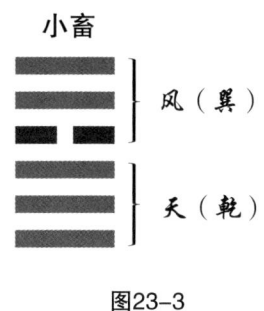

图23-3

天本来应该在上面，怎么现在跑到下面来了？凡是天跑到下面来的，我们就知道它一定会往上走，因为天是阳，又是气，阳气一定是往上升的，这是自然的现象。天本来应该在上面，现在被弄到下面来，是什么意思？就是人为物役，人变成物质的奴隶以后，就不得不在底下了。这是我们每一个人都有的痛苦经验：我们发明钞票，是为了买卖方便，结果我们变成了钞票的奴隶；发明电脑，是要给我们当工具使用的，结果我们一头钻进去，为电脑所害……人一旦为物所役，整个乾卦就被压在底下，上不去。小小的一个阴爻，就足以把五个阳爻拉得都动弹不得，这样当然不会亨通了。可是人不储蓄的话，又该怎么样呢？

人应当有所积蓄，以备不时之需。但资源有限，在储蓄的过程中，人们往往会被物质所主导。这是小畜卦卦象与卦辞给我们的告诫。在现实生

活中，人们还会常常对他人所属产生贪念，这是为何？小畜卦的象辞又给了我们怎样的告诫呢？

象辞是用来解释卦辞的，我们来看小畜卦的象辞：小畜，柔得位而上下应之，曰小畜。健而巽，刚中而志行，乃亨。密云不雨，尚往也。自我西郊，施未行也。

"小畜"是卦名，可以读作小"chù"，也可以读作小"xù"。"柔得位"，"柔"就是指六四那一爻，六四是阴爻，又是阴位，因为二、四、六都是阴位，以阴爻居阴位叫作当位，也就是得位，六四这个阴爻的位置恰好是它所要的。这就告诉我们，本来这件东西是属于他专有的，是他买的，或者是他做的，跟其他人是没有关系的，可是其他人会动心，会起贪念——我为什么不能用用？——我想这也是人之常情，因为人的本性就是看到好的东西，尤其是好吃、好用、好看、好玩的，谁都会动心。所以不管应不应该，大家都想凑过去看看有没有什么机会，可以分一杯羹。

从小畜卦的卦象中，我们看到一个小小的阴爻，居然有那么大的力量，可以把五个刚健的阳爻整个蓄积在一起。可见，物质对人的引诱力道是很强的，很多人都逃不过这一关。嘴巴讲都很容易，无欲则刚，但是一看到东西，欲望就产生了，自然就不刚了。

如果下乾不刚，小畜卦很可能会变成巽卦（图23-4），就是完全为物质所征服，心甘情愿地做物的奴隶。

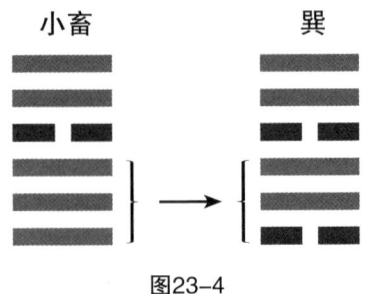

图23-4

这样一来小畜卦就整个变成重巽，上面是巽，下面也是巽，就告诉我

第二十三集 小有畜聚

们，可以一辈子做金钱的奴隶，可以一辈子做名声的奴隶，土地、名牌、电脑……反正任选一个，一头栽进去，成为它的奴隶，那小畜卦就不见了，就是巽卦了——服服帖帖，心甘情愿，为自己喜欢的物所役使，而变得人不像人。我想，其中蕴含的警示是很深刻的。

小畜卦与巽卦只是一爻之差，却深刻地揭示出，人类如果不能克制自己的欲望，就会走向人为物役的境地，成为物质的奴隶。这远远背离了我们创造物质，改善生活的初衷。那么，我们应当采取怎样的措施，才能避免这一问题的产生呢？

"健而巽"，是说小畜卦的卦象是下乾上巽，"健"就是下乾，乾卦当然很刚，很健，而且很持久，一直想要扳回它的身份，要恢复它的立场。所以三个阳爻基本上都是要往上走，要回到原来在上的位置，这才是君子应有的修养——我要恢复正道，要把物当作我的工具，而不是我被它所役使。

"志行"就是按照小畜的道理，能够实际施行，还是行得通的，因此"乃亨"。处在这种状况之下，只要能改变心意，端正观念，养成良好的习惯，自然还是可以走上正道，所以才有一个"亨"字。这个"亨"不是原来就带来的，而是要通过改变自己，才能够达成的一种境界。

小畜卦整个的卦象就是"密云不雨"。为什么？因为"尚往也"，"往"就是往上的意思。《易经》中向上叫作往，向下叫作来，上上下下，就是往来。"尚往也"就是说下面这三个阳爻都要往上走，可是被六四这个阴爻挡住了，制止了，但还是要继续努力不断地往上走，所以叫作"往"。这告诉我们：小小的积蓄虽然买这个不够，做那个也不行；少少的资源，虽然不管怎么分配大家都不满意，但是没有关系，把它当作一个过程，只要不断地充实自己，继续努力，还是可以蓄积的。

雨是不是越大越好，畜聚是不是越多越好呢？其实也不是，因为太大太多了，问题更多。"自我西郊"就是说风是从西边来的，所以我们不用

急着要等下雨,要耐心地充实自己,将来自然会有突破。《易经》的好处,就是它永远带给我们希望,不会告诉我们此路走不了,那里行不通,只是提醒有困难,而不是无路可走。

人们常说天道酬勤,小畜卦的象辞就告诉我们,只要努力争取,耐心等待,终会获得亨通。但积蓄是个漫长的过程,在物质欲望始终无法获得满足的情况下,我们应当保持怎样的心态,等待亨通的到来呢?小畜卦的大象又给了我们怎样的启示呢?

小畜卦的大象:**风行天上,小畜。君子以懿文德。**

小畜卦的卦象就是,"风行天上"。上卦是巽,也就是风,下卦是乾,也就是天,风行天上这个景象,我们把它叫作小畜卦。

君子观察到风行天上的这种景象,推天道及人事,考虑到做人应该"懿文德"。当人的物质欲望不能得到满足的时候,抱怨、抢夺,其实都无济于事,倒不如好好想一想,物质真的是最重要的吗?为什么小畜卦的卦辞只有"亨",而不是"元亨"呢?为什么所有的物质都会引起你争我夺?为什么所有的物质到最后都是一场空呢?人死了以后,必然不能带走任何物质!所以做人要改变观念,"懿文德"比积蓄物质更重要。

"懿"就是美化,"文德"就是人文德业。留给子孙一大堆金银财宝,倒不如留给他们几部好书,让他们脑筋清楚,懂得道理。人除了物质生活以外,还有精神生活,物质生活是永远不会满足的,所以不要在这上面花太多的时间,倒不如花一点时间,让家人更和乐,更上进,更懂得做人,更像一个堂堂正正的中国人,那不是更好吗?

> 人除了物质生活以外,还有精神生活,"懿文德"比积蓄物质更重要。
> ——《易经》的智慧

我们常说逆境出人才,也就是说物质贫乏有时候会变成一个很好的助

第二十三集　小有畜聚

力。很多人才都是穷苦人家出身，一些成功人士回忆起童年的时候，都会感叹自己小时候吃了很多苦。出身贫苦，但通过自己的努力，最终取得了很高的成就，而富人子弟，却很少能够吃苦耐劳。当然我们不是说凡是富家子弟就一个比一个坏，当然也有不少富家子弟是品学兼优的，但是多半富家子弟都有一些不良的习气，这是很难改变的。

我们可以了解到，君子行道的时候，不见得很顺利，这一点我们看孔子就好了。孔子没有学问吗？孔子的道理讲得不够透彻吗？孔子的能力不足以把一个国家治理得好吗？几乎没有人会怀疑孔子的能力，但是老天就是让他行不通。恰恰就是行不通，孔子才会留下很多东西，让后代的人长期去学习、去使用。如果孔子行道一下就通了，马上有人请他去当宰相，他也能把那个国家治理得很好，但这样一来他就变成周公第二了。周公很有实际的成果，但是他到底怎么做，怎么想的，我们不知道，因为他太忙了，没办法写书著述。孔子就是这里走不通，那里走不通，这个不够，那个不行，所以才只好带几个学生，将君主不想听的话讲给学生听，而学生慢慢把他所讲的内容整理出来，就流传下来一部《论语》，到今天我们还在学习，而且非常管用。所以小畜有小畜的好处，我们不能小看它。

孔子行道障碍重重，反而成就了《论语》流传千年，正如孔子所说"时也，命也"。可见君子虽有大智，也还需要等待时机。但在等待的过程中，一些君子逐渐误入歧途，从好人变为坏人，这是为何？我们又应当如何避免这样的事情发生呢？

"密云不雨"，就是眼看着要下雨，等了半天却下不来。雨降不下来，万物就得不到滋润。这跟需卦有点不一样，需卦是等了一会儿，雨就下了。小畜卦会不会下雨？也会，但是等的时间太长了，很多人就按捺不住，就不等了，就往别的地方走了。君子有大智，但是力不从心，就走旁门邪道了。一个人，如果没有经过考验，没有经历挫折，没有吃过苦头，怎么能证明自己是好人呢？如果好人就能事事顺达，那人人都争当好人，

坏人也来当好人了！坏人就是有甜头就吃，很快就有成就，最后才知道罪大恶极，自己要去承受那个恶果。

一个人，总有还没有准备充分的时候，以至于理想不能发挥，那个节骨眼就叫小畜。有时候我们去餐厅，会看到门口挂了一个小牌子，写着"休息中"。我对此很不以为然，我有一次就跟一个老板讲："你现在不在休息中，你挂'休息中'，很多顾客来了，看见牌子就很懊恼，什么时候了你还在休息！以后你挂牌子，应该挂'小畜'。"老板说："什么叫小畜？挂'小畜'谁看得懂啊？看不懂就等于没有用！"我告诉他："那你可以挂'准备中'，顾客一看，知道你是在做准备，他就心平气和了。"一个小牌子，一面是"准备中"，一面是"营业中"，一阴一阳，不管看到哪一面，顾客心里总不会不舒服。

我们解释《易经》的卦，也要与时俱进，既要根据卦象、爻与爻的关系，还要结合现代的实际状况来加以说明。这个叫作权不离经，万变不离其宗。

《易传》里面讲得很清楚，所有的经文都"不可为典要"，不能永远是一样的解释，而要"唯变所适"，要看整个情况，随时做合理调整。所以，当你很有理想，却没有机会，发现这也行不通那也行不通的时候，你就要向孔子学习。孔子就是在这种情况之下，才悟出一个道理，叫作反求诸己。

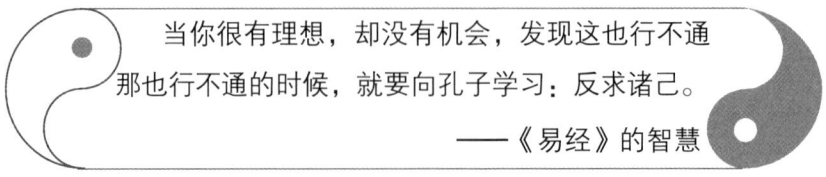

当你很有理想，却没有机会，发现这也行不通那也行不通的时候，就要向孔子学习：反求诸己。
——《易经》的智慧

我们都希望事事顺利，命运亨通。但在现实生活中，远大的理想，良好的机遇，却常常不能实现。针对这一问题，孔子提出，反求诸己，这应该作何解释？我们应当以怎样的正确心态面对暂时的失利，避免怨天尤人呢？

第二十三集　小有畜聚

　　为什么这个行不通？为什么别人看不上我？……反求诸己。所有的问题都要从自身找原因。"自我西郊"，就是我自己的方向错误，我还没有准备好，我的德行不足……这样想就对了。

　　一个人想做什么，马上就行得通，好不好？其实是不好的，因为那就太顺了。一个人处顺境的时候，是最容易出差错的。当我们有一毛钱的时候，我们就应该想到这是小畜的开始，因为一万块钱，也是从一毛钱一毛钱积累起来的。我问过很多人："你在路上看到一块钱，你会怎么处理？"现在已经有这样的人，看到一块钱，往阴沟里面一丢；看到一块钱，用脚踢开……那我就想，这个人一辈子都不可能成功！八九不离十。大家应该很清楚，这样的人修养不可能好，就是他的人生观、价值观有问题。看到一块钱，把它捡起来，就算自己不要，也把它放在比较明显的地方，谁想要谁就拾去了，这是一种人；捡到十块钱，立刻拿去花掉，这是另一种人。还有一种人，看到地上有一块钱，觉得这一块钱大概也没有什么失主，丢的人也不会再回来找了，于是就把它存起来，积少成多，这个人将来就可能有比较高的成就。

　　从早期人类社会饲养动物，到当代经济社会银行林立，储蓄的观念深入人心，但储蓄并不等于不消费。在物价飞涨的当今社会，我们应当怎样正确对待储蓄与消费的关系？《易经》中的小畜卦又给了我们怎样的启示呢？

　　现在很多人都有过这样的经历：你想买一栋房子，一问，要二十万，你心想：糟糕，这个要二十万啊，我现在一个月才不到一千块钱的收入，怎么办？于是就积啊，攒啊，慢慢小畜啊，积到二十万，终于可以买房子了，但你再去问的时候，房价涨到五十万了。你只好继续积蓄，当你积到五十万的时候，房价已经涨到一百万了……这是自然规律对我们人生最大的考验，就看我们如何应对。

　　小畜卦告诉我们，一切一切都是从小开始，所以我们常说：勿以善小而不为，勿以恶小而为之。关于储蓄，还有一句话：当用不省，当省不用。不管结果怎么样，应该储蓄还是要储蓄，应该花用就要花用。当用不省，当省不用，加起来只有八个字，却可以永久使用。有了这个原则，再进入小畜卦，就可以发挥很大的功能。

 小畜卦告诉我们，一切一切都是从小开始。
——《易经》的智慧

该省的，哪怕是一毛钱，也不能浪费。不能有这样的想法：我很有钱，我花个一百万算什么？因为花钱的意义是一样的，你的一毛钱，跟他的一百万，有时候是相等的，因为这一毛钱或者一百万在整个财产的总值中所占的比例是一样的，不能单纯用一个数字来衡量。不该做的事情，就算有天大的好处，也坚决不做；该花的钱，不能因为要存起来买房子，就把该做的事情舍弃掉，否则就不叫小畜了。

小畜的目的，一定是为了大家好。小畜的上卦是一个巽卦，巽就是风，风是很顺的，是无孔不入的，没有人挡得住，所以人一看到东西，就起心动念，就想要，这是最糟糕的一点。什么都想要，求而不得，那就痛苦不堪了。所以，一定要从小就养成习惯，要以小养大，这是小畜卦的宗旨。

《易经》阴小阳大，小畜卦以六四一个小的阴爻，就可以畜养五个大的阳爻，这是很典型的以小养大。所以下一集我们就一起来讨论怎样以小养大。

易经的智慧・第二十四集　以小养大

现代人的生活离不开金钱,然而在拼命追求财富积累的现代社会,金钱正是对人们最大的考验。俗话说:人为财死,鸟为食亡。一个人一旦为金钱所惑,必将给自己招灾惹祸。那么金钱真的是万恶之源吗?我们应该如何看待财富,又应该如何运用财富呢?

第二十四集　以小养大

小畜卦一共有六爻，五个阳爻，只有第四爻为阴爻，这个卦象代表一个物质出现的时候，我们对它的态度，用四个字来形容，就叫作见钱眼开。当然，物质是我们生活的一个基础，但是一旦见钱眼开就糟糕了。小畜卦的卦辞中说"小畜，亨"，那怎么样才能够亨呢？

我们要从初九看起，初九爻的爻辞（图24-1）：**复自道，何其咎？吉**。这就告诉我们，第一爻如果做得好，自然就会吉祥。

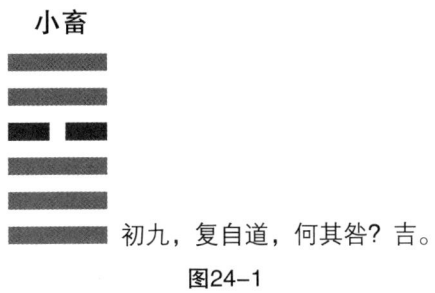

初九，复自道，何其咎？吉。

图24-1

"复自道"是什么意思？"复"就表示做错了，所以才会"复"，如果没有做错，重新来过干什么呢？从这里我们想到，人类对金钱财富，一开始的观念就是错误的，需要赶快调整过来，才会没有咎。其实我们可以这样理解：一个人，从小就让他对金钱有正确的概念，让他对财富有正确的认识，这样比较容易亨通。

什么叫"自道"？就是自己要走上储蓄的道路。人要自给自足，人要为自己负完全责任，所以必须培养几个基本的习惯：勤劳、节俭、朴实、安全，这就叫作自道。大人从小就要告诉小孩：人要勤劳，就不用怕没有饭吃；人要节俭，不能浪费任何一毛钱，但是该用的还是要用；人要过朴实的生活，不要虚荣；时时刻刻都要注意自己的安全，不要为了金钱，为了财富而把命都拼掉了。现在很多人，把自己的一生分做两节：第一节，用身体去赚钱；第二节，用赚来的钱治疗自己的身体。身体垮掉了，还能恢复吗？没有办法完全恢复，所以不要小看"复自道"，好像三个字很轻松，真的到了自己身上，就没那么轻松了。《易经》是言简意赅的，它的每一个字都有很深刻的意义。

一个人，上面有人提携，好不好？当然好！朝中有人好做事。但是一定要告诉自己：我还是要自力更生，我还是要充实自己，不能老靠别人的提携，因为不能靠一辈子——这样就叫作"复自道"。很多人不是这样，有人提拔，有人协助，他觉得很轻松，就养成坏习惯，那越往后走越麻烦。

小象是用来解释爻辞的，初九小象：**复自道，其义吉也**。我们要从小培养孩子自给自足的观念，要告诉孩子：你将来也要长大，父母没有办法陪你一辈子，你要养活你自己，结了婚，还要养活全家，你要有这个能力，才能够顺当地走下去。这种意义本身是很吉祥的，所以一定要"复自道"，就是这个道理。

早在两千多年前，孔子就告诉我们："君子求诸己，小人求诸人。"即是说，君子应当具有自力更生的能力。在当今社会，我们也应当不断充实自己，以便在社会中赢得立足之地。但小畜卦的爻辞告诉我们，在寻求自力更生的过程中，我们会遇到许多危机，这是为什么？我们应当如何避免呢？

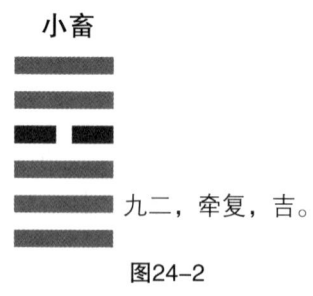

图24-2

九二爻辞（图24-2）：**牵复，吉**。九二爻跟初九爻有什么不同？初九

第二十四集　以小养大

是阳，很刚健，九二也是阳，也很刚健，但是它们的位不一样。

初九当位，上面又有六四与它相应，要有所改变很容易，因为这个时候离金钱的引诱还比较远。所以初九爻辞用个"吉"，就是吉祥的意思。

九二爻辞中也有"吉"，但是它以阳爻居阴位，不当位，怎么会吉呢？九二是"牵复"，不是"复自道"。"牵"就是有人牵引。因为九二受到六四的引诱，它比初九更靠近六四，近水楼台可以先得月，所以九二受六四的引诱，其实比初九要严重，虽然不当位，但是它在下卦的中位，这个中很重要，它会提醒自己不能这样做，虽然自己错了，而且比初九可能错得还厉害，次数还多，但是看到初九的模样，而受它的牵引，于是又返回正道。

九二小象：*牵复在中，亦不自失也*。为什么"牵复在中"？就是因为九二的位置很好，在下乾的中位。《易经》通则是二多誉，五多功，凡是第二爻跟第五爻，多半是好的。因为它们的位置很适中，可以得到上下的辅佐，就不会一错再错，可以减少很多过失。

这样我们就知道，人是习惯的动物，从小培养孩子好的习惯，比长大一直打他，一直给他刺激要好得多，从小就告诉孩子，钱是辛苦赚来的，它是要拿来用，不是拿来藏的，而且用也不能爱怎么用就怎么用，因为没有那么多的钱。

但是现在的小孩所看到的并不是这样。小孩跟妈妈出去，就跟妈妈讲要买这个要买那个，什么都要。如果妈妈跟他说没有钱，小孩子的回答是很有意思的：去银行领啊！因为他认为钱根本就是从银行里领来的！

我曾经碰到过一个更奇怪的现象。有一次，我站在一家不算很大的店前面等人。然后就有一个长得比我高的年轻人走过来，他竟然跟我讲："我要这个，你买给我。"一开始我还以为他是我的什么人，但看了半天，发现我不认识他。我就问他："你是谁啊？"他回答说："你别管我是谁，你买给我就是了！"我就感觉到奇怪：他到底是怎么回事？后来我问到了，他有很特殊的环境，让他可以出去指什么，人家就赶快买给他，

他想要什么，人家就马上买来给他，才会造成他这样。到了这种地步再想改回来，那是相当困难的。那就已经进入九三爻了。

古人云：君子爱财，取之有道，视之有度，用之有节。但在现实生活中，人们往往无止境地追求财富最大化，无节制地挥霍浪费。《易经》小畜卦告诉我们，应当及时制止这种行为，以免造成家庭失和，夫妻反目。那么，不恰当地追求财富为何会产生如此恶果呢？

初九、九二、九三构成的下乾就是告诉我们，当一个人一步一步靠近金钱的诱惑，受到物质的引诱时，他的行为会有什么样的变化。这三爻的爻辞写得非常清楚：初九很快就能改变；九二相当困难，可能一错再错，慢慢改变回来还有救；到了九三，那就糟糕了。

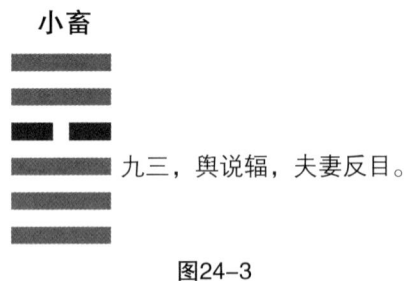

图24-3

九三爻辞（图24-3）：**舆说辐，夫妻反目**。"舆"就是车，"说"通"脱"。"舆说辐"，是指车的轮子已经脱开了，车还怎么开得动呢？"夫妻反目"，谁是夫谁是妻？九三对应的爻是上九，九三和上九都是阳爻，两个都是男的，怎么会是夫妻呢？我们就知道，九三是阳居阳位，所以是夫，上九是阳，但是居阴位，因为六是阴位，所以上九就变成妻。可是九三这个丈夫是很刚健的，他几乎想要什么都能得到，得不到就不肯罢休，甚至有点跋扈，有点武断，阳到极点了。而上九这个妻子也不示弱。上九居第六爻的位置，位置很高，九三和上九，一个是在下卦的极位，一个是在上卦的极位，就表示这对夫妻都是不好对付的，所以才会反目！夫

第二十四集　以小养大

妻反目成仇，那是比外人还厉害的。财富处理不当，就像一部车的轮子掉了一样，还怎么开得动呢？一个家庭，夫妻反目，家庭怎么能和谐？

为什么"夫妻反目"呢？九三小象给出了解释：**夫妻反目，不能正室也**。九三的"夫妻反目"，要跟上九合起来看。很多丈夫贪得无厌，其实是因为家里有一个妻子，她是只进不出，把所有钱积在她那里，就逼得丈夫开始动歪脑筋，去赚不应该赚的钱，那就是"不能正室也"。所以，一个连妻子都管不好的男人，怎么能够去管金钱呢？

我们从下卦的三个爻，应该充分体会到，人在没有机会接触到金钱，没有机会接触到财富的时候，比较容易做一个好人，越靠近金钱，越有机会得到财富的时候，整个人就乱掉了。所以当你一步一步靠近财富时，一定要小心，要自己管好自己，因为别人拿你没有办法。我们看到很多人，没有机会接触金钱时，很清廉，一旦有机会得到金钱的时候，刚开始还会很谨慎，但是很快就变节了。

金钱、物质的诱惑威力很大，但是现实社会的许多案例告诉我们，人一旦为金钱所惑，必将给自己招灾惹祸。那么金钱真的是万恶之源吗？我们又应当如何对待自己的欲望呢？

如果站在六四的立场来看，大家会觉得六四是很冤枉的。财富无罪，金钱无罪，人不可以把所有罪恶都怪在金钱上面，而是人本身有问题，跟财富没有什么关系。六四爻辞（图24-4）：**有孚，血去惕出，无咎**。"有孚"就是讲信用，财富本身是"有孚"的，因为金钱本身没有裁量权，钱摆在那里，它不会自己飞到哪一家去，不会自己钻到哪个人口袋里面去。所以我们一定要有个正确的观念，就是财富是无罪的，不要仇富！各人走各人的路，各人对财富有其正确的观念，而且各人承受最后的结果，这样才是正常的。你要贪，没有人能阻止你，但是最后你被抓去坐牢，那是你自作自受的，不要怪别人，也不要喊冤枉！"血去惕出"，就是拼到流血。

是谁拼到流血？是那五个阳爻拼到流血！金钱从来没有流过血。"惕出"就是说人有愤怒、忧惧、惶恐、不安，跟钱都没有关系。所以对物质来讲，对金钱财富来讲，它本身是"无咎"的，它没有这些感觉。人类自己要保护自己，不要把责任推在金钱、物质上面。

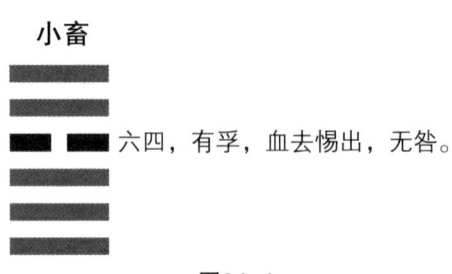

图24-4

六四小象：**有孚惕出，上合志也**。为什么六四会"惕出"？就是因为它本身是无辜的，财富、金钱本身是无辜的！问题在于人，而不在财富。而且六四以阴承上面两个阳，说明它跟长上心志是相合的，它配合九五，把财富分配得比较均匀，所以叫"上合志也"。其实历朝历代的经验教训都告诉我们，不患寡而患不均。一个社会，穷其实不会怎么样。很坦白地讲，以大家的经验，大家可以知道，穷有穷的问题，富有富的问题，不是说大家都有了钱，社会就和谐了，什么问题就都没有了，不可能。那怎么办？穷有穷的方式来对付，富有富的方法来运用，这样就对了。这就是《易经》的智慧！

如果能够超越六四，进入九五，那就完全不一样了。以六四为分界点，下面是一个阶段，上面又是一个阶段，下面是看到钱就眼开，看到钱就想要，看到钱就控制不了自己，就乱了套。要怎么去救自己？看了初九、九二、九三，我们知道只有一个答案——越早形成正确的观念，越早培养良好的习惯，越吉祥，否则越有机会，越接近金钱，坐牢的机会就越大。而当我们超越了金钱以后，就进入九五了，就到了上面的阶段。

孔子曰："丘也闻有国有家者，不患寡而患不均，不患贫而患不安。"可见,财富的多少并不能决定我们的幸福感。六四爻的小象告诉我们,财富本无罪,问题出在对财富的使用是否恰当,是否合理。那么作为财富的拥有者,应当怎样正确运用自己的物质财富呢?

九五爻辞(图24-5):*有孚挛如,富以其邻*。"挛"的意思就是手牵手,"富以其邻"就是跟邻居一起分享财富。一个人要趁早培养分享的习惯,才是真正会用钱的人。我常常跟很多人讲,赚钱之前,要先学会花钱,一般人都是摇头的:哪有这种事?赚来了钱我才能花。实际上不是那么回事!很多人是只会赚钱,不会花钱,最后为钱所害。

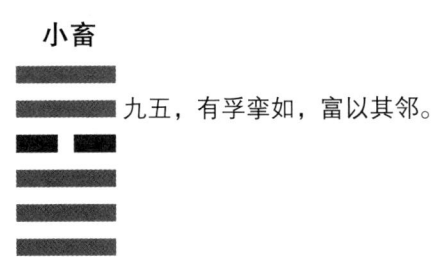

图24-5

当一个人被野兽追,追到河边的时候,就算他不会游泳,他也会跳下去,他跳下去,抓到一根芦苇,会把身上的金条、钱币通通丢掉,因为他要减轻重量啊!那些东西太沉,会把他拖下去的,所以赶快丢掉。等野兽跑掉了,旁边有人递一根竹竿给他,因为芦苇太不可靠了,拉住竹竿就安全多了,这时候他就会想:糟糕了,我的金条掉到河底了,我的钱都漂走了。然后不顾一切就去捞,最后一定淹死。

人为财死,鸟为食亡,值得我们引以为戒,尤其是今天的社会,每个人只看到钱,拜金主义是很可怕的。有了钱,还要懂得跟大家分享。"有孚"的意思就是要取之于社会,用之于社会,对整个社会有良好的信用。财富不可怕,老天并不限制人去赚钱,老天比较关心的,是钱财怎么来,怎么去,这个才叫作"有孚"。

懂得善用金钱，富以其邻，跟别人分享，用金钱来做全力配合的人，就是善于制定财政措施的人。一般人只重视到经济，没有重视到财政。经济只是大家怎么样去把财富创造出来，而财政的精神，是要让贫富的差距慢慢减小，当然它不可能完全抑制，完全抑制也是不公平的，那样很多人就不想做事了——反正大家吃大锅饭，我干吗多努力？但是总要有些政策，让贫富的距离缩小，社会才会和谐，生活才会真正安定。九五爻的小象就说得非常好：**有孚挛如，不独富也**。意思是说就像手指头要弯曲才可以握紧一样，我们需要跟其他人携手共进，人类才会和平发展。

现在国家与国家之间都是这样，只要哪个国家发生了灾难，其他国家就会支援它，就会提供财富跟它分享。当然那个时候不能用"享"这个字，是给予帮助，实际上也是分享。国与国之间都要这样子，何况国内自己的同胞之间？所以有钱的人，看到哪里有灾难，看到什么地方贫穷，要自动地把这种互助、分享的精神，充分发扬出来，就是得到了小畜卦的真髓。

九五这一关过了以后，就进入了上九，上九是很麻烦的。

人们常说，人为财死，鸟为食亡。在追求财富的过程中，许多人误入歧途，最终陷入人为物役的境地。那么当我们谨慎小心，终于进入上九爻，眼看欲望即将得到满足，在准备收获的时节里，我们还应当注意什么？上九爻的爻辞，又给了我们什么样的告诫呢？

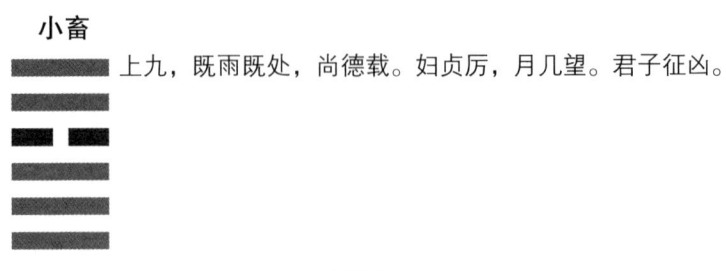

图24-6

上九爻辞（图24-6）：**既雨既处，尚德载。妇贞厉，月几望。君子征凶**。"既"就是既然，"处"就是停止的意思，"既雨既处"，就是既然已经下雨了,而且也停了。有人会质疑:小畜卦的卦辞不是说"密云不雨"吗?但现在等久了,风向对了,当然就下雨了。现在要等的雨已经下了,而且也停了,到了这个时候,钱赚了,也花了,还要"尚德载",就是要想办法去积点德,就是把精神方面的修养加进来。人除了物质生活以外,一定还有精神生活,人除了会赚钱以外,还要培养品德!

"妇贞厉",这句话是蛮奇怪的,照理说妇女守贞节,有合理的操守,这是非常好的,怎么会"厉"呢?意思就是阴到极点,也势必由好变坏。小畜卦上卦是阴卦,我们会叫它小畜,就是因为它所畜的是阴,阴就是小。《易经》告诉我们,物质是小,精神才是大,这就要求大家好好去体会:为什么精神是大,而物质是小?因为物质迟早会不见,但精神是可以永久流传下去的。

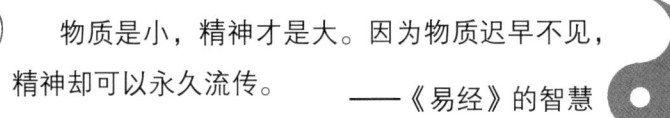

物质是小,精神才是大。因为物质迟早不见,精神却可以永久流传。　　——《易经》的智慧

"望"就是满月的意思,丈夫处在极端地要东西,极端地要钱的状况下,如果他的妻子也全力配合,那是会害死丈夫的。我们不是说男人做错事情,老喜欢把责任推给女人,但是事实上经常是这样。丈夫为什么东拿西拿?就是因为妻子有需求,这也要,那也要,多了还要更多。而且妻子还有一种观念,就是只进不出——薪水交给我,外快交给我,出差费交给我,你要怎么生活,自己打点,这就糟糕了,就害死自己的丈夫了。这就是"月几望",就好像月亮几乎已经满月了,再下来就要缺了,所以"君子征凶"。碰到这样的妻子,这个君子,这个丈夫,迟早要被逼得离家出走,走到哪儿去?到监牢里去。

上九小象:*既雨既处,德积载也。君子征凶,有所疑也。*

等的雨已经下了,而且也停了,也就是在物质满足以后,德行也要丰盈。一个人,如果对财富不能够适当地控制,那就会变成盲目进取。"君子征凶"就是盲目地想要把自己的财富累积起来。那会怎么样?"有所疑

也"，就会引起人家的怀疑：你这些钱到底从哪里来的？新加坡国父李光耀最近讲了一句话：凡是你的收入不足以应付你的支出的时候，我就开始怀疑你，你的钱从哪里来的？你怎么能够过这样的日子？

可见如果一个人的生活水平，远远超过大家所了解的他的收入状况，人家就会给他打很多问号，那就叫"有所疑也"。所以小畜卦的最后一爻告诉我们，储蓄也要有一个限度，大家都把钱存起来，那就不叫货币了，货币是要流通的，都把钱存起来不用，经济就不能环流了。小畜是好的，但是过分就有害，这就是储蓄的道理。

> 小畜是好的，但是过分就有害，储蓄也要有一个限度，这就是储蓄的道理。——《易经》的智慧

我们看了小畜卦以后，应该想到老子在《道德经》第六十四章里面所讲的那几句话："合抱之木，生于毫末；九层之台，起于累土；千里之行，始于足下。"树干粗得几个人合抱都抱不过来的大树，它也是从一棵很小的嫩苗慢慢长成这么大的；九层高的塔，它也是从一堆一堆的泥土慢慢地堆积起来的；要走一千里路，也要从足下的第一步开始，一步一步去走，就算跑，也要一步一步去跑。所以不要因为是小畜卦，就不认真，就觉得这是小钱，干脆花掉算了，那样你就永远没有积蓄，碰到什么风吹草动，就很难去因应。

我们经常讲，万丈高楼平地起，尽管现在盖房子的速度很快，但是也是从地基开始，一步一步建起来的，地基不稳，楼越高，越可怕。英雄不怕出身低，历史上多少英雄都是小时候家里很穷苦，却树立了很正确的人生观和价值观，所以在得到机会的时候，他们会很珍惜，因为他们明白，虽然是小畜，但是可以想办法慢慢把它扩大，来累积自己的能量，最后为人类、为社会谋福利。跟大家分享，而不是独吞，这就是践行天道。

小畜卦的后面是履卦，履卦讲的就是天道，因此我们下一集就要来研究：实践天道。

易经的智慧 · 第二十五集

实践天道

《红楼梦》里有一句话，"世事洞明皆学问，人情练达即文章"，这句话概括了中国人千百年来的处世哲学。一个人生活在社会上，不但要掌握书本上的知识和谋生技能，更需要掌握为人处世的练达圆通，而《易经》中的履卦所揭示的，正是与朋友、同事、上司和平相处的方法，只有了解了履卦的深刻含义，才能在残酷激烈的社会竞争中立于不败之地。那么履卦中的处世方法到底是什么呢？

第二十五集　实践天道

学习《易经》六十四卦，要两卦相对应地看，才能看得更清楚。猛然间看过去，小畜卦和履卦的卦象都像是有两个大眼睛一样，只不过位置的高低上有一点不同。小畜卦跟履卦是综卦（图25-1），就是从这边看是小畜卦，倒过来，就变成履卦，它们是一体两面。

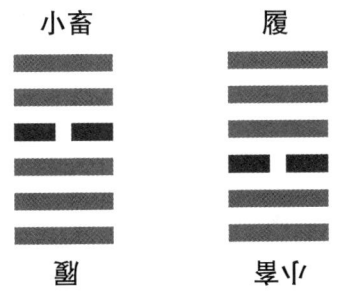

图25-1

大家没有储蓄时，围墙也不需要，什么道理也都等于零。有了储蓄以后，就不同了，人与人之间就开始很自然地形成一道围墙，而且围墙不断加高，彼此就开始有心防。以前没有储蓄的时候不会彼此提防，我对你很坦诚，你对我也很坦诚，现在有了储蓄，反倒不行了。

一个人很有钱，眼睛往往是往上看的。可是有钱人也是苦恼多多——人家向你借，借不到就骗，骗不了就抢。所以你的眼睛应该看得下面一点，看看自己的处境，比较实在。所以小畜和履这两个卦就开始有变动，小畜卦上面是风，比较柔，下面是乾，比较刚（图25-2）。就是当你没有钱的时候，你的内心是很坚强的，自知要好好奋发，要有点小积蓄，会好好做人，所以此时你的外在表现就很柔和，因为和气生财，不能随便得罪人。每个人都是这样，如果没有钱还脾气大，那还得了？

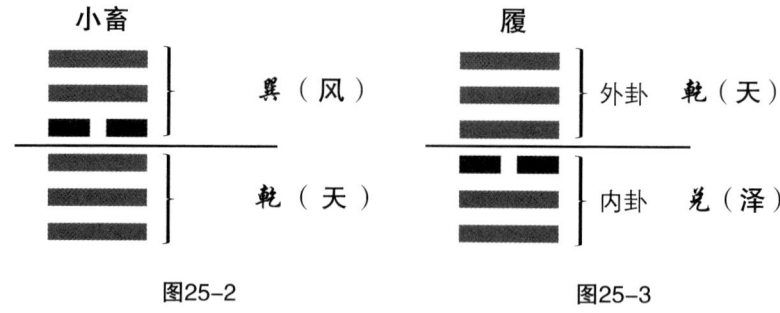

图25-2　　　　　　　　图25-3

可是当你有点小积蓄以后，你就会发现好像世界都变了。你对别人客气，他就开口跟你借钱，借不到他就翻脸，甚至于来强抢。有很多人说自己一辈子不抢人家的钱，其实他不知道，他向人家借钱，其实就是在抢别人的钱。因为借了不还，就等于抢一样。所以我们慢慢就感觉到，有借有还，才叫借；借了不还，跟偷、抢有什么不同？于是我们也改变我们自己的态度。有钱人开始不笑了，对外面的人很刚，心里面偷笑——钱又多了。所以履卦是下面很柔，很喜悦，但是脸上不肯笑出来。凡是敢随便在大街小巷逢人就笑的人，大概都是没有钱的人。有钱人都板着脸孔，见谁都不认识。因为他要保护自己，有什么办法呢？内心再高兴，就是不能笑出来，所以履卦是内柔外刚（图25-3）。

没钱时，住的地方门户开放，谁都可以进来，因为反正大家都没有钱，不用怕被偷被抢，也没有养狗，不怕它跑掉，也没有养鸡，人家也没得偷。有钱了，搬到有警卫的小区，甚至于在自己家里还要有保镖，小孩也不能单独去上学。有钱人就好像是把自己关起来了，跟坐牢一样。

我亲眼看过一个很有钱的人，他早上出去晨跑的时候，六个保镖跟在他周围，把他团团围住，一点空隙都没有，他在中间跑，偏偏他个子又不高，六个保镖就像堵围墙，像一个移动的监狱，把他紧紧包围着。没有钱的时候就想有钱多好多好，有了钱以后才知道，有钱比没有钱还可怕。

以前没有钱的时候，人家问你："最近怎么样？"你会很自然就讲"还好"。现在赚了很多钱了，人家问你："你最近赚了很多钱了？"你

第二十五集　实践天道

就开始言不由衷了："没有没有，哪里有……"有时候装穷，有时候又装阔。有钱人为什么要买两部汽车？就是一部是开去给银行家看的——你看我赚这么多钱，你把钱借给我，放心好了；一部是开给客户看的——你看我搞这么久，还这么穷，还不如你坐的车好，你让我多少赚一点嘛。人类走到这个地步，价值在哪里，尊严在哪里？

实际上，履卦的履并不是我们所讲的履行合约、履行合同、尊重法律那么粗浅的东西，它告诉我们，人类不能老过穷日子，但是有钱以后，有积蓄之后，千万要记住，要践行天道。

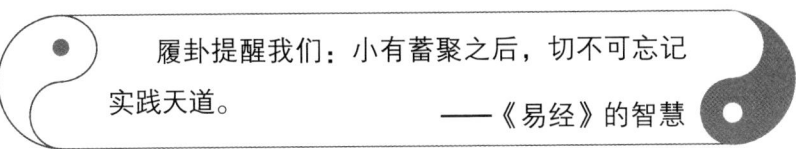

履卦提醒我们：小有蓄聚之后，切不可忘记实践天道。
——《易经》的智慧

当我们通过不断的努力去追求成功、获得财富以后，却发现并没有因此而获得更多的快乐，相反，越来越多的烦恼和危机随之而来。此时，《易经》中的履卦提醒我们，在获得财富以后，千万不要忘记天道。那么天道是什么？履卦的卦辞又阐释了怎样的处世哲理？它能够帮助我们化解生活中的危机吗？

整个履卦就是实践天道的意思。履卦卦辞（图25-4）：履，履虎尾，不咥人，亨。

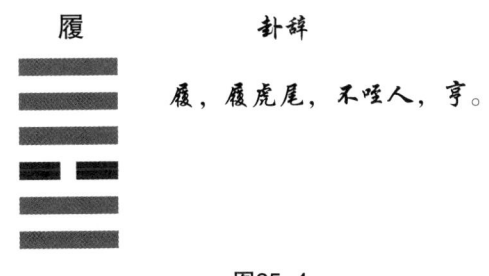

图25-4

第一个"履"是这个卦的卦名，它的意思是什么呢？就是"履虎

尾"。我觉得《易经》真是高明，简单的几个字，蕴含的深意却是无穷的！"履虎尾"就是说，当你没有钱的时候，你觉得天下很太平，哪里都可以去，人与人之间没有心防，日子没有大家想象的那么辛苦那么艰难，但是有了一些积蓄之后，你就开始知道，自己时时刻刻都好像走在老虎尾巴的后面。我们都知道老虎很凶猛，一不小心踩到它的尾巴，就没有命了。你一踩它，它转过头来就把你吃掉了！

"咥"就是咬的意思。你踩到老虎的尾巴，老虎却不咬你，你就高明了。所以"亨"不是老虎亨，老虎一亨，人就没命了。这个"亨"是指人庆幸没有被老虎咬，真是亨通。

人会去跟在老虎的后面走吗？不会。哪有那么笨的人！只是大家不晓得自己前面的任何人其实都可能是老虎，因为他会翻脸无情，他随时会整你，有时候比老虎还凶。这告诉我们，人生的旅途充满了危机。什么叫危机？危机就是失礼，一失礼就有危机了。这样我们才读懂孔子的话，非礼勿视，非礼勿听，非礼勿言，非礼勿动。非礼就是危机。

很多年轻人刚从学校出来的时候，是非常有志气的。可是踩了一次老虎的尾巴以后，就再也不敢踩了，变得比谁都快。就是因为他没有读懂履卦。

履卦象辞：**履，柔履刚也。说而应乎乾，是以履虎尾，不咥人，亨。刚中正，履帝位而不疚，光明也。**前面那个"履"还是讲履卦的卦名，"柔"是指六三，整个的履卦有五个阳爻，只有一个是阴爻，就是六三。一个阴爻要跟五个阳爻相处，这是高度困难的。

"履刚"的意思是说我们所碰到的每件事情几乎都充满了艰难险阻，我们只好小心翼翼。小心翼翼还不够，一定要很柔，不能刚。以刚碰刚，将硬碰硬，那就是去踩老虎尾巴。《易经》里面的"说"，其实跟"悦"是相通的。悦就是指履卦的下卦兑卦，兑卦就是喜悦的意思。内心很喜悦，但是在外面要很小心。要特别记住，到处都是铜墙铁壁，不是想象的那么容易。只有以这种态度，才能够得到那个好的结果，也就是"不咥人，亨"。那么为什么能够"不咥人"？为什么你踩了老虎尾巴，它居然没有咬你？就是因为"刚中正，履帝位而不疚，光明也"。

第二十五集　实践天道

"刚中正"指的是九五爻。履卦的卦主不是九五，而是六三。九五刚中得正，而它又居于帝位，帝位就是君位，是一切环境的总主导，告诉我们，怎么样去把危险的人生旅途走得很平顺，当然没有愧疚了。

所以我们一再强调，一个人一生只求心无愧怍——心里头没有什么好惭愧的，没有对不起的人。"光明"的意思就是要广博，而且要高明。不要什么事情都只看表面，要深一层去了解，人生到底是怎么回事。为什么我们经常讲，吃得苦中苦，方为人上人？就是告诉大家，人生不是嘻嘻哈哈可以过日子的，必须从现实当中去体会，才会了解更深的用意。

《易经》告诉我们，一个人活在世上，首先要做到问心无愧，以礼待人。在这个前提下，不断地自我修炼，增长知识，提高见识，并以此来应对纷繁复杂的人际关系，处理各种意想不到的危机。只有这样才能在竞争中立于不败之地。这是天道的意义。那么，面对危机该如何自我保全，做到不败呢？履卦的大象又会告诉我们什么呢？

我们现在来看看大象，大象就是整个卦代表的现象。履卦大象：**上天下泽，履。君子以辨上下，定民志**。上面有天，告诉我们，天地是存在的，不用害怕。下面有泽，告诉我们，水分是足够的，万物都可以得到滋润。履卦的卦象是兑下乾上，上面有天，下面有泽，把雨存在那里，使万物能使用，这才合乎天理，合乎自然的规律。有上有下，天在上，泽在下，这是天理，如果天跟泽换过来，就是把履卦上下卦颠倒，那就变夬卦了，意思就截然不同了。

可见，人是没有办法平等的。既然有大小就有上下，这就叫伦理。伦理不是不平等。好多人没有搞清楚，平等其实是指人格平等，一个人再怎么坏，也是个人，我们不能不把他当人来看待。但是每个人在社会中有不同的身份，有不同的职责，有不同的责任，毕竟还是有上下的。

"定民志"，就是让所有的人都了解这就是天理，这就是我们各安其分的表现，然后大家就不会互相干扰，更不会没大没小，搞得天下大乱。如果大家不讲伦理，没大没小，那还不如干脆过穷日子算了。有了钱以后

再不讲礼，就叫作富而无礼，那这个社会就完蛋了。

所以从整个履卦中我们体会到四个字，富而有礼。可是富而有礼是很难的。一个人没有钱的时候，规规矩矩，实实在在，说话有信用，比较容易。有了钱以后就不一样了，人一有钱，讲话声音就大了，态度就蛮横了，到哪里都要享受特权——大爷有的是钱！这就叫作非礼！我们今天通常讲非礼，是指男的对女的，女的对男的进行骚扰。其实，没有礼貌就叫非礼，就是失礼。但是我们要知道，失礼后面的危机是我们看不到的。

履卦深一层的意思叫作履危而安。我们要如履薄冰，要随时谨慎，好像每时每刻都处在很危险的情况之下，这样反而很安。因为如此一来，"老虎"就不会咬我们，就能相安无事。

要履危而安，就必须以柔克刚。为什么我们很尊重孔子，但是始终不会忘记老子？就是因为老子把用柔发挥得非常好。但是很多人认为老子很阴险，很消极，其实他们是不了解柔的度。履卦的用柔过度也是不好的，小心到什么事情都不敢做，什么话都不敢讲，把自己关在一个小圈圈里面，那人的社会价值何在？现在年轻人更妙了，不出社会，把自己关在家里面，还美其名曰：宅男。

履卦告诉我们，虽然在生活中为人处世要小心谨慎，然而过犹不及，凡事都要把握好度。如果我们为了避免竞争而离群索居，只会丧失生存能力，将自己置于更危险的境地。只有在社会中不断历练，积累经验，在错误中成长，在失败中吸取教训，才能增长见识，适应环境，取得事业的成功，达到人生的辉煌。

我年轻的时候不懂事，也做了很多让我现在想起来就脸红的事情。给我印象非常深刻的，就是有一次我去一家大公司做内部讲课，那家公司的董事长就坐在我对面正中间的位置。我一看，就心想：这位董事长了不起，年纪比我大，还来听我讲课，那我今天非好好讲不可。可我刚开始讲，他老先生就打呼了，而且呼噜声还挺大的。我当时年轻气盛，不懂

第二十五集　实践天道

事,心想:这样我怎么讲呢?我就停在那里。没有人敢叫醒他,他打呼的声音越来越大。我认为我已经没有办法再继续讲下去了,所以我就跟旁边的人讲:"请董事长去外面休息,否则这样会影响大家听课。"他们对我非常客气,就把董事长请到旁边去了。但从此以后就跟我断绝往来。

这件事情我后来想明白了,是我不对,人家七八十岁的人,晚上睡不好,所以白天一定要打瞌睡来补充。讲课时,大家一坐下来,就安静了,一安静他就打瞌睡,这对老人家来说是很自然的事情,我凭什么去怪他?这还不算,反省到这个层次还是很粗浅的。第二个原因,就是他可以不听的,他完全可以找出一大堆理由,走了完事儿。但他还坐在那里,是给我很大的面子,我竟然还嫌人家!

以前我认为我是对的,当老师本来就是这样,现在我就想到,年轻毕竟不懂事。所以后来我到很多地方去讲课,碰到各种奇怪的事情,我的处理方法都跟很多人不一样。有一次,我讲课的时候,有一个人,年纪轻轻的,他也在打瞌睡,一直打一直打。我心里想,他这样一定有特殊的原因,所以我没有叫他。幸好没有叫他,下了课以后他就跑来,说:"老师,我昨天上大夜班,现在应该回家睡觉的。只是听说您今天要来,所以我没有回家,硬撑在这里,所以眼皮重得不得了,头一直点,一直点,很不好意思。但是我还是尽量在听……"我当时就很庆幸,我没有给他难堪,否则的话,我会再一次脸红。一个不了解履卦的人,老觉得自己对而别人错。当我们了解到,自己做每件事情都是在踩老虎尾巴的时候,才有高度的危机感,因为我们经常看不见真相。

有一次,那也是很特别的,我去一家公司讲课,他们的副总规规矩矩坐在那里,但是始终不看我一眼。因为我有太多次经验,所以我也不理他,我不受他的影响。等到中午吃饭的时候,他就跟我讲:"你看我刚才是不是很没有礼貌?"我说没有,他说:"没有办法,每次只要你在报纸上登出文章,我一定会收到两份影印本。一份是我爸爸寄给我的,一份是我老岳丈寄给我的。我气得要命,好像我天生就要看你的文章一样,你算什么?"我说:"那也不错啊,你有你的感觉,我尊重你。"他说:"那

我现在为什么又找你讲话了?"我说不知道。他说:"因为我越想越觉得你讲的话其实并不是专门针对谁的。"所以我慢慢就知道了,一个人履历丰富以后,看事情会看得很深入,体悟也会跟别人不一样,会因对方不同的层次,不同的感受,来与之因应。不知礼,何以立,这句话讲起来很简单,实际上人心不同,各如其面。每一个人的立场不一样,感受就会不一样。所以跟人讲话要看对方的情绪,对方情绪好,我这么讲,对方情绪不好,我就换另外一种讲法。这才是对的。

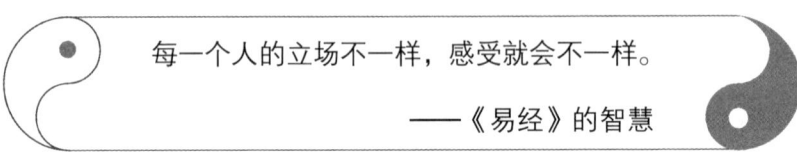

每一个人的立场不一样,感受就会不一样。
——《易经》的智慧

知礼而立,是实践天道的前提,也是在竞争中自我保护的重要原则。孔子告诉我们非礼勿视,非礼勿言,正是对《易经》贯穿始终的道德信仰的诠释。然而,礼节和礼貌并不是履卦阐释的唯一内容,在社会上,以礼待人是处世的原则,而更重要的是,我们每个人要找准自己的定位,懂礼让,知进退,这才是履卦给我们的更深层的启示。

慢慢大家会想到,为什么我们把陪在老板身边叫作伴君如伴虎,为什么要用个"虎"字,就是从履卦来的。老板是老虎,你在他旁边,他随时会咬你。我经常在飞机上面看到这种状况,凡是一群人上来,有一个人单独坐两个位置的,我就知道他是领导。因为谁都不愿意跟领导坐在一起。坐飞机一坐坐两个小时,都跟领导在一起,全身细胞都死光了。

所以会安排座位的人,一定都安排领导单独坐一个位置。当然客满是例外。老板知不知道这个事情?老板是不知道的。老板可能会问:"为什么让我一个人坐两个位置?"有人会告诉他:"这样你要找谁来单独谈话都比较方便。"这当然也有道理。那我为什么敢断定说,没人愿意跟老板坐在一起?因为那是我亲耳听到的。

有一次,我上飞机比较早,来了一个人,他把行李放上去以后,发觉

第二十五集　实践天道

他旁边没有人，就问旁边是谁。人家跟他讲不知道。不知道就是领导了！他二话不说，马上把行李拿下来，说："你想害死我吗？"然后就赶快溜到后面去了。这个人一定有前途。

我们也可以自己体会一下，一辆巴士来了，大家上车，看大家怎么坐法，就知道这个团体是什么样的团体。凡是巴士一到，争先恐后往上挤，先上去的人都坐在前面，最后才挤进去的人坐到后面，我们就知道这个团体的整体素质是非常差的。

相反，巴士来了以后，大家你看看我，我看看你，没人先上，彼此推让一番，先上的人都坐到后面去，前面留出空位，这不得了，这个团体的整体素质就很高。

所以这个"履"跟礼貌的"礼"，跟道理的"理"异曲同工，就是礼貌、礼仪、礼节、理智，都要根据道理来实行。

当我们了解到伴君如伴虎的危险以后，才能更深层地理解履卦教给我们的处世哲学。而这一套处世哲学，千百年来代代相传，一直流淌在我们的血脉里，深深地影响着每一个中国人，形成了我们特有的世俗文化。那么当我们找到自己文化的根源后，又该怎样从中得到更多的启示呢？

中国社会有一个不成文的规定，叫作约定俗成。我们讲的风俗，就是大家约定好的，但是不成文。为什么是不成文的？因为一成文就形式化了。

现在受西方的影响，搞得我们只好成文了，但是效果很不好。坐车有规定，这是首长坐的，这是部长坐的……弄得所有人都没有人格了。什么都不必写，大家自然会找到自己的定位，这才是有人格的表现。现在连吃饭坐位置也要写牌子，不然有人会乱坐，就表示我们的履道已经不行了。

我们现在可以看出来，很多事情都只是流于形式而已。履卦大象就是告诉我们，要走履道，要行天道，千万记住，要出于内心。履卦的象是兑卦摆在下卦，上卦是乾，乾就代表天道，下兑就代表内心（图25-5）。内心要充满喜悦——我终于有机会，有能力可以走天道了。以前我穷，没有办法，只好见人就低头，只好装着很听话，虽然心里头一百个不愿意，也要装作很乐意。现在日子过得去了，有一点余地了，可以发挥我做人的能量，替老天做点事儿了……这样内心当然是很喜悦的。

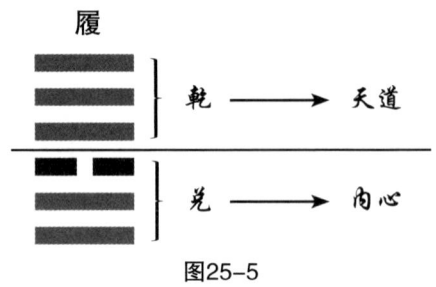

图25-5

所以同样是规规矩矩，有人是心甘情愿的，这种人是人格高尚的。有人是满肚子火，没有办法，甚至感觉有点可耻的，那做人还有什么价值呢？伦理是让我们履行的，不是讲来好听的。所以了解一个人，要看他的行动，而不是老听他的话。往往话讲得越好听的人，越不可靠。

所以我们一方面说做人要有礼貌，一方面说礼多必诈。凡是对你很客气，对你很讲礼貌的人，你就要小心了，他可能心怀不轨，他想讨好你，想给你留下好印象，想争取你的信任，最后搞垮你，那就被老虎咬到了。

我们经常被老虎咬到而不自知。因为被老虎咬到的情况也有两种，一种是阴，一种是阳。阳的就是那种真实的老虎，被它咬一口，我们就没命了，所以我们反而不敢去惹它。但是社会上在我们身旁更多的是看不见的隐形的老虎，如果我们完全不在意，乱踩一通，受伤害最大的还是我们自己，最后就变成伤心人，当然不快乐。

实践天道，是谁都知道的事情，但是要怎么样一步一步去实践，我们还是要看看履卦的六个爻，而履卦六爻的原则就是柔能克刚。所以我们下一集就要来探讨：柔能克刚。

易经的智慧·第二十六集　柔能克刚

《易经》中的履卦向我们揭示了为人处世的方法，同时也提醒我们，当一个年轻人在职场通过自己的努力，开始顺利发展，步步升迁的时候，会突然发现自己的周围危机四伏，自己孤立无援。这是为什么？这样的状况在履卦中是如何表现出来的？如果遇到这样的情况，又应该怎样处理才能够摆脱困境，继续发展呢？

第二十六集　柔能克刚

履卦最主要的意思是实践天道。天道包括两样东西：一个叫作自然规律，一个叫作伦理道德。自然规律就是提醒我们要顺乎自然，而伦理道德就是说人要跟动物拉开距离，要像人样。讲起来谁都懂，但是要实践起来，需要一步一步地，按部就班地，好好地去体悟。所以接下来我们将逐一分析履卦六个爻，先从初爻这个基础讲起。

履卦（图26-1）六个爻里面只有六三一个是阴爻，而且是不当位的。整个履卦中，九二不当位，六三不当位，九四不当位，上九还是不当位，只有两个爻当位，一个是初九，一个是九五，这样我们就了解到，要实践履卦，大环境中的九五是关键，因为它会引领整个社会风气的改变。

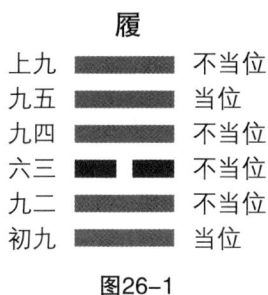

图26-1

初九是当位的，因为它是阳，而且居于阳位。但是我们要晓得，履卦其实是从乾卦来的，我们把履卦跟乾卦对应起来看（图26-2），可以发现两个卦几乎是一样的，就是九三爻变成六三爻，就那一爻发生改变而已，其他都一样。所以当我们看到履卦初九的时候，马上要想起乾卦初九爻辞：潜龙勿用。

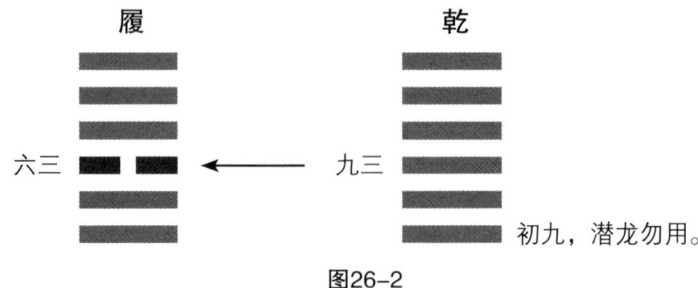

图26-2

潜龙勿用，不是让我们不要用，所以履卦初九爻辞用了两个字：素履。初九爻辞（图26-3）：**素履，往无咎。**

图26-3

"素履"就是很纯朴地按照自己的本性，不要做作。虚情假意没有用，因为此时是初九，虽然很想做好，很刚强，但是有几个不足的地方。

第一个，对世道人心不清楚。因为才初出茅庐，没有见过世面。第二个，地位比较卑微，讲话也没有多少人会听。人家看了初九，有的理他，有的不理他。而且不会被人家信任，因为初九跟九四是不相应的。意思就是上面的人对初九还是不信任的。

所以读了履卦初九的"素履"，我们就应该知道做人要实实在在，做事要凭良心，一步一步很踏实地去做，这样就"往无咎"了。"往"就是往上走，因为初出茅庐就是为了要往上走的，要不然出来干什么？何况初九是阳爻居阳位，阳气是向上升的，所以用"往"这个字，就是说只要争气，向上，就是"无咎"的。很多年轻人一出来，就很希望去看所谓的策略，很喜欢去拉关系，很想找很多的捷径，那都是自己自愿走在老虎尾巴的后面。明明可以平安的，非要跟随在一个危险的人左右，把自己陷入

第二十六集　柔能克刚

险地，这是没有必要的。实际上，不管将来怎么样，都要一步一步去磨炼，一步一步去学习。

其实我们用人，喜欢用没有太多社会经验的人。如果一个人已经有很多经验，我们反而很害怕。因为他的经验里面可能有很多是不正当的，有很多是错误的。我常常问一些老板是喜欢用那种刚从学校毕业的人，还是喜欢去别家公司挖比较有经验的人，大多数人都要愣半天，不好回答，因为各有利弊。但是真正有长远计划的老板，都会自己带一批新人，慢慢把他们带出来，这就叫作"素履，往无咎"。

初九的小象：**素履之往，独行愿也**。

由下向上为往，初九是阳刚的，当然有向上发展的功力，但是初九跟九四不相应，就表示上面没有人提拔，怎么办？那就只好自己走素履的路。这就告诉我们，有人提拔，反而会投机取巧，还不如上面没有人提拔，自己好好去表现，反而不失本色。

履卦告诉我们，一个初出茅庐的职场新人，首先要做的是老老实实做人，踏踏实实做事，恪守一个新人的本分。而当我们积累了一定经验，就开始面临新的选择，是继续走正道，还是拉关系走捷径？我们拼命想得到的高职位在带来高收入的同时，又会带来怎样的风险？我们应该采取怎样的手段才能险中求胜呢？

九二以阳爻居阴位，是不当位的。九二虽然很刚健，但是不当位，这就告诉我们，一定要特别小心，因为这个时候已经不是初九了。

初九和九二有什么不同？初九相当于一个初出茅庐的人，他说错话，大家了不起笑笑他，讲讲他，也不会怎么样。可是到了九二还是这个样子，大家对他就有不一样的看法了，就开始会指责了。九二要记住，自己是刚，占的却是柔位，跟九五又不相应，上面没有人保护，相当危险。

有一次，我参加旅行团，坐游览车去观光，我生平也只有那么一次。那一次碰到的那个导游小姐，真是妙不可言。她拿起话筒这么介绍：现

在我们车子出发了——废话,我们现在走的是下坡路——废话,我们旁边有很多树木——废话……她一路都在讲废话。我就问她:"你是老板的女儿?"她吓了一跳:"你怎么知道?"我心里说,只有老板的女儿才敢这样乱讲,而不会被换掉!

一个人自恃上面有人,就胡作乱为,那是他的事。但是那是很短见的,人家都在心里头笑话呢!一个人没有什么社会经验,没有经过历练,就靠关系进入一个单位里,那他根本得不到历练和提升,反而是那些没有什么背景的人,一心想着要好好做事,好好学习,做不好会挨骂,吃过很多苦,经过了社会的历练,他会学得一身的功夫。好不容易到了九二的位置,他自知这一切都是自己一步步走过来的,所以会格外用心。

九二爻辞(图26-4):*履道坦坦,幽人贞吉*。

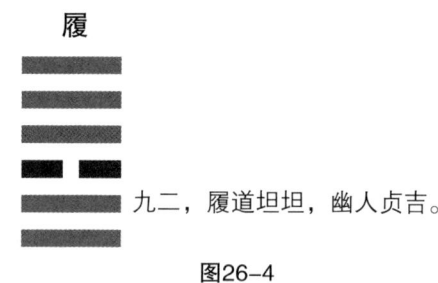

图26-4

"坦坦"就是中央大道。"履道坦坦,幽人贞吉",就是说,不管怎么样都要走正道,不要老想走邪门歪道,老想要占小便宜。如果哪一天你懂得了吃亏就是占便宜,你就知道,占小便宜其实是吃大亏。否则就是履道没有悟透。

如果你发现中央大道,即正道,走不通,那你就要提高警觉了:我当幽人了。"幽人"不是今天所讲的宅男。宅男是把自己封闭起来,完全不了解外面的情况,那是很可怜的。"幽人"是说既然现在大环境不适合我,那我就幽居起来,我还是要固守我本来的想法,等到有一天大环境改变,该出来时我再出来。这就是孔子所讲的:邦有道,则仕;邦无道,则可卷而怀之(《论语·卫灵公》)。当社会安定,秩序良好时,就应该出

第二十六集 柔能克刚

来担任官职，此时不出来做事情是对不起天地良心的。可是当大环境很恶劣，走正道有困难时，不如找一个偏僻的地方钓钓鱼，过清闲的日子，这样反而好一些。因为最起码不会为虎作伥，不会助纣为虐。

九二小象：*幽人贞吉，中不自乱也*。

九二是下泽的中，外在环境恶劣，隐而不现，以保中不自乱，应该是最佳选择。不要因为上面有人，就拼命想要往上爬，还是要按部就班地来。该表现就要表现，不该表现，非要表现，那就只有坏处没有好处。人是专门打击那些表现好的人，不会去打击那些表现不好的人。一句话就讲完了，你要表现得好，你就要准备接受舆论的打击。任何人都不能又要自己表现得好，又要人家赞美，还要人家不打击，那是太一厢情愿了，太不懂得履道了。

年纪轻轻的，爬那么高干什么？那是会一辈子辛苦的！那些当经理的人一般都比基层员工年纪大，所以，他们会很稳重，因为经历得多，不至于慌张失措。履卦的六三爻是最关键的，可是它不当位。这样我们就知道这个履卦有多么的危险，多么的艰难。

履卦六三爻辞（图26-5）：*眇能视，跛能履，履虎尾，咥人，凶。武人为于大君*。

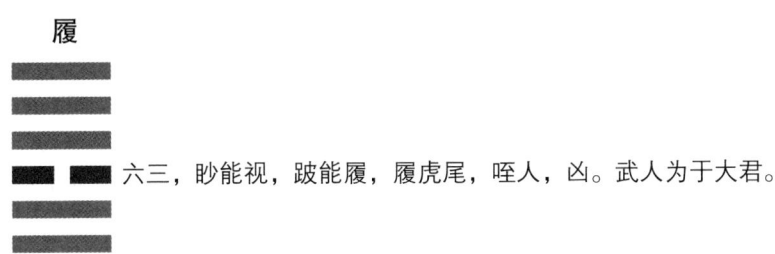

图26-5

"眇"就是眼睛能看到，但却看不清楚，视力不佳。"跛能履"，是一条腿长，一条腿短，跛脚，可是勉强还可以走，就是腿脚不利索，走路不稳。"履虎尾，咥人，凶"，视力不佳，腿脚不稳，这种状况下，走在老虎尾巴后面，迟早要被老虎咬到，所以用了一个"凶"字。

　　整个履卦的爻辞几乎都没有讲"凶"：初九"无咎"；九二"贞吉"；接下来的九四"终吉"；九五"贞厉"，表示只要守正就没有危险，再怎么样，最后都是好的；而更妙的就是上九，它是"元吉"。唯独六三这一个关键的爻，它是柔的，它的爻辞显示一个"凶"。因为所有事情都发生在这边：六三是柔居刚位——自己本身是柔的，却要担当重任，因为责任很重大，所以一直在提醒自己要睁大眼睛看清楚，但是常常被眼睛所欺骗。这就告诉我们，不要太相信自己的眼睛，因为亲眼所见的，不一定就是真的。

　　我们经常听到有人说："我亲眼看到的！"哪一件事情不是你亲眼看到的？就表示看错了！走路为什么会跌倒？就是因为长短脚。既然知道自己长短脚，那就更应该小心了。履虎尾，不咥人，才是履卦的要求。可是在六三这一爻，却还是被老虎咬了。履卦整个卦都在讲不要被老虎咬，但是真要完全不被它咬，那是很困难的，所以六三要特别小心。在耳不聪，目不明，人力不足的状况之下，就要克服自己的困难——眼睛不好，就多看几遍；脚不好，就站稳一点；碰到困难，就要克服，不要被困难吓倒……那样就不得了，所以说"武人为于大君"。

履虎尾，不咥人，才是履卦的要求。
——《易经》的智慧

　　另外，我们的眼睛都是向外长的，看到的一般都是别人的缺点，而对于自己则是越看越觉得了不起。看不到自己的缺点，所以就"凶"了，而且非凶不可。这就是六三小象所说的"咥人之凶，位不当也"。

　　六三小象：眇能视，不足以有明也。跛能履，不足以与行也。咥人之凶，位不当也。武人为于大君，志刚也。

　　六三再三提醒我们：不要认为自己的眼睛很好，其实经常会看错；我们的腿也不见得很好，才会经常摔跤，扭筋，或者踢到石头上，这些都是我们自己造成的，怎么能怪别人呢？一个人表现得超过了自己的本分，所

第二十六集　柔能克刚

有人的眼睛都看着这个人，都认为他想抢大位，上高位，要不然怎么这样呢？这样自然就增加了自己的凶险。所以六三就是要告诉我们：志要刚，但要放在心里头，不要表现出来，这样就会减少很多不必要的阻碍。

履卦中的六三爻是整卦中唯一凶险的一爻，它的凶险是在提醒我们，当一个职场新人通过努力一步步走向高位时，激烈的竞争让周围的对手开始虎视眈眈。如果不能体察自己的危险处境，就会前功尽弃，一败涂地。此时孤立无援的处境迫使我们只能小心翼翼，以柔克刚，走正道，行天道，才能达到九四爻的终吉。然而，在度过职业生涯的第一个瓶颈后，此后的道路就会一帆风顺了吗？

九四爻辞（图26-6）：履虎尾，愬愬，终吉。

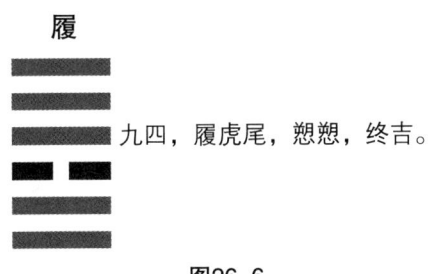

图26-6

"愬愬"就是戒慎恐惧。《中庸》有言："君子戒慎乎其所不睹，恐惧乎其所不闻。"九四已经到了上卦的初爻，相当于一个人已经有所见闻，所以才更要在别人看不见和听不到的方面加强自己的修养。有了这样的修习，当然可以"终吉"。

一个人从基层做起，摸爬滚打，吃了很多亏以后，在做任何一件事情的时候，心情都是愬愬的，都很谨慎小心。这时候的谨慎小心是因为爱惜自己的羽毛。

爱惜羽毛也是很有学问的。好不容易才到九四，能够让自己的成绩毁于一旦吗？当然不能，那样太可惜了。那可以求别人吗？当然不能，别人恨不得拉你下台。所以只能靠自己爱惜羽毛，很多事情尽管别人可以做，你就是不能做！

九四小象：*愬愬，终吉，志行也*。

一个人在地位低微的时候，通常会很有志气，很有理想，这时候很有斗志，不算什么，因为这时候什么都没有，只能努力追求，改变现状。可是当一步一步高升上去以后，理想就被忘记了，志气也没有了，就只想着巩固地盘，最怕被人家拉下去，还要小心应承上面的人，避免给自己难堪，这个时候就要靠自己谨慎小心。但是谨慎不是怕丢掉职务，而是怕理想丧失掉，这样才能"终吉"。

我们常常讲，年年难过，年年过。哪年日子好过？都不好过。可是只要自己戒慎恐惧，等到春节一来，一年就过去了。有时候觉得自己遇到了万重的困难，好像过不去了，可是只要处处小心谨慎，不断修养自己，而不是一味向外寻求，一年过去，困难也自然过去了。

九五爻辞（图26-7）：*夬履，贞厉*。

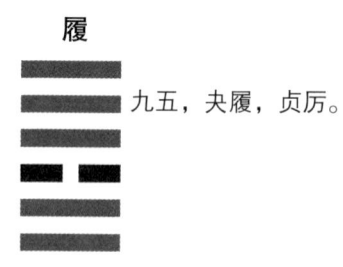

图26-7

"夬"是刚决果断，"夬履"就是果决践行。"贞"是守正，"贞厉"就是守正而没有危险。当领导的，不管环境多么恶劣，都要很果决地履行正道，这样才能把整个风气扭转过来。而只有守正，才没有危险。不守正的话，就会危险重重。因为底下人会群起而动，那压力也是很大的。

九五小象：*夬履贞厉，位正当也*。

九五是上卦的中爻，又是阳爻居阳位，当位，既中且正，这是很难得的。整个天道就是靠九五来左右的，社会风气的好坏，完全看九五。位居九五，心中是不是很正，立场是不是很稳，是不是不受任何利害关系的牵涉？如果是，就没有危险，如果不是，就有危险了。

履卦告诉我们，福祸相依，福与祸从来都是可以相互转换的。即使一个人度过了六三爻的危机，身居要职，到达了九五爻的高位，也不能随心所欲，为所欲为，一定要履行天道，坚守正道，对潜伏的危险保持高度的警惕，才能避免祸从天降。那么我们该如何一步一个脚印，走好人生的道路呢？履卦给了我们哪些具体的建议呢？

履卦上九不当位，但爻辞却出现了"元吉"。我们回想整部《易经》六十四卦，上九的爻辞多半是不好的，为什么履卦上九的爻辞是好的？因为天道根本就实践不完，所以就没有什么物极必反，怎么会有坏呢？

上九爻辞（图26-8）：**视履考祥，其旋元吉。**

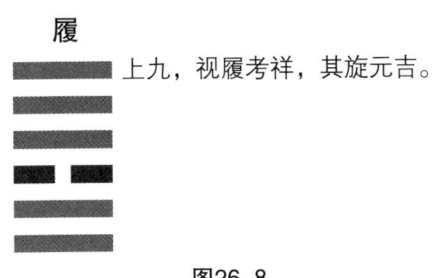

图26-8

"视履"就是回顾自己以前所做的种种，二十岁做了什么，三十岁做了什么………把一生的经历写下来，那就是履历表。"考祥"，就是要看准方向，需要自己考证一下。这就告诉我们，履历里面有的是吉祥的，有的是不吉祥的。人难免会做错，为什么我们只说"视履考祥"，而不讲视履考不祥呢？这就是《易经》的好处了。《易经》告诉我们，回顾以前所做的种种，有的让你很脸红，有的让你心情很喜悦。因为你做过坏事儿，也做过好事儿，这是必然的。所以你就不要去后悔那些曾经犯下的过错，因为后悔也

没有用,重要的是要把那些喜悦的事情持续发挥下去。

"其旋元吉","旋"是回旋的意思。"其旋元吉",是使自己回到初九那个原点,就会大吉大利。为什么我们常常觉得老人家跟小孩一样?就是"其旋元吉"。老小孩,少小孩,老人家到最后会恢复到小孩子的状态,就是一种回归。所以作为老人家,过了一辈子,贡献也差不多了,也尽力了,以前那些当作是一段经历,多跟小孙子玩一玩,过过很天真的日子,不必太过计较。当一个人什么都看过了以后,就没什么好计较的了。

上九小象:**元吉在上,大有庆也。**

第六爻,能够得到"元吉在上"这么好的评价是很难得的。从初九到上九,整个履天道的步骤一步一步终于都通过了,虽然难免有错误,但是当初是无心的,没有不断地重复犯错,心里头没有愧怍,所以说"元吉在上",用我们的话来讲,就叫作可以求得好死。

人生再怎么痛苦,再怎么危险,到了这时候也已经很圆满了,不要再抱怨。有很多老人家一直抱怨,说自己这辈子真倒霉,碰到乱世……牢骚满腹其实都没有用,应该向另外的方向去想:"大有庆也"——人生于忧患,经过动乱,吃尽苦头,才是"大有庆也"。因为所有这些都碰到过了,不白来世上走这一遭。

一个人,没有吃过苦,没有受过累,走一小段路,就气喘如牛,满身大汗,感觉到辛苦得不得了。很多人会想:他从小没有吃过苦头,他真是好命。我觉得那才叫作坏命,就是白活了一生!这一生什么都没有经历,生出来是白纸一张,回去还是白纸一张,有什么意思?

一个人在职场中从默默无闻到步步高升,每个阶段的成功都来之不易,这不仅仅需要业务上的磨炼,更重要的是人际关系上的圆通和处理危机的老练。擅应对,知进退,是中国社会千古不变的处世哲学。那么,面对职场中的种种危机和挑战,我们如何找寻内心的自我和快乐呢?

我们是哭着来的,我们这一生的目的,就是要笑着回去。可这个笑不

第二十六集　柔能克刚

能太早，笑得太早，那就什么都得不到了。笑，要慢慢由外面到心里面去。天道就是不要把自己得意的事情拿去跟那些失意的人讲，否则就是看不起他，就是不尊重他，那样只会让他更难过。从这个角度去想，大家就知道什么叫天地良心了。慢慢地我们就知道，快乐是在内心的，那才叫喜悦，而不是表现出来的。把开心表现出来，对自己是非常不利的。所以越有阅历的人，越不轻易把心里的感觉表现出来。

我爱高兴我就高兴，我要发脾气我就发脾气，我想要怎么样我就怎么样……那就是眼里没有其他人的存在，就跟小孩子一样，一辈子没有长大。但是现在有太多人是这样子的。这种人哭着来，哭着回去，一生就等于零，归零就找不着了。回归原点不是归零，回归原点是说我做了一辈子的人，仍不改初衷，坚持履行天道，这才叫一以贯之。这是非常难得的。

其实人一生都在走履卦，在家里是履天道，到社会上也是履天道，一生都在履天道。回归原点，时时刻刻可以做的，不是只有上九爻可以做。每隔一段时间都要回归原点：我是不是走偏了？是的话，赶紧拉回来。我是不是太靠近那个老虎了？是的话，拉回来。这才是真正的履道。

哭着来笑着去，是人生最圆满的结局。履卦告诉我们，人生从来都不是简简单单一帆风顺的，只有经历过苦难和磨炼，才会一步步到达辉煌。然而其中激烈的竞争应该是良性的，履行天道不是伤害别人，成就自己。只有将道德作为最高的信仰，才能做到心无愧怍。

实践天道是有层次的。我们今天都能想到履行法定的义务，要照合约去做，讲话要算数，一切要合法，这些其实都是最基层的履道。如果以一切要合法为基准，那人类很快就无耻了——只要合法，不凭良心，我怕什么？只要不违法，什么事情都可以做。那就是不凭良心嘛！凡是合法而被骂，就表示不合理。这时候还理直气壮，那就是无耻了。

在一切合法这个层次上再提高一点，就是一切的人伦日用都是精神合理的表现，像礼仪、礼器、礼貌、礼制，这些都使得人像人样。这跟法律

没有关系，因为法律不会规定衣服要穿得符合自己的身份，不会规定当人家家里有丧事的时候，不可以穿华丽的衣服去。但是我们有礼仪，有礼制，这才叫凭良心，这才叫有天理。

真正高层次的履行天道是什么？是内心有仁爱之心。不要伤害自然，不要伤害别人，而不是流于形式，不是表面上很有礼貌，见到任何人来都敬礼，那都是制度性的东西。制式的、形式的，对中国人都没什么用，我们要的是很实际的，发自内心的，出乎仁的表现。仁就是把人当人看。中国人履行天道的仁表现在哪里？第一个，祭拜天地，第二个，祭拜祖先，第三个，崇拜古圣先贤，这就是真正的履道。

我们拿结婚来看，西方人认为结婚就是新郎和新娘两个人的事，跟别人没关系。中国人不是，中国人认为结婚是两个家庭的结合，这还不够，还包括祖先跟子孙的连带关系。我们把这个关系扯得很远：横向上是两个家族的结合，两个家族变成了亲戚，不是两个小家庭而已；纵向方面，是把两家的祖先跟未来的子孙都连接在了一起。家族相连，范围很宽，只要两个人结婚，一下几百个人都变亲戚了，再加上纵向祖先和子孙的连接，两个人的婚姻，可以牵涉到几千几万人，那是惊天动地的事情。

所以中国人结婚，一拜天地，二拜祖先，三拜父母，然后夫妻才对拜。结婚跟天地有什么关系？当然有关系。没有天地，能结得了婚吗？夫妻对拜就是说两夫妻要对子孙负责，不是拜拜而已。因为夫妻对拜下面是送入洞房，就是为了早生贵子，这是夫妻的责任。这才叫天道。

每个人都应该好好想一想这些，因为实践天道是今后人类唯一要走的正道。只有这样，才能实现我们的希望——天下太平。

按照卦序，履卦下面是泰、否两卦，我们先讲泰卦，因为这是大家最需要的。所以我们下一集会来探讨：天下太平。

易经的智慧・第二十七集

天下太平

在中国儒学经典《论语》一书中，有一个词曾被提及一百多次，那就是"君子"。可以说，君子是孔子心目中理想的人格标准，更是中华民族的道德典范。然而，有君子就会有小人。现实生活中，君子与小人的较量无处不在。那么，当我们遭遇小人时，究竟该如何应对？《易经》中的泰卦，对于君子与小人的相处之道又有着怎样的诠释呢？

第二十七集　天下太平

人类群居以后，慢慢有了一些储蓄，却感觉没有这些东西的时候，好像还比较轻松愉快，有了更多的东西以后，就造成了更大的问题。因此，大家就开始思考：人应该怎么办？有高明的人就告诉我们：抬头看看天吧，天道就是人心。所以，我们中国人常讲"公道自在人心"，就是这个意思。可是我们行天道以后，从我们的历史中可以发现，有太平的时候，也有动乱的时候，经常都是一治一乱，而且是乱多治少，我们不禁疑惑：是不是天道出了问题呢？

我们来看看泰卦跟否卦是怎么互动的。这两个卦很有趣（图27-1），一方面相错，一方面又相综，对比得很强烈。这就告诉我们，泰跟否是截然不同的两种情况，但是，它们又好像一条履带一样，从泰到否，再到泰，再到否……循环往复。这是天道对人类最严苛的考验。因为泰了以后人就放松了，放松了就否，否了以后就紧张，紧张然后又泰了……这完全是人自己造成的，不是老天爷要这样或那样。

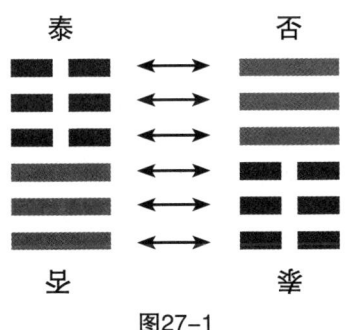

图27-1

人一旦泰然，就容易心宽体胖，然后，脑筋就简单了，就觉得日子很好过，伤脑筋干什么？于是很多事情就开始掉以轻心了，而这时，往往君子气概很强烈，要置小人于死地。而只要有置小人于死地的这种心态的人，那根本就是小人。凡是要置别人于死地的人都是小人。所以，君子变小人，小人变君子，由否到泰，到否，再到泰……永远是这样的。

我们读泰和否这两个卦的目的，就是希望我们最起码能够长久一点地持盈保泰，而不要老是经过动乱之后再去争取太平。君子要行正道，必须有一套正确的对付小人的方法，不能疾恶如仇。

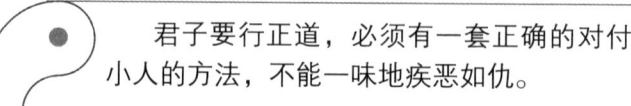

君子要行正道，必须有一套正确的对付小人的方法，不能一味地疾恶如仇。
——《易经》的智慧

君子，在古代本有国君之子的意思。因从小便受到理想和人格的规范教育，个人修养堪称楷模。因此，"君子"一词后被引申为才德出众之人的统称。而"小人"则成了与其对立，具有浓厚讽刺意味的反面角色。那么，君子与小人，这一正一反的关系，在泰卦中又是如何体现的呢？

有君子就必定有小人，君子应该怎么样面对小人？我们从泰、否这两卦里面可以学到很多应对之策。

我们先来看泰卦，泰卦卦辞（图27-2）：小往大来，吉亨。

图27-2

《易经》里面凡是小都是讲阴爻的，大都是讲阳爻的。之所以说阳大

第二十七集 天下太平

阴小，是因为阳以天为代表，阴以地为代表。我们在蒙古大草原上只看到天把地包起来，却找不到一个地方可以看到地把天包起来的。当然，从某些人的面相里面可以看出地包天，一般人多半是上面牙齿在下面牙齿的外面，叫作天包地。但是，有少数人是下面的牙齿把上面那一排牙齿包在里面，那就叫地包天。

我们再从性质来看，会膨胀的叫阳，会收缩的才叫阴。热胀冷缩，这是常见的物理现象。所以用现在的科学来解释阳大阴小，我们会觉得古人真了不起。难道古人老早就做过实验了，知道钢铁一遇到热就胀，一冷就缩？我们大概可以从这个角度去了解。

天，本来应该在上面的，地本来应该在下面的，这才是自然的现象。但是我们从泰卦的卦象来看，地跑到上面去了，天反而跑到下面来了，真的会这样吗？不可能的，那样人类都活不了了。泰卦的卦象讲的是气的变化。我们现在装冷气机，一定是装在上面，如果装在下面，开了冷气机，上面还是热的，因为冷气不会往上走，冷气是往下走的，所以，冷气机要装在上面。这就叫作"小往"，把小（阴）的放到上面去。可是我们冬天用的暖气则是装在底下，因为热气是往上走的，把暖气装在上面，下面温度很难升起来。从这个现象我们可以了解到，气是热的往上，冷的往下。

如果三个阳爻在上面，三个阴爻在底下，就会阳气往上升，阴气往下降，这就叫作天地不交，天地不交就是否卦（图27-3）。

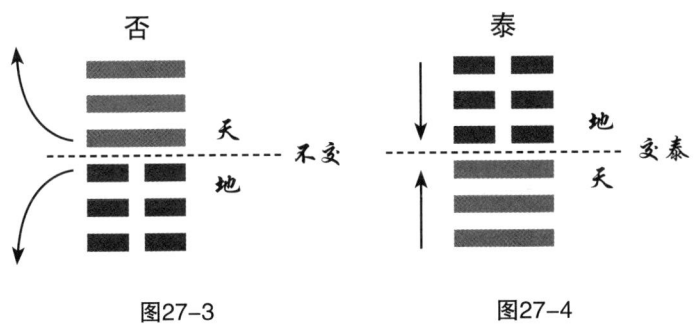

图27-3　　　　　　图27-4

我们看到泰卦是三个阴爻在上面，三个阳爻在下面，而阴气会往下降，阳气会往上升，阴阳交泰（图27-4），天地人就充满了生机，万物就能够顺利地成长。阳本来在外，现在来到底下，阴本来在下，却去了上边，大的来到了下边，小的往上走了，所以叫作"小往大来"。

按照《易经》的道理，泰卦的下卦纯阳，代表天；上卦纯阴，代表地。地在上，天在下的卦象，虽然违背了大自然的常理，却预示出小往大来，阴阳交泰后，万物勃发、天下太平的盛世景象。那么，依循泰卦的道理，当我们迈出小往大来的第一步后，君子与小人真的就能和平共处了吗？天下太平到底是谁的责任呢？

元、亨、利、贞四德，泰卦只有亨，没有元，为什么？因为原本不是这样，是人要去努力才会有泰。如果人类在天地之间很自然就是美好的，那就无所谓泰，也无所谓否了，人就没有分别感了。没有吃过苦，怎么知道什么是乐？没有受到过打击，怎么知道还有坏人？所以有时候我们认为小人是为君子而活的。自视为君子，看不起小人，是很短见的——完全没有小人，怎么证明你是君子？很多人说君子很受苦，君子很倒霉，我觉得那是当然的，不受苦，不倒霉，算什么君子呢？那不是跟小人一样了？这样想我们就知道什么是天理，自然也就心平气和了。外面虽然不太平，但我们的心情已经太平了。所以太平不太平是由某一个人做出来的。我们可以归结为一句话：天下太平是天下人共同的责任。天下太平要成为所有人，包括君子，也包括小人，共同的目标，才能完成。如果只是君子的目标，不是小人的目标，那也是实现不了的。

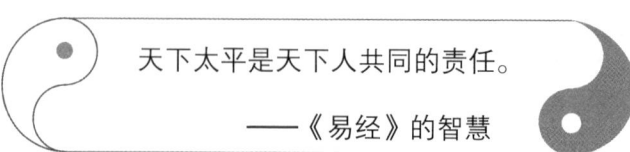

天下太平是天下人共同的责任。
——《易经》的智慧

我们不说"天下太平是所有人共同的理想"，因为光有理想是没有用的。为什么《易经》一直告诉我们要担负责任？因为读《易经》如果没有责任的概念，是很难深入的。天下太平不是理想，否则它就永远只是理想，而得不到落实。天下太平是大家的责任，大家都知道了自己所肩负的这个责任，并且付诸实践，天下也就太平了。所以，理解天下太平，首先要明白两点：第一个，天下太平不是把所有的小人都消灭掉，因为那是不可能的事情，小人是跟君子相生的，只要有君子，就有小人；第二个，小人是永远存在的，天下太平不是说君子要团结起来压制小人。其实小人本来还没有很嚣张的，就是因为君子要团结起来置他们于死地，所以他们才特别团结，特别嚣张，这才是真相。

如果了解了这些状况，就会亨，就会吉祥，否则君子永远在唱高调，永远受气。泰卦这六个爻，初九跟六四是相应的，九二跟六五是相应的，九三跟上六也相应（图27-5）。

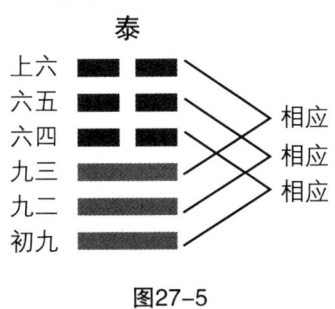

图27-5

六爻都是两两相应的，就表示所有的君子都有其对应的小人。所以，要想天下太平，不能去消灭、征服、阻止小人，而是要去感化他。小人能不能改变？答案是君子绝对改变不了小人。只有小人自己要改变，他才会改变，小人不肯改变，君子再怎么样他都不改变的。那是不是说天下就不能太平了？当然不是，因为小人会自己改变。所以我们说天下太平不只是君子的责任，同样也是小人的责任。

《易经》中的泰卦告诉我们：天下太平是人类共同的责任。无论是君子还是小人，每一个人都肩负着相同的责任，大到社会和谐，小到家庭和睦。正因为存在这样或那样的责任，人才能对自己的行为有所约束。那

么,是不是人类有了责任感,天下就能太平了呢?

泰卦象辞:泰,小往大来,吉亨,则是天地交而万物通也,上下交而其志同也。内阳而外阴,内健而外顺,内君子而外小人。君子道长,小人道消也。

"泰"是卦名,这个卦叫作"泰"。"小往大来,吉亨"是就泰卦的卦象来说的,阳本来在上的,现在走到下面来,不是天到下面来了,而是阳气来到了下面,而阳是大,所以叫作"大来"。"小往"是指阴,地本来在底下,现在到了上边。这样一来,阴阳二气有对流,天地才会交泰,万物才会亨通,顺利发展,生生不息。"上下交",是指阴阳二气的交流,而"其志同也"的意思,就是心往一处想,力往一处使。

这一点我们可以从公司里面看出来,如果高阶层的人很阳刚,表现出很积极,目标很正大,决策很了不起的样子,底下人就阴气一团,因为他们觉得没有得到应有的尊重,他们的意见不被高层采纳,他们心情不好,明明可以做好的事也会搞得乱七八糟。上面的人不听底下人的声音,就会越来越脱离群众,最后就会内部沟通不良,就是上下不交。凡是底下的人很积极,底下的意见都像阳气上升,上面根据底下的需要做出正确的决策,上行下达,下行上达,上下相通,那就通泰了。

"内阳而外阴,内健而外顺",是说泰卦的下卦,也就是内卦,是乾卦,三个爻都是阳刚的,很刚健,而上卦,也就是外卦,是坤卦,三个爻都是阴的,很柔顺。阳代表君子,阴代表小人,所以是"内君子而外小人"。

泰卦告诉我们,要亲君子,而远小人。泰卦是乾在下,跟我们比较接近,我们要多接近君子,不要去招惹小人,更不要去逼小人愤怒。现在的年轻人要么什么都看不惯,认为别人都是小人,只有自己是君子——那又有什么用?要么就是反正就是这样了,同流合污——那你也变小人了。这就是不懂泰卦。君子和小人同时存在,正确的选择就是跟君子多来往,对小人敬而远之,因为你没有办法改变他。只能自己先做好,从而去感化他,使他自己改变,才能真的通泰。

第二十七集　天下太平

我们要着力于健全内部，而外面的环境我们管不了，只能去因应。其实自己有原则，还必须要因应外界的变化，而不是自己认为怎么样，就一定要怎么样。环境是不听人的话的。骑摩托车的人，一定不愿意摔到阴沟里面去，可就是摔下去了，怎么办？只好自认倒霉，能把阴沟怎么样处理？把它送去法办？没有用！

我们自己要做君子，不管别人怎么样，也管不了。我们只是希望，"君子道长，小人道消"。其实世界就是摇摆不定的变化而已，不是君子道长，小人道消，就是小人道长，君子道消。社会上的君子越来越多，社会就越来越安定，小人越来越多，社会就越来越混乱。家里面也是一样，心越齐，家越和，只要一家人开始你猜忌我，我猜忌你，你骗我，我骗你，这个家就不成家了，就没有什么家人的感觉，也没有亲情了。很多事情就像跷跷板一样，这边高那边低，那边高这边低，就是这样而已。

否泰是一种变化形式，而且非常快，由泰到否，一瞬间，由否到泰其实也很快。当然，我们可以看出来，从泰到否远远比从否到泰要快。所以泰的时候不要太高兴，可能两三天就否了。一家公司要做大很难，但是当公司赚大钱了，进入百强了，反而很快就不见了，那是很容易的事情。

《序卦传》说：*履而泰，然后安，故受之以泰。*"泰"的意思就是"安"。只要君子使得小人不安，那就不像君子了，天下就不可能太平。我想这是很多君子没有觉悟到的事情。我很好，都怪小人太坏，人往往都这么想，但是却不知道，只要标榜自己好的人，就是小人，就已经不好了。通泰，就是要通才能泰；平安，就是要平才会安。

几千年来，中华民族一直以和谐为美。然而，在大千世界此消彼长、你强我弱的竞争变化中，君子与小人这两个对立的角色，却很难达到理想中的和谐状态。如何在坚守原则的前提下长久地持盈保泰，才是泰卦的价值所在。那么依循泰卦的道理，君子的价值究竟该如何体现呢？

泰卦《大象传》：天地交泰，后以财成天地之道，辅相天地之宜，以左右民。天地相交才会生化万物，这是"天地交泰"的好处，而天地交泰以后，"以财成天地之道"，就开始有很多变化，人类就从这些变化以及各种错综复杂的问题中，来看什么合天地之道，什么不合天地之道，然后才有了选择，才知道要怎么走。老天是尊重每一个人的，你要做小人，你就去做好了，反正最后都是自作自受。"辅"是辅助，人类有辅助的责任，使天地能够很顺利地运转，结论就是"以左右民"，就是人们给天地相当的辅助，使得民生的发展能够很均衡，大家共享安乐。

独乐乐不如众乐乐，因为独乐乐是不可能天下太平的，个人的力量是有限的，铜墙铁壁都挡不住外面的压力。哪一天粮食紧缺了，越有粮的人越倒霉，他的仓库会第一个被民众冲破，那时候法律也没有用，所以不要寄望自己独富，不要想着只管自己家就好，更不要以为有足够的钱就可以高枕无忧了。到时候钱根本没有用，有再多的粮，也会被抢光。你说你有很多卫士，那时候最先抢你的就是你的卫士。这样我们就知道了，只能"左右"，不可能决定。"左右"用现代话讲，叫发挥参考力。参考力，不是法定的权力。孔子说："其身正，不令而行；其身不正，虽令不从。"（《论语·子路》）我们现在讲的，上梁正，下梁就不会歪，也是这个道理。上梁不正，下梁一定歪。所以，为上人就要正，别人可以歪，你不能歪，别人歪一点没有关系，你歪一点就糟糕了。发挥个人的参考力是每一个人的责任，而最终的结果也是每一个人要自己去承受的。

唐太宗最有名的政绩就是造就了"贞观之治"的盛世局面，靠谁？靠魏徵。魏徵为什么会千古留名？就是这种人很少见，因为他冒着很大的风险，比谁都辛苦。别人可以跟唐太宗处得很好，有说有笑，他就要板着脸，那是冒着生命危险的。但是，这是他的责任，也是他自己愿意承受的——既然老天给我这样的脑筋，给我这样的责任，该讲的我就要讲，就算死了我也没有愧疚，也不会遗憾。那才叫作君子。

我们再看看屈原，我常常觉得屈原实在是很委屈：屈原绝对是好人一个！可是他就没有魏徵那么好运了。我们现在每年过端午节，要吃粽子，

第二十七集　天下太平

就是为了纪念屈原。我倒情愿屈原当年能够像魏徵那样发挥他巨大的能量，就算我们忘记了他，就算我们今天不吃粽子纪念他，他的价值会更高。我讲这话的意思，就是我们读历史要学会检讨，很多人认为社会治少乱多，完全是小人的责任，我不这样认为，真正看懂历史的人就明白，社会治少乱多，君子的责任更大。

孔子曾说："士而怀居，不足以为士矣。"意思是说：一个人如果只想着自己的小家，就不能成为真正的君子。作为君子，应该怀有"天下兴亡，匹夫有责"的气魄与担当。可见，在天下太平的理想面前，君子肩负着更大的社会责任。那么，当君子遭遇小人时，又该如何以大事小，化干戈为玉帛呢？

我们有一个成语，叫作"三阳开泰"，"阳"就是君子，"三"并不代表三个，而是代表多个，要有多个阳的力量才能开出一个天下太平的局面，这才是三阳开泰的真义。所以我们听到三阳开泰，不要仅仅理解为春天来了，马上要一片阳气，所有的树木都蓬勃成长……不要老想那些，应该想想我们自命为君子，就要把君子的责任完成。如果有那么好的名义，结果却没有发挥那么大的效果，那不是很惭愧吗？我们要反求诸己——因为我们君子的责任没有尽好，所以天下才会大乱，而不是因为小人当道。如果小人一当道，君子就不行了，那当然也要君子自己好好检讨。

文人相轻是君子最大的问题——我是君子，我谁都看不上——那就不算君子了。所以，任何时候我们都不要以君子自居，也不要说自己是君子，别人都是小人，更不要骂社会，骂传统，什么都别骂。我们每一个人都脚踏实地，去实践天道，懂得检讨自己，反省自己有没有真正懂得天道，这样就够了。越多人这样，天下太平越容易实现，否则都是唱高调，都是自我标榜，都是占到便宜还卖乖，那样的话人类是不长进的。

天本来高高在上，现在跑到底下来，这就叫作以大事小。泰卦整个卦象就是以大事小。小人最喜欢人家捧，君子就捧他。当一个人很喜悦或者很愤怒的时候，是最没有抵抗力，最没有理性，最容易上当的。这也是一

阴一阳之谓道。

君子老是想把小人压在底下，那不"否"才怪！因为小人受到压制，就开始要保护自己，就很团结，那就乱了。假定君子懂得泰卦，就把小人捧得高高的，才有办法影响他，这个我们在泰卦各爻里可以更深刻地感受到。

一个人如果因为自己的老板是小人，就跟他对抗，就不理他，那这个人自己也变成小人了，还有什么资格影响老板？所以很简单，就算老板是小人，只要他的命令是正确的，我就去执行。如果我的老板是君子，但只要他的命令是错误的，我坚决不执行，这样才叫作君子。

要过太平盛世，我们第一个要觉悟的就是：君子的责任远大于小人！要不然为什么君子叫大，小人叫小呢？所以，我们下一集就要认真地来谈一谈：君子的责任。

易经的智慧·第二十八集

君子的责任

君子，一直被视为中华民族的道德典范，然而，在现代社会日新月异的发展变化中，君子的定义是否有所改变呢？衡量一个君子的标准，是他的行为，还是他的行为动机？为什么说，作为君子最重要的是责任？而君子的责任究竟是什么？依循泰卦的道理，作为君子又该如何为人处世呢？

第二十八集　君子的责任

天下太平是所有人共同的责任，但是最关键的是下乾的力道够不够。乾是刚健的，所以下乾的目的是要往上走。如果天不向上逼近，阴气会一直往下压迫，到最后君子的立足之地都没有了。那下乾要不要给上坤留有余地？当然要留有余地，如果逼到阴全没有了，全部都是阳，那最后也是亢龙有悔的。

如果君子有这样的警觉性，只要做到两个字——心齐，这个力道就出来了。心齐就是同心协力的意思。君子的心能不能齐？很难。但就是因为难，所以才要重视。初九、九二、九三，三个都是阳爻，如果各怀鬼胎，各想各的，那就完蛋了。偏偏这三个里面，有两个当位，有一个是不当位的，所以要心齐，不是那么容易的。而上面那三个阴爻，也是有两个当位，一个不当位，我们把上下卦比较一下，会发现下卦中爻九二不当位，可是它刚健，上卦的中爻六五不当位，但是它有弹性，其余四爻又都是当位的，所以在泰卦的大环境里面，六爻其实都是好的。当位也好，不当位也好，这是上天的一种美德，就是说只要大家努力，是可以安享天下太平的。

古人云：二人同心，其利断金。要实现天下太平，君子必须同心协力。然而，要做到心齐并不是件易事。在泰卦中，初九、九二、九三分别代表着君子所处的三个不同阶段，而每一个君子都有其对应的小人。那么，在与小人的对峙中，位于初九爻的君子究竟该注意些什么呢？

泰卦的初九爻在下乾的三个爻里面，是领头羊的地位。这三个阳爻里面，初九是领头羊，九二是核心骨干，九三是大佬。同样是刚，它们的位置不同,所以表现就不一样。为什么让初九来当领头羊,不让九二或九三来当呢?因为九三的位置过刚,九三阳爻本身就刚,又在下卦之极,刚上加刚,这实在是太危险了。九二跟上面的六五是相应的,它一动就会惊动六五,六五马上就会下手,最后也是不会成功的,所以九二和九三都不能担当领头羊的责任。

我们常说年轻人很重要,国家社会的未来就寄托在年轻人的身上,初九就是年轻人。第一,他没有什么包袱;第二,也没有什么身份地位;第三,讲出来的话,人家会觉得代表的是新一代的心声。同时,年轻人刚刚出社会,没有吃过那些苦头,会勇敢地站出来表达自己的意见。所以,我们把初九设定为下乾的领头羊,是有道理的。

初九爻辞(图28-1):*拔茅茹,以其汇,征吉。*

图28-1

"茅"就是茅草。当我们拔茅草的时候,会连根带泥土整个拔出来。因为土松,而茅草的根扎得不是很深,更重要的是茅草心连心,汇集在一起。这就告诉我们,如果你是君子,你想要尽天下太平的责任,你就要跟其他志同道合的人,像茅草一样,根茎叶连成一体,大家同心协力,主动积极,而不要一味标榜自己。

泰卦的基本精神,就是下乾步调要一致,君子要同心协力,不要自乱阵脚。

泰卦初九小象:*拔茅征吉,志在外也*。一个君子在初九的时候,要有志向外,不要只求自己安泰——天下不太平,自己躲起来好了,反正现在是潜龙勿用,干脆就不管了——那是不行的。

第二十八集　君子的责任

君子在初九要注意四个字，不失己任，就是不能推卸自己的责任。只要一个社会所有的君子都不自暴自弃，都不怨天尤人，不标榜自己，也不推卸责任，国泰民安应该会很快实现。

《易经》中的泰卦告诉我们：君子要以天下太平为己任，步调一致。作为处于初九阶段的年轻人，虽然刚刚步入社会，也要承担起自己的责任。那么，处于九二爻的基层领导，应该怎样承担君子的责任？当面对周围各种各样的人，甚至面对小人时，又应该如何对待呢？

一个君子刚刚出来的时候，理想很高尚，志向很远大，不达目的，誓不罢休，这是比较容易的事情。可是到了九二，心情就会改变了。因为位置高了，声势大了，物质享受也多了，追捧的人也有了，就开始有私心了——哪些是我的核心团队，哪些是外人，哪些根本就是不打算将来在一起的……一有这种心态，那就很危险了。所以，九二特别提醒我们要包容八方，就是各色各样的人都要包容。

九二爻辞（图28-2）：**包荒，用冯（píng）河，不遐遗。朋亡，得尚于中行。**

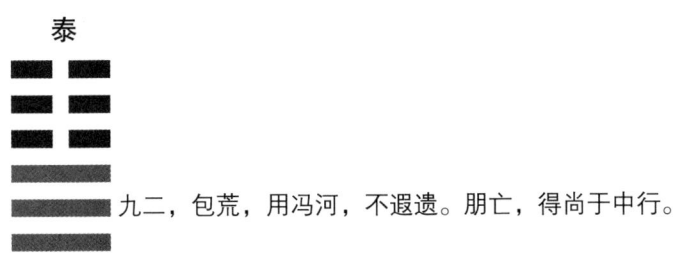

图28-2

君子要包荒，就是要广结善缘。你一眼看他，就认定他是小人，那就是你把他逼成小人的；你把他当成君子看，他会不好意思，会努力表现得好，慢慢就变成君子了。君子只能感化小人，不能用威胁的手段，不能用利诱的方法，否则都是不长久的。

"用冯河"是什么意思？孔子说："暴虎冯河，死而无悔者，吾不与也。"（《论语·述而》）暴虎冯河，就是空手要去打老虎，没有船却要渡河，这种人有勇无谋，鲁莽冒险。"用冯河"，就是连徒步涉水过河这种人都要用，可见非常包容。否则这个人不能用，那个人不敢用，都不用的话，就开始分了，又把小人逼到一起去了。心胸很宽广，肚子里面有是非，而所表现出来的是有最大的包容性，这才是君子。"不遐遗"，就是再远的人都不遗弃。因为天下很广，不能只顾自己，恃才傲物。自己端君子的架子，不理小人，最后眼睛里面只有自己，没有别人，那样的君子是很孤单的。

下面那两个字更重要，叫作"朋亡"，"朋"就是朋友，"亡"就是没有。是没有朋友吗？不是，是没有结党营私的小团体。我们在初九的时候，会团结一致，可是等到当了单位小主管的时候，本位主义就出来了——这是我们的人，那是他们的人——于是就开始内斗了。君子一内斗，就跟小人一样了。

"得尚于中行"，"得"就是能够，"尚"就是重视。能够重视中道，就表示这个人真的可以变成君子的骨干。而九二的位置是在三个阳爻的当中，是阳，但是居阴位，就告诉九二，虽然你很阳刚，但是你在这个位置上要特别柔和。

所以九二小象说：**包荒，得尚于中行，以光大也**。就是告诉我们，要包荒，要柔和，要接受一个人的好处，也要接受他的坏处。因为人本来就有优点和缺点，说难听一点，个性发挥得好，就是优点，个性发挥得不好，就是缺点，其实就是一体两面。刚毅果断是阳的本性，但是柔而宽大是阴位应有的处世原则，这样九二就发挥了自己在这个位置的中道精神，人家当然就认为九二是个光明磊落的君子。

大家越来越相信九二，九二的表现慢慢就会引起六五的警觉。因为六五跟九二是息息相关的，它们分别是上下卦的中爻，九二有什么风吹草动，六五都会看到，六五一看君子的势力已经慢慢起来了，自然会走下台阶，适当地调整自己，这样一来，小人跟君子携手共同走向国泰民安，岂不是更快？

第二十八集　君子的责任

孔子曾说："君子周而不比，小人比而不周。"意思是说：作为一个真君子，一定要有包容之心，广结善缘，切勿结党营私。正如九二爻辞所说，只有重视中道，才能吸引更多志同道合的人，成为君子中的骨干力量。那么，当君子日趋强盛，位于九三爻的上层领导又该注意哪些问题？怎样做才能避免盛极而衰的危机呢？

九三是天的边缘，再上去就是地了，是天地交接的地方，是君子跟小人面对面第一线接触的地方。千万不要"势大忘形"，这四个字毁掉了很多人。我们势大了，我们君子这么团结，九二表现得那么好……有了这样的想法，就难免会不把小人当一回事，那就会把小人逼在一起，逼得他们狗急跳墙，就会有一种反弹的力量出来，那就更没有办法国泰民安了。

九三爻辞（图28-3）：无平不陂，无往不复，艰贞无咎。勿恤其孚，于食有福。

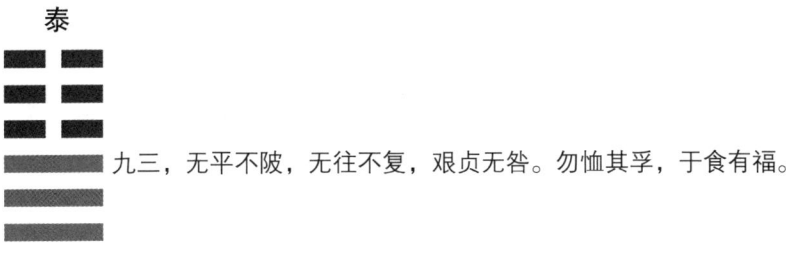

图28-3

进入到九三，我们每一个人都应该高度警惕。什么叫作"陂"？"陂"就是斜坡。"无平不陂"，就是说所有的平其实都是不平的。没见过海的人，会相信大海是平面，但见过大海之后，你就知道海哪里是平面？海面是弧形的。地球是圆的，从一面看，它是弧形的，近距离看的时候，它才会是平的。我们今天最大的问题就是自以为是君子，要维持公平，可事实上哪里有什么公平？无平不陂，用现代话来讲，就叫作合理的不公平。人类要觉悟，在现实的世界当中，只能够做到合理的不公平。我们有很多不正当的想法，都是因为固执地认为人应该绝对公平。我们现在

最讨厌的就是特权，可是特权是永远存在的，不要幻想能够去除特权，特权只会转移，不会消失。

你去机场赶飞机的时候，要不要排队？当然要，在机场候机的人那么多，不排队怎么行？可是我却亲眼看到一个人提着行李就直接挤到前面，要去通关。那个维持秩序的人就过来说："你不可以这样，大家都在排队，你怎么不排队呢？"他说："我排队？你没听到广播，我那班飞机只剩下我一个人没登机了。你说要排队，我可以去排呀……"他正要排队，那个维持秩序的人说："排什么队？赶紧去！"然后替他拿行李，跑得比谁都快，这算不算特权？情况使然，哪算特权？兄弟两个人，弟弟老是穿哥哥的旧衣服，那弟弟就很气：不公平，怎么哥哥老穿新衣服，我总穿旧的？其实一句话就讲完了——谁叫你不早点出来？你让哥哥先出来，你活该！可是听了这话，大多数人还是觉得很不公平，因为他们根本听不懂。

所谓的平与不平，是说每一个人都一样的时候才可以讲公平。什么时候了解到天底下没有公平这回事，只有合理的不公平，自然就心平气和了。

"无往不复"，是说天地是循环的。今天你得意，明天你可能就会失意；今天你看不起他，可能过不久他比你还得意。老实讲，君子到了国泰民安的时候，常常就不自爱了，就自乱了。因为没有了警觉性，他认为一切都好了，就松懈自己了，那泰卦马上就变否卦，因为泰卦下一卦就是否卦。由泰到否，再由否到泰，是无往不复的，永远是这样转的。

"艰贞无咎"，是说只有在艰难困苦当中，始终不为恶念所动，保持要为天下开太平的正念，才会无咎。但是，实际上很多人到第三爻的时候，就已经开始变动了，已经忘记了自己最初的正念。人在不得意、不得势的时候，通常很有正义感，而一旦得意就不免忘形了，一旦得到好处，就迷惑了自己，所以要特别警戒。

"勿恤其孚，于食有福"，这是什么意思？"恤"就是吝惜的意思，"孚"是诚信。君子最要紧的修养就是诚信。作为君子，不能吝惜诚信，更不要觉得自己对大家有信用，大家就应该也讲信用，要知道，你所做的都是该做的，结果怎么样不是你在决定，是天在决定。这也就是九三小

第二十八集 君子的责任

象所说的：**无往不复，天地际也。**

 作为君子，不能吝惜诚信，更不要觉得自己对大家有信用，大家就应该也讲信用。
——《易经》的智慧

此消彼长是事物发展的自然规律。正如九三爻辞所说，无往不复。当君子的势力日趋强盛的时候，可能就是盛极而衰的开始。这时的君子要格外警惕，切忌得意忘形。那么，处于六四爻的小人有什么特点？在这个位置的人应该怎样做，才能够坚守正道呢？

六四爻辞（图28-4）：**翩翩，不富以其邻，不戒以孚。**

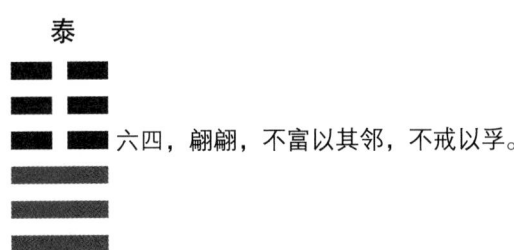

图28-4

"翩翩"就是小鸟飞翔的样子。六四跟初九是相应的，他本来是小人，可是他看到初九这个年轻人自动积极，大公无私，跟他的同志能够配合得很好。这一股向上的阳的能量已经慢慢起来了，六四意识到自己是首当其冲，所以，他就慢慢地觉悟到他要像小鸟一样地飞下来，接近君子，先磨合一下，看看初九对他的态度怎么样。

"不富以其邻"，就是说六四已经开始不像以前那样，跟六五那么接近了。六四以前跟六五接近的原因是因为都是小人，利益要大家抢，而且六五是掌握资源的人。现在六四不要了，不争了，而认为六五要富贵就去富贵吧，自己要赶快改正，因为自己处于首当其冲的位置。

"不戒以孚",就是说就算没有人警告,就算没有很严厉的警戒,我也会自动调整我自己,把我的私利放弃掉,我不受警戒,就开始跟大家诚信来往。

六四小象:**翩翩不富,皆失实也。不戒以孚,中心愿也。**

六四放弃自己的私利,是出乎内心的一种诚意,表示自己要开始以诚待人,不再乱来了。说到这里,大家应该明白,我们要给小人一条出路,什么路?就是逆取顺守。小人位置会那么高,也是经过一番努力得到的,可是小人没有走正道,那个叫逆取。既然小人已经逆取了,君子只有让他顺守,这才是自然的一种感化。

六四的这种举动会引起六五的察觉,因为人总是有警觉性的。所以六五爻辞是(图28-5):**帝乙归妹,以祉元吉。**

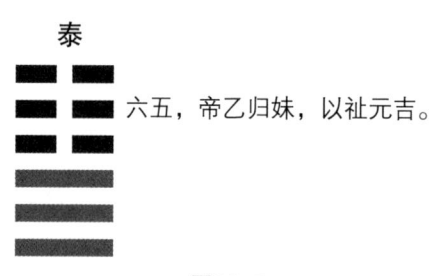

图28-5

"帝乙"是殷商时代的天子,"归妹"就是把他的妹妹嫁给九二。换句话说,是六五开始跟形势越来越好的君子有谋和的行为。"祉"就是福,我们常说的福祉,也是这个意思。六五想要把九二提拔起来,用现代话来讲,叫作选贤举能——只要你们这些君子是可用之才,那我也可以开放一些职位,让你们来担当,大家一起慢慢走上正道。这正是六五小象所说的:**以祉元吉,中以行愿也。**

《易经》中的泰卦告诉我们:逆取顺守才是小人的出路。只有遵循常理,合理利用人才,最终才能走上正道。那么,当处于六四和六五位置的小人,都纷纷显露出谋和的意向,处于上六位置的高层领导,又该如何修

第二十八集 君子的责任

己安人，守住自己的江山呢？

上六爻辞（图28-6）：**城复于隍，勿用师。自邑告命，贞吝。**

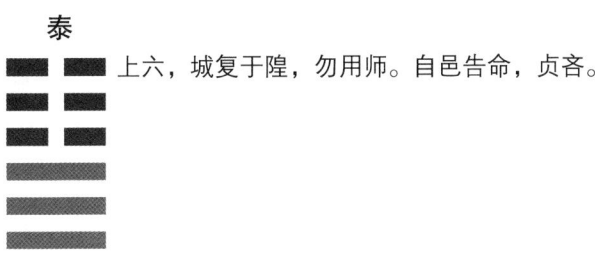

图28-6

"复"是倾覆的意思，"隍"就是护城河，"城"是指城墙。以前建城墙的时候，会挖土做墙，然后外面就有了一条干沟。后来干沟里注入水，就变成护城河了。城墙倒了，原本挖护城河的泥土又回到原来的沟里面去，就是"城复于隍"。这代表什么？代表盛极而衰。本来是小人当道，现在因为六四改变态度，六五也开始想跟君子谋和了，那上六就知道，整个小人的势力快要盛极而衰了。

上六给我们的警告就是守成不易，守成为什么不易呢？因为小人不可能从此就不见了，他还是存在的，只是躲在暗处，君子现在变成在亮处了。其实暗处的小人比在亮处的小人更危险。

"勿用师"，有两种解释，一种是说小人集合起来以后，就对君子动武了，一种是说君子看到小人快要灭亡了，也动武了，要加速消灭小人。这两种都有可能，但是都不要用比较好。

不管是小人还是君子，只要动武就是不对的，因为动武就不太平了。泰卦就是要天下太平的，结果搞到动武，怎么能泰呢？不能动武要怎么办？"自邑告命"，从城里发出一些通告，诏告大家，现在有什么样的改变，为了全民的福祉，要开太平。要由近而远地去宣告正念，使人心安定。

"贞吝"，也有两种解释，一种是说只要动用武力，就算你再正，也

是找借口，最终是要蒙羞的，是有口难辩的；一种是说如果你从城里面发出通告，以安天下人心，那你就不会吝。

上六小象：**城复于隍，其命乱也**。

城复于隍，命不可行，乱不可止，由泰转否，回天乏力。所以处泰虑否，未雨绸缪，是避免城复于隍的唯一办法。

这样听下来，我们就知道君子的责任，其实只要四个字就整个概括下来了，叫作修己安人。君子一定要修己，不修己算什么君子？在不同的阶段要有不同的修己方式，而后收到的效果就是安人。安人是既安自己，也安别人，既安君子，也安小人，因为都是人。在安定当中求进步，这就是泰卦的主旨。

君子从初九到九三一层一层上来，先从不标榜自己，不认为自己比别人充满爱意开始，认为自己跟大家一样，只不过是一分子，而当得到地位的时候，就更加度量宽广，更加圆通。因为君子不圆通，就会逼得小人更团结，阻碍就会更大。

下乾的三个阳爻，代表君子要像个君子的样子，自始至终都不改初衷，尽到君子的责任。上坤的三个阴爻是小人的事情，小人要怎么做，君子管不了。既然管不了，君子还努力干什么？其实老天就是通过这一点来考验君子的。尽人事，听天命，对于君子来讲，尽到自己的努力之后就是听天命。只问自己有没有尽君子的责任，至于小人怎么样，管不了，就听天命好了。

持盈保泰，是高度困难的，是老天对君子最大的考验。所以君子要战战兢兢，谨慎小心。要做君子，就要有"我要当君子，我就要吃尽苦头也不抱怨"的心态。这才叫真君子。

否是从泰来的，要特别警觉，所以我们下一集就要来讨论一下：否从泰来。

易经的智慧 · 第二十九集

否从泰来

人生在世，顺境与逆境总是相伴而行。俗话说，人生不得意事常八九，正如《易经》卦序所显现的，顺境（泰卦）之后，必定会出现逆境（否卦），这是为什么？一旦人们处于否卦的环境中，应该如何应对？而否卦对我们又有什么警示呢？

第二十九集　否从泰来

《易经》六十四卦，在第十一卦泰卦之后，紧接着就是否卦，这是什么道理？《序卦传》讲得很清楚：*物不可以终通，故受之以否*。也就是说，物不可能一通到底，一定会遇到一些障碍。否是什么意思？"否"字上面是个"不"，下面是个"口"，就是尽管有嘴巴，也想讲话，但是却不能讲，这样的状态就叫否。

中国人跟外国人不太一样，外国人几乎是想讲什么就讲什么，而我们不会那样。中国人要讲一句话，最起码会先想三点。第一，我讲了之后，对方会怎么样？我们很重视听的人的感受——对方听得进去我才讲，对方听不进去，我根本就懒得讲。第二，我讲了以后，对方听了，会不会产生效果？如果我讲了一两次，发现讲了等于没有讲，那就叫作对牛弹琴，我干脆就不讲了。所以为什么有的人碰到这个人会讲很多话，碰到那个人却一句话也不讲，就是他把那个人看透了——反正我讲，你要么听不进去，要么听了也不会付诸行动，没有效果的事情我做它干什么？第三，如果我讲了以后会使得大家关系恶劣，增加不良的恶果，那我又何必制造问题呢？所以中国人讲话会想一想再讲，是有道理的，这跟否卦不无关系。

否就是有口不能言，言不由衷。如果员工发现自己讲的话领导不听，那员工心想：我讲它干什么？干脆不讲好了。所以领导要记住，下面的人没有反应，并不代表他们没有意见。一个小孩回到家特别乖，并不表示他真的乖，也许他在外面很坏。因为他知道回来跟父母讲不通，所以干脆就不讲了。学校里有的学生不跟老师讲话，就是因为他觉得跟老师讲不通，老师永远不了解他，讲了也没有用，所以就形成闭塞不通的否态。上情不能下达，下情无法上达，这就叫作否。

否卦是《易经》六十四卦中的第十二卦，紧随泰卦之后，却与泰卦顺畅通达的寓意完全相反，象征闭塞不通的环境。那么，原本通畅的环境，为何会变得闭塞混乱？又是什么原因造成了有口不能言的窘境？

否卦跟泰卦互为错卦，也互为综卦（图29-1），泰卦下卦的乾变成了坤，而上卦的坤变成了乾，一下子君子变小人，小人变君子了，就变成了闭塞不通的否卦。我们一定要了解，《易经》里面所讲的小人不是坏人，不要把小人简单地理解为坏人，小人经常是君子变的。

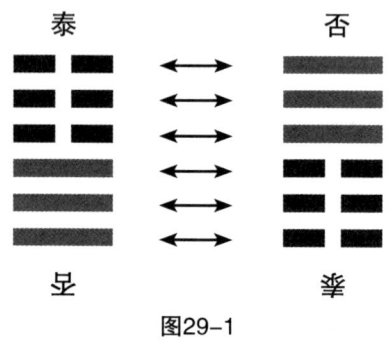

图29-1

《易经》的通例是，阳爻代表君子，阴爻代表小人，可是否卦的上卦乾卦，虽然三个爻都是阳爻，却代表了小人。下面的三个阴爻，是坤卦，反而代表君子。在泰的情况之下，君子主导形势，对君子有利，可是在否的状况下，就是小人得势了。所以否和泰整个的大环境是不一样的。《论语·卫灵公》有言："君子哉蘧伯玉，邦有道，则仕；邦无道，则可卷而怀之。"这一点我们首先要弄清楚，否则就很难去解释。否卦下坤看起来像小人，却是君子。如果处于泰顺的环境之下，君子不合作，退隐，不为社会人群做出贡献，那就是小人。但在否的处境下，"卷而怀之"才是君子。《论语·微子》中说的"天下有道则现，无道则隐"，也是在否泰两种不同的环境下，君子所应该作出的选择。

否卦上面三个阳爻很神气，大权在握，有权有势，而且什么事情都是他们做决定，看起来像君子。实际上深一层看，他们完全是小人——只为私，而没有想到公；只顾自己，没有顾虑到下面人的感受，这不是小人是什么？

这样我们就更进一步了解到，阴会变阳，阳会变阴。一个人，如果没有表现出君子的样子，怎么能做出事业？正因为一开始他是君子，才能一步一步走上来，而后有了机会，他才变成了小人。

否卦卦辞（图29-2）：**否之匪人，不利君子贞，大往小来。**

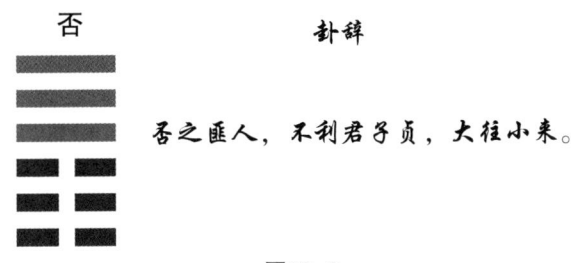

图29-2

"匪人"就是不像个人样的意思。在否的大环境下，有很多人是不像人样的，所以才叫否，否则就叫泰了。"不利君子贞"，一般来讲，正常的情况下都是利君子贞——表现得是个君子的样子，重视品德修养，还会不利吗？不一定。利君子贞的，是泰顺的大环境，凡是走正道、有君子修养的人都不利的，那就一定是处于否塞环境下了。

否卦的卦象是坤地在下，乾天在上，在大自然中也正是天在上，地在下，这个卦象应该是顺应了自然的现象，却为何寓意着闭塞不通呢？卦辞中的"大往小来"是什么意思？大和小各代表着什么？对于我们的为人处世，又有着什么样的警示作用呢？

否卦卦辞的"大往小来"，刚好跟泰卦卦辞的"小往大来"是相反的。阳是大，否卦的阳已经走到上面，快要不见了。如果阳气在底下，它会一路往上走，会有作用，可是阳气到了最上面，它就会散掉。小是阴，来到了下卦。阴看起来是小人，但是只要内心纯正，依然可以变成君子。

这样上面的人走了，他才能接上去。这一接上去，下面的阳气又起来，又变成泰卦。所以否极泰来，就如同每年到了正月，我们马上就要想到七月快到了，到了七月，就知道明年还有个正月……这就是宇宙人生的循环往复。白天之后一定是晚上，但是黑夜不会长久，很快天就亮了。所以否卦和泰卦这两个卦转来转去，就是告诉人们，不能大意，处泰的时候，不可以大意，要注意去否；处否的时候，要注意怎么样把泰恢复起来。

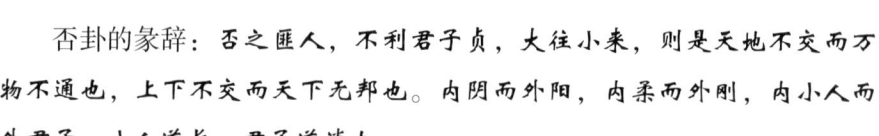

否泰的循环往复告诉我们：处泰时要注意去否；处否时要注意把泰恢复起来。——《易经》的智慧

否卦的彖辞：*否之匪人，不利君子贞，大往小来，则是天地不交而万物不通也，上下不交而天下无邦也。内阴而外阳，内柔而外刚，内小人而外君子。小人道长，君子道消也。*

为什么说否之匪人，不利于君子的正道呢？因为"大往小来"，"天地不交"。天地为什么不交？因为阳已经高高在上了，阴已经在底下了。阳气继续往上走，阴气继续往下走，二气没有交流，沟通不了。一家公司，董事长很了不起，总经理很了不起，经理也很了不起，高高在上，看不起底下的人，那当科长的人心里就有疙瘩了，当领班的人，就会觉得很窝囊，工人更是混日子算了。这样的公司，它的产品会好吗？它的组织气候会正常吗？它又能支撑多久？我们好几次讲到，要以大事小，从这里大家应该好好去体会体会。

其实要了解否卦跟泰卦，最好用大人跟小孩子讲话时的那种状况去想象。你是大人，长得很高，小孩子矮矮的，你要跟他讲话，你的眼睛始终看不到他，而他也只能看到你的腿，所以他就认为他在跟你的腿讲话，根本不是跟人讲话，他的心情怎么会好？所以大人看到小孩子，第一个动作一定要蹲下来，你蹲下来让他看到你的眼睛，看到你的脸，他对你才有兴趣，你跟他讲什么他才会注意听。这就是以大事小。一个总经理看到领班，头都不转，也不看他一眼，那领班就干脆不跟他讲话了。那谁倒霉？

第二十九集　否从泰来

当然是上面的人倒霉。"上下不交而天下无邦也",就是如果上下不能沟通的话,君听不到臣的意见,臣听不到老百姓的意见,就是天下无邦。这不是说天下从此就没有邦国,而是说从此天下就算有邦国,也跟没有邦国一样,就是有等于无。

"内阴而外阳",可以理解为一个人内心很消极,感觉什么都没有希望,外面应付应付,装得好像有模有样,其实都不会长久。也可以说是内部已经很松散了,虽然外部环境还不错,但是很快那个环境也会变坏了。因为出发点会影响到行为,影响到态度,影响到跟外面的关系,本来是好的,也会变坏了。一个人心情不好的时候,看到太阳也不觉得阳光明媚,完全没有那种温暖的感觉。

我们从否卦的卦象来看,上面三个阳爻,下面三个阴爻,阳的在上,在外,阴的在下,在内,所以说"内柔而外刚"。坤下是内,它是柔,代表君子,乾上是外,是刚,代表小人。君子很柔弱,而小人很刚强的时候,那就是否卦,君子只好忍气吞声,委曲求全,有志难伸了。因为整个的环境是不适合君子出来表现的,倒不如退隐。"内小人而外君子",小人掌握到实际的权力,君子只好隐退,所以就形成了一个"小人道长,君子道消"的否的状况。

否卦向人们阐释了坤所代表的下级卑屈在下,而乾所代表的上级高居在上,两者不相往来,上下不通的恶劣环境。这种环境便导致小人得志,而君子却有志难伸。那么一旦面对此种状况,人们该如何应对呢?

孔子讲得很清楚:"邦有道,则仕;邦无道,则可卷而怀之。"可仕则仕,不可仕就要避;可以做,就出来表现,不适合做,就退隐。作为君子,不要正面去跟小人斗,因为老天会治理他。如果君子去跟小人斗,那君子就变成小人了。现在很多君子心里气愤,一定要跟小人斗,殊不知,只要一斗,那就是小人,就是品德修养不够好。

我们知道孔子有一些武艺很高强的学生,最著名的就是子路,但是孔

子始终没有让他的学生们去攻取一个小国而师生自立。可能有人会想，如果孔子让学生们把一个小国打下来，自己称王，或者在那边开学堂，不就不必到处碰壁了吗？孔子没有，他不要那样做，他宁肯让人家笑话，也要以身作则。君子老是受委屈，划得来吗？答案是一切在自己选择。不这样别人怎么知道你是君子呢？连这点气都受不了，就要跟人家去拼命，那也只不过表面上是君子，内里还是小人。

否卦大象：*天地不交，否。君子以俭德辟难，不可荣以禄*。"天地不交"，就是阴阳不互动，沟通不良，有话讲不通，讲了也没用。真的碰到否又该怎么办呢？"君子以俭德辟难，不可荣以禄"，"俭"是约束的意思。"俭德"，就是压抑在心中，不露出自己的才华。为什么要这样呢？因为要避难。荣禄是很好的事情，一个人要争取荣誉，要有多一点的收入，才能改善生活。为什么"不可荣以禄"？因为整个大环境是否的，你一出来，要么是变小人，要么就是帮助小人，那都是很糟糕的。

这样我们才知道，孔子并没有说每一个人都应该很积极地参与这个社会，出仕是有先决条件的。子路要去做官的时候，孔子就跟子路讲：身处乱世，你要强出头，是很麻烦的，尤其像你这么勇敢的人，会死得更快。最后不幸而言中。从中我们也更能够了解老子讲的那些话，听起来好像很消极，其实是另一种应对。老子跟孔子都是以身作则的。老子其实有很多机会，但他一看环境不对，他就不要了，他写完《道德经》以后，就溜之大吉了，根本连人影都不让人看到，他比孔子还彻底。为什么？因为他深知自己身处乱世。

孔子所生存的春秋时期，小邦林立，时局动荡不安，因此孔子认为否卦正是告诫人们，身处乱世之时，即使才华横溢，也应该"俭德"，从而躲避祸端。然而对于身处和平时代的现代人来说，否卦对我们的生活，又有着什么启示呢？

如果一家公司的老板不像个人样，我就不去应征。假如所有的人都有

第二十九集　否从泰来

这样的心态，他连小人都当不了。从这里大家对否卦就能有很彻底的了解。一看这家公司不对，什么也不必说，直接辞职不干，只要大家都这样，那老板就是空的了，公司就做不起来了，这才是彻底地去否。如果一个人进到一家公司，发现这家公司都是骗人的，可是为了要那份工资，为了要那个职务，还是情愿去做，最后一定是自己倒霉，因为总有一天老板拿到了钱，就先跑掉了。

"不可荣以禄"，并不是说我们仇富，看不起有钱人，看不起有名位的人。孔子一生只教我们安贫，没有教我们乐贫。孔子从来没有说，穷才是快乐的。孔子在《论语·里仁》里也讲得很清楚："富与贵，是人之所欲也，不以其道得之，不处也；贫与贱，是人之所恶也，不以其道得之，不去也。"哪个不想求富贵？哪个喜欢贫贱呢？我们去露营，什么都不带，一天两天可以，我们做苦行僧，一阵子可以，长期下来是活不了的，不要唱那个高调了。但如果不走正道，明知大环境是不好的，还硬要出来求富与贵，这种状况也是待不下去的，只会越待越糟糕。谁喜欢贫贱？没有人喜欢贫贱，如果不应该贫贱，你居然自甘过贫贱的日子，那就叫堕落，也是不对的。可见孔子的意思是，该有钱你就有钱，得不到钱你就要安贫。那个"安"是要靠自己的。靠什么？靠观念——我不该得的，我不得，为什么？因为道不同不相为谋。在否的时候，能得富贵而不得，不与小人同流合污，才是君子所为。

道不同不相为谋，便是人们身处否境时，理应秉持的态度。可是现实生活中的种种诱惑，会使人们做出错误的抉择。那么，一旦顺从了否境，帮助了小人，又会招致什么恶果呢？

我们想一想，孔子的理想能实现吗？其实很容易，只是我们自己不愿意去做。为了工资，为了养家糊口，为了这个，为了那个，讲一大堆，其实都是自己骗自己。我们看到社会上，明明大家都知道那个人是个大坏蛋，可还是有女人爱上他，嫁给他，这不是很奇怪吗？一点也不奇怪。

你去问一下那个女人:"你不知道你先生在社会上恶名昭彰吗?"她说:"知道。""那你为什么还爱他,还要嫁给他呢?"她说:"我就是不忍心他这样坏下去,我想用我的爱感动他、改变他。这才是我对社会的贡献……"每个人都会替自己找理由,没有人承认自己在做帮凶、在做坏事。

就这点而言,我们可以明白孔子为什么直截了当地说"不可荣以禄"。因为在否的时代,要想得到人家的赞誉,要想得到高的工资,要想得到好的职位,第一个,一定要顺着小人。因为小人掌着实权,你不顺着他,你哪里能得到机会?第二个,你一上去,就要小心了,那些没有得到机会的小人都嫉妒你,他们一定会打击你,你难免会受伤害。所以得到上面的赏识,你倒霉,得不到上面的赏识,你更倒霉,那你何必自找麻烦呢?这样我们才理解孔子那个时代有很多的隐士,孔子也从来没有批评过他们。《论语·宪问》记载得很清楚,孔子的学生原宪有一天问孔子,什么叫作耻。孔子说:"邦有道,谷;邦无道,谷,耻也。"就是说国家治理得很太平,社会很安定,生活很有秩序的时候,你只知食禄而没有建树,就是你的羞耻;可是邦无道,天下乱了,你还得到好的职位,领到高的工资,这也是你的羞耻。这就非常清楚了:在泰的情况之下,你要很振奋,很努力,好好出来表现一番;整个大环境是否的时候,你唯恐逃之不及,怎么能还来凑热闹呢?因此孔子始终坚持可进则进,当退就要退,就是这个道理。

《易经》六十四卦中,上下卦之间,处于相同位置的两个爻,如果是一阴一阳,则被称为"相应",即有相互配合,便可达到良好效果的寓意。但是否卦中,六个爻虽两两相应,却为何互不配合,最终孕育出闭塞不通的环境呢?

我们来看一下整个否卦的卦象(图29-3),每一对都是相应的:初六跟九四是相应的,一阴一阳;六二跟九五也是相应的;六三跟上九也相应。既然都相应,为什么那么不容易磨合呢?

第二十九集　否从泰来

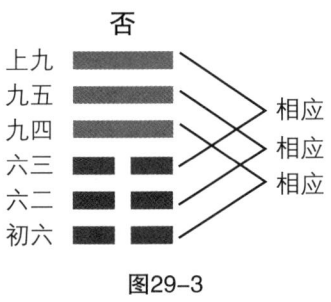

图29-3

其实用现代话来讲，一句话就讲完了，权力使人腐化。我们想想看，在学校里，老师都教我们做人要规矩，做事要实在，大概没有例外的。可是一到社会上，就整个变了，为什么？就是刚出来的时候，总不会一下进入否的，一般开始都是泰的，于是就放纵自己，就不学了，更没有警觉性，看到上面人过的日子真好，就把什么都忘记了，一心一意想要往上冲。当冲到上面的时候，就比谁都腐化，比谁都腐败了。怪谁呢？怪自己。

很多人拥有权力却不腐化。君子就是要在没有得到权力的时候，好好修养自己，目的就是为了有一天有权有势有名有利的时候，能够控制自己不腐化。这就是先打预防针。当然，也有一些人觉得自己既不是大官，也不是大老板，更不是什么名人，修养那么多也没用，混一混算了，马马虎虎过日子就好了。殊不知这样的话，万一得到机会，他就完蛋了。

《水浒传》里面最典型的这种人物就是高俅，他就是靠"球"起来的。他本来是个小混混，谁都看不起他，有一天他送东西到一个大官的家里，那个大官正在踢球，恰巧那个球飞到高俅这里来，他正好接了起来。可能跟他平时做跑腿有关，他的动作非常敏捷，使得那个大官刮目相看："你会踢球？"他说："还好吧。""那你踢踢看。"他一踢，不得了了，从此就飞黄腾达。可是他有时间来修养吗？他有心情来修养吗？他做坏事都来不及，哪有工夫修养呢！最后一下就否到底了。他自己一个人否没有关系，可是搞得所有跟他有关的、无关的人都跟着倒霉，这才是真正的否。

否卦告诉我们，人本来是善良的，禁不起名利权势的引诱而变坏了，就变得没有修养了。难道这样就没有希望了吗？只有两种希望，一种是老天给他机会放纵再放纵，到最后四个字一来，叫作"恶贯满盈"，就把他收走了。另外一种要靠底下的人，这就是印度甘地所提倡的不合作主义——我打不过你，我不跟你打，我不跟你合作。这样我们才了解，孔子苦口婆心劝我们，要亲君子而远小人。那个"远"是很和平的——我怕你，不敢惹你，我惹不起，躲得起，我委屈一点，这才叫君子。我斗不过你，还要跟你斗，非要弄个鱼死网破，那两个都是小人。中华民族是爱好和平的，其实跟这些都有关系。

泰卦是短暂的，因为一通泰，大家就不动脑筋了。为什么我们有时候很容易睡着，有时候很不容易睡着？就是当你什么事都没有，一切都很顺利，你当然好睡，而当你有很多事情办不通、想不通、做不了，你就不好睡了。所以人到底是好睡才好，还是不好睡才好，大家也要去想一想。每个人都很好睡，天下太平了，没有人未雨绸缪，那很快就否了。春天不做好准备，到了秋天，没有收获，冬天怎么过？过不了的。否卦是很重要的，不要说否不好。因为在否的困境里面，能够去否，才能够持泰。否卦和泰卦既相错又相综，它们的关系实在太密切了。

否卦告诉我们，在行不通的时候，最好装蒜，最好装傻，最好装愚笨，聪明不一定要外露。也就是《论语·公冶长》所说的："邦有道，则知，邦无道，则愚。"否卦六爻值得我们好好来探讨一下，所以下一集我们就要来谈：无道则愚。

易经的智慧・第三十集

无道则愚

否卦代表人生中的逆境，无论是一个社会或是一个团体，否卦的处境都表现出是小人在当道。那么在这种情况下，君子是应该和小人做针锋相对的斗争，还是应该团结小人，共同努力，摆脱困境，以达到否极泰来呢？

第三十集　无道则愚

否卦下卦是三个阴爻，叫作下坤；上卦是三个阳爻，叫作上乾。一般来讲，阳爻是代表君子的，阴爻代表小人。但是在整个大环境是否的情况下，反而上面的三个阳爻所代表的是小人，而下面三个阴爻是君子（图30-1）。我们接下来将逐一分析这六个爻。

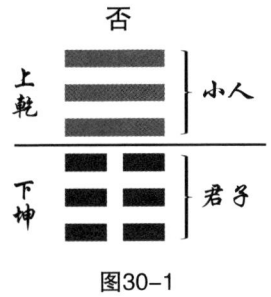

图30-1

初六爻辞（图30-2）：**拔茅茹，以其汇，贞吉，亨**。大家回想一下，会发现泰卦的初九爻辞中也有"拔茅茹，以其汇"。"拔茅茹，以其汇"，就是说当你把茅草拔出来的时候，会连它的根甚至还有些泥巴整个都拔出来，意思就是说大家要同心协力。可见，不管是要保泰，还是要去否，都需要大家同心协力。因为这是大家的责任，需要大家共同努力才能完成，仅靠几个人是很难完成的。

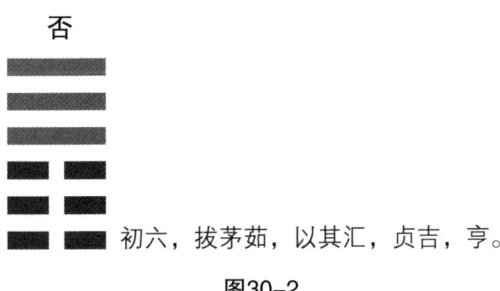

图30-2

虽然否卦初六爻辞与泰卦初九爻辞中都有"拔茅茹，以其汇"，但是处境并不相同，大家众志成城努力的方向一个是往上的，一个是往下的。什么时候往上？泰卦当然要往上，往下就是否卦了。所以，在否卦的时候，我们要提醒自己，这是否卦，不是泰卦，我们应该采取跟泰卦相反的方向才正确，要往下走，不要上进，要退守，宁可装糊涂，宁可装笨。

泰卦是要大家同心协力一起往上，否卦则要大家同心协力一起往下。否卦初六是要带头往下拉的，但是我们还发现否卦初六阴居阳位，是不当位的，就表示很多人明明知道自己身处否的环境，应该跟大家同心协力，不去争取名利，不求表现，可是由于自己居阳位，仍然冲动地要往上走。所以，初六爻辞才特别提醒我们要贞，要搞清楚方向，才会吉祥而亨通。

初六小象：**拔茅贞吉，志在君也**。"拔茅贞吉"，就是说拔茅草，不仅要大家同心协力，还要方向正确，才会吉祥。"志在君也"，就表示我们的出发点是要用我们的行动来引起九五（上面的人）的注意。我们齐心协力，不是坏意，如果是坏意，就变成小人了，怎会是君子呢？

很多部属跟我讲："我的老板叫我做事情，我一看就知道，那根本就是违法的，我应该怎么办？"我说："如果我叫你直截了当去跟老板讲这样是不对的，我是在害你，最后你一定倒霉。因为如果老板强制你做，你不做，他就会威胁你。你已经知道了他的秘密，而你又不做，他一定不会放过你。我只告诉你，老板叫你做什么，你都嘴上先应承着'好好好，是是是'，但是你不要做。你不做，可以；但你不要跟老板直白地讲出来。你不做，老板自己就会反省，为什么你不做？再交给别人试试看，别人也不做，他就知道，现在这种事情大家都不想做了，那他也就不做了。"可见，有时候我们要用积极的配合，来使上面的人更加有信心；而有时候我们也要用那种"你怎么讲我都不动"的态度，来引起上面人的注意。

六二爻辞（图30-3）：**包承，小人吉，大人否，亨**。与六二相应的爻是九五，而九五是君位。老实讲，一个人会爬到那么高的位置，他一定相当聪明，不管他是君子还是小人，他都有相当的聪明才智，否则他到不了那么高的位置上，而居高位的人会时刻注意下面的动态。我们应该认定这样的事实，就是任何一个总经理都会很关心公司的整体状况，对底下人的动态更是不会放过，他会很仔细去观察、推敲、分析。如果九五发现下面有些人开始不合作了，好人一个一个地走了，马上就知道这是个警讯，他就开始要去拉拢六二。他总要想办法把基础稳固起来，巩固自己的根基。所以，六二一定会成为九五笼络的对象，关键就要看六二的表现了。

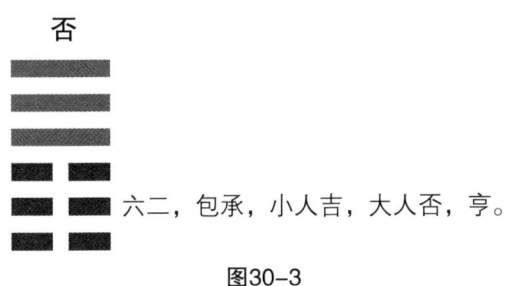

六二，包承，小人吉，大人否，亨。

图30-3

一个团队中的基层领导是非常重要的，在小人当道的否卦处境中，上面的人为了赚取更多的私利，会采用各种手段对基层领导进行拉拢。那么处在这个位置上的君子，应该怎么办？是借此机会得到上面的赏识，还是应该坚守正道呢？

上面赏识我，我就应该尽力；上面给我机会，我就要好好表现，那就叫"包承"。"包承"就是包容、仰承领导。而这样会"小人吉，大人否，亨"。整个否卦的环境就是小人会得意，大人会倒霉。在这种情况之下，固穷才能亨通，如果不固穷，就不会亨通。也就是说，小人吉，大人否，是整个时代的背景，这个时候要以退为上，固守自己——尽管我很穷，但我也不去追求不合理的富贵，这就叫作安贫。讲清楚一点，当六二引起上面的注意，上面的人想拉拢六二的时候，作为六二，就要警觉，要想办法不接受，才会亨通。否则的话，就被上面的人利用了，跟其他的君子就有隔阂了，然后可能一路上去，最后就加入了小人的阵营，害死自己。所以，不是说有机会就要把握，而是应该把握的时候才把握，该躲的时候要赶快躲，时刻保持高度警觉。

> 否卦提示我们：不是有机会就要把握，而是应该把握的才把握，该躲时要赶快躲。——《易经》的智慧

六二小象：**大人否亨，不乱群也**。六二为什么特别危险？因为九五只要把六二抓住了，六二自然会影响六三和初六，如此一来，下面那股去否的力量就减小了，整个否的环境就会持续下去。六二不能接受上面的威胁利诱，要很坦然地表示自己去否的态度，很坦然地表示要跟初六、六三共同努力的决心，时刻警诫自己不乱群，不为上面所乱，不要变成下坤这一群君子的害群之马。

六三爻辞（图30-4）：**包羞**。"包羞"就是充满了羞耻，充满了羞辱，令人很难堪。为什么会这样？因为在否的大环境下，六三跟九四离得最近，六三急于争取上面那三个阳的好处，急于求上进，最后自己包羞，让人家看笑话。

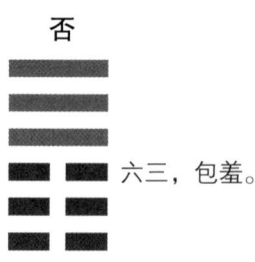

图30-4

六三小象：**包羞，位不当也**。六三会"包羞"就是因为六三居位不当。六三跟上面靠得很近，所有情报都知道，上面要试探下坤的心意，要动摇下坤君子们的想法，多半会找六三下手。特别是当六二态度很坚定的时候，六三就变成最重要的一个关卡。六三以柔居刚位，显然不当位。其实不当位在否卦的环境里不是不好，而是说既然位不当，就应该有相反的想法。但现在六三既不当位，又要照阳刚的位子去往上走，当然会蒙羞，会被人家看不起。这就表示六三徒有君子的外表，实际上内里还是个小人。

总而言之，否卦的下坤就是提醒我们，要利牝马之贞。初六爻辞"拔

第三十集　无道则愚

茅茹，以其汇，贞吉，亨"中的"贞"字就是在提醒我们要利牝马之贞。不要因为下坤都是阴爻，就认为是小人，在否卦的大环境下，初六、六二、六三才是真正的君子。一个真正的君子是不能跟小人同流合污的，这样才叫作坚守正道。

坤卦的要义在于身处否境时，要同心协力与上级保持距离，才是君子的正道，这是为什么？身处否境，人们又该如何在秉持原则的前提下，与上级相处呢？

坤卦是要配合乾卦的，为什么否卦的下坤与上乾越离越远？就是因为上乾这匹带头的公马走错了方向，下坤不能再跟着它错下去。这个时候下坤要守贞，坚定自己，不跟着上乾走，而且要让上乾明白，不跟他走不是想反叛他，而是希望他发现自己走错了方向，能及时转而回头。如此一来，就这么一瞬间，否就变泰了。

如果跟从的人始终保持积极奋发的状态，就使得前面带错方向的人，要么是没有发现自己错了，要么就是发现自己错了，但不管自己怎么走，跟从的人都会服从，那何必调整呢？而且自己有足够的权势，可以威胁利诱跟随的人始终跟从自己。这样就变成上下都是小人了，君子就不见了。否卦的下卦要发挥坤顺的精神——一方面要往下走，一方面要配合阳，但是要记住，只有当阳改进了它的方向，下坤才可以贞，否则宁可不贞。这样来了解下坤，相信大家应该很清楚了。

否卦的上卦是乾，为什么代表小人呢？我们一再说，一个人会爬到那么高的位置，一定是从小就表现得很好，始终让人感觉他是君子，他才有机会爬到这么高的位置。他现在也许是一时迷失了自己，也许是得到好处以后变了心……有很多的原因，我们真的没有办法用我们的心来猜度他。我们只是希望他在发现错误以后，能够回心转意，及时改正方向。

九四的爻辞（图30-5）很妙：**有命无咎，畴离祉。**"有命无咎"，就是九四不要主动去做事情，九五给你命令之后，才去做，就会无咎。因为在上下不通的情况之下，九四是最清楚底下的变化的——基层士气不振，大家能摸鱼就摸鱼，能混就混，有好的意见不提，有什么缺点大家也不管……这些都是明摆在那里的，九四都知道。可是知道归知道，他能直截了当跟九五讲吗？不能，因为九五不会相信，九五心想：你想以此来威胁我？我才不听你的呢！所以，九四爻辞才会提醒说，九五有所命令，九四才去做，就会无咎。"畴离祉"是什么意思？"畴"是指下坤三爻，"离"是依附，"祉"是福祉。就是说底下的人都依附在九四的身边，才会有福祉。这是为什么呢？

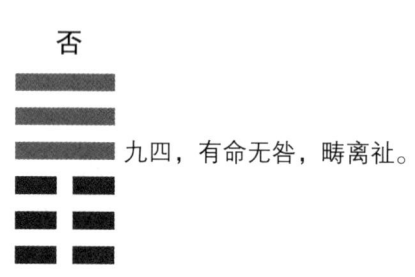

图30-5

当一个组织陷入否境时，组织中的中层领导往往处境十分尴尬，一方面受最高领导的直接指挥，伴君如伴虎，行为需要十分谨慎，以避免受到猜忌；另一方面与群众接触最多，更成为他们的依附对象。那么，本应与上级保持距离的群众，为何会把福祉寄托于他？中层领导又该如何在最高领导和群众的对立关系中，求得平衡呢？

下坤三爻都不认同上面的作风，都想做好，以扭转不正之风，如果九五感觉到底下人的这种心态，能自己找台阶下，就是聪明人。一个聪明的人会自己找到台阶下，一看情况不对，就知道要自我反省，这样才会晋升到另外一个好的局面。可见，整个否卦只要九五改变观念，修正作风，就能很快把否化掉。就是因为这样，九四爻辞才会说"有命无咎，畴离祉"，是说九四不要主动去改变九五，因为力道不够，还会让九五怀疑九四跟底下人结合在一起，要来图九五之位，那对九四是非常不利的。可是九四又知道底下人不敢直接去跟九五讲，只敢跟他讲，他们把整个福祉的希望都寄附在他身上，所以九四"有命"才会"无咎"——九四只能让九五自己去改变，不能妄图自己去改变他，才会吉祥而没有后遗症。"有命"含有九五会改变他的命令的意思。

九四小象：**有命无咎，志行也**。《易经》从来没有教人去做小人。九四、九五、上九，是一个团体，如果《易经》告诉九四去反叛九五，那《易经》也不过如此了。实际上《易经》说明的是，九四还是应该表明自己跟上面的九五、上九是一体的，只是内心希望九五赶快改变，只要九五一改变，九四就顺着改变，这样才对。九五没有改变以前，九四就适当消极一点，九五有命令才去做，没有命令就不给他出主意。从这里我们可以知道，九五的好坏，其实跟九四有很密切的关系。

以前九五是代表皇帝的，中国历代的皇帝，除非太小，完全不懂事，只要稍微懂事一点的，当皇帝的第一天，看到群臣跪着高呼万岁的时候，他的内心都会想：我一定要当个好皇帝，我一定要把天下治理好，我一定要使老百姓过幸福的日子……没有例外。只是皇帝旁边的那些人，也就是九四，为了自己的利益，给皇帝出很多馊主意，加税、征粮、抓壮丁……各种各样的馊主意几乎都是九四提出来的。这样我们就知道，有命无咎，也可以解释成，九四要少出馊主意。所以我们把全部责任归给皇帝，归给九五，有时候也是不太公平的。如果有好的宰相、好的大臣，也就是有好的九四，在一旁辅佐，皇帝想做坏也做不了。但是我们最后还是要把责任归给他，因为他是领导人物，是最后拍板定案的人，当然要负全部责任。不然有什么资格叫九五之尊呢？

九五爻辞（图30-6）：**休否，大人吉，其亡其亡，系于苞桑**。"休否"，就是否到九五这里是可以休止了，只要九五观念一改变，作风一改变，自己适当调整，并让九四去施行，通过九四传达到基层，然后底下整个就动起来了。可见，否要休止下来，就要靠九五，所以叫作"大人吉"。"大人吉"就是说，不管九五是伪君子、真小人，还是一时迷糊的真君子，只要你休否，你就是大人，你就吉祥了。

《易经》中所说的"大人"，是指道德修养比君子更高一层的人士，他们不仅要完善自身，同时还担负着把控大局的重任，相当于现实社会中

那些位高权重的领导。那么,当一个团队处在否卦的处境时,作为一位责任十分重大的关键人物,应该如何避免受小人的影响,带领大家摆脱困境呢?

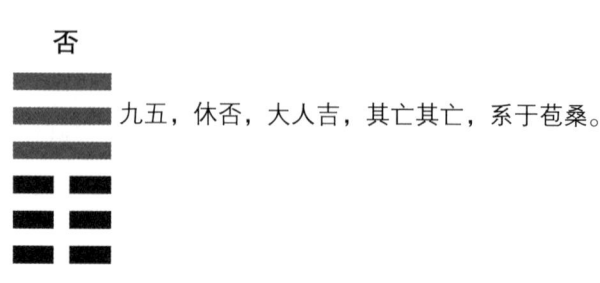

图30-6

九五爻辞的"其亡其亡"是说九五要高度警觉,如果这个时候再不改变的话,整个会亡掉的。九五整个的命运跟谁结合在一起?我们去看六二、六三的爻辞,六二是"包承",就是说如果六二跟九五包在一起的话,就会倒霉;六三是"包羞",是说如果六三跟上面的人结合在一起,是会被羞辱的。看到包承、包羞,我们就想到九五的苞桑。"苞桑"就是说,作为九五,要跟六二、六三谈一谈,把他们的意见汇总在一起,才知道怎样做正当的调整。因为九四讲的话,你会怀疑他是想篡位,跟底下人联合起来欺骗你,可是你直接找到六二、六三,你就了解到的确是大家都感觉到方向是错的,这样走下去最后是要亡掉的,从而你就休否。休否了,自然就会吉顺。

九五小象：*大人之吉，位正当也*。我们会发现,每一个卦的九五,它的好处就是"位正当也"。因为这个位置很尊贵,只要九五自己一改变,就可以把整个全局挽救回来。所以《易经》赋予九五最高的责任,就是这个道理。

孔子对九五爻特别注解：安而不忘危——很安的时候,你不要忘记危险马上就要到来了；存而不忘亡——虽然现在整个核心团队还是存在的,但是你要知道再这样下去,可能就要灭亡了；治而不忘乱——尽管现在看起来治理得还不错,但你要看到乱源已经产生。老实讲,树根开始腐烂的

第三十集 无道则愚

时候，树还是存在的，只有腐烂到一定程度，树才会倒下来。

只要九五谨记孔子的提醒，不要只看眼前，要看得长远一点；不要只看表面，要看得深入一点，找到根本，就一定能休否。

否卦虽然象征着天地不交、噩运当头的恶劣环境，但只要握有实权的领导人物，能够善体时艰，做出合理调整，便能使否卦出现一线生机！然而现实中，往往是机会与危机并存。那么要想否极泰来，还需克服哪些困难呢？

上九爻辞（图30-7）：**倾否，先否后喜。**"倾否"的意思就是说，既得利益者会很强烈地反弹，想要把整个去否的力量倾覆掉。"先否后喜"是什么意思呢？就是九五要发挥魄力，去跟上九好好沟通，把他们的反弹化解掉。因为九五也只是休否而已，如果上九强烈反弹，否态还是会复发的，倾否，才能真正把否整个化解掉。

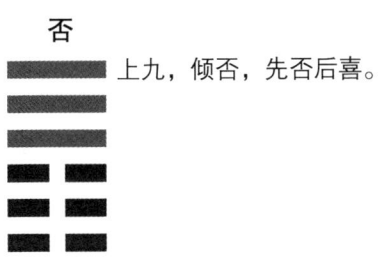

图30-7

我们讲得更清楚一点，总经理已经知道这样不行了，但是上面还有个董事会。董事会的想法是：我们每年有那么多收益，万一你调整了，我们的利益受到损害怎么办？所以坚决不同意总经理的调整。此时总经理只有两条路走，一条就是很诚恳地跟董事会去沟通，沟通到最后他们也同意了，那就真的是先否后喜——刚开始很为难，得不到董事会的支持，可是经过一番沟通以后，大家皆大欢喜。还有一条路就是以退为进，告诉董事会如果不调整的话，自己就辞职，这样一来董事会就会再考虑考虑。

上九小象：**否终则倾，何可长也？**"否终则倾"，是说否到结束的时

候，就表示这个否已经倾覆了，已经不见了。"何可长也"，是说否的境况不可能长久，很快就会过去，给我们很大的信心。

《易经》的好处就是你懂得它的道理以后，你会觉得前途充满了光明。它不会老告诉你将来没有希望，人类会灭亡，地球会破裂，资源快枯竭……哪怕再坏的情况，它都给你一线生机；哪怕再危险，它都给你一线光明；哪怕是在否卦闭塞不堪的状况下，它都讲否是很容易化解的，所以我们才讲，否极泰来。根据卦序，我们知道第十一卦是泰卦，紧接着第十二卦就是否卦。泰入否是一步到位的，很容易，稍一放松，就由泰到否了，而否到泰，要经过一番努力，才能争取到。

很多公司才开庆功宴，大家笑嘻嘻，说要天天有成长，没几天就倒闭了，出乎人意料之外。我有一个朋友开餐厅，装潢得很好，他自身的社会关系也很好，可只开了两个星期就倒闭了。原因很简单，他的厨师刚开始几天做的菜特别好，吃的人都觉得很过瘾，然后厨师就开始跟我朋友讲："你要分我一半股权，我要入股，要不然我不干了。"我朋友说："怎么可以这样？你一开始不讲，现在为什么要这样子？"厨师说："你自己看着办吧！"我朋友说："容我再考虑考虑。""好，你考虑。"那个厨师就开始肉也煮不熟，菜也煮不烂，盐巴放一大堆，就使得所有来吃的人都觉得很奇怪：前面来的人都说好吃得不得了，怎么会这样子？顾客们都很不满。我的朋友很犹豫：万一我接受了他这次的条件，那他就会得寸进尺，将我整个餐厅吃掉。所以，他再三考虑之后，决定长痛不如短痛，干脆关门结束营业算了。这是活生生的案例。如果一步一步好好用和平的方式互动，而不是采取激烈的方法，这个否是可以化解掉的。

这样就可以了解为什么上九告诉我们否终则倾——否到实在不能忍受的时候，我们还是忍受了下来，否就不见了。因为否不可能长久，我们要有去否的信心，所以我们下一集就要来研究：否极泰来。

易经的智慧・第三十一集

否极泰来

中国人常常用"否极泰来"来鼓励处于逆境中的人们,而其中的否和泰,就来自于《易经》中的否卦和泰卦。那么既然是否极泰来,就应该是否卦在前,泰卦在后,但是《易经》六十四卦的排序,却是泰卦在前,否卦在后,从泰到否只有一步之隔,而从否到泰,却要经过六十二卦之遥。这样的排序蕴含着怎样深刻的含意?又给予了我们怎样的人生智慧呢?

第三十一集　否极泰来

走遍全世界，你会发现，中国人储蓄的习惯最普遍，储蓄的比例居世界第一。外国人觉得很奇怪：你们收入又不多，怎么每家都有储蓄？西方人的收入比我们多，但是每个月花光了还不够，他们都是寅吃卯粮，这个月工资领来以后，先还欠债，因为他们都是用信用卡的，提前消费。所以工资一发下来，先还欠款，还掉之后发现糟糕了，又没有了，只好又开始借，等到下个月发工资时再还，再借……一旦发生紧急状况，他们就毫无办法了。泰的时候要记住，否随时可能会来。可是我们还是不讲泰极否来，始终要讲否极泰来。这是我们这个单元要特别提出来的一个主要的问题。

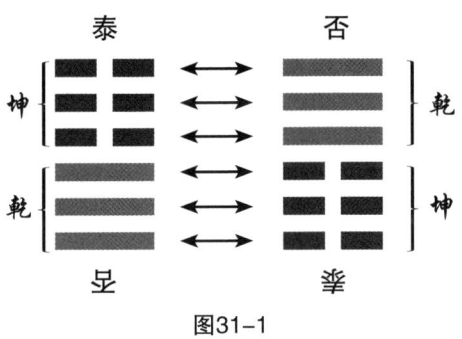

图31-1

我们看到泰卦跟否卦的关系是非常密切的（图31-1）：它们既互错——泰卦跟否卦，正好这边是阳那边就是阴，这边是阴那边就是阳；又相综——把泰卦颠倒过来就变成了否卦，把否卦颠倒过来就变成了泰卦；而且泰否两卦还是交卦的关系——如果把泰卦的上下两个卦交换一下，它就变成了否卦，把否卦上下两个卦交换一下就变成了泰卦。所谓交卦就是上下对调交换而成的卦。可见，否跟泰这两卦，既是错卦，又是综卦，还

是交卦。从中我们可以慢慢体会到泰与否几乎是分不开的，否中有泰，泰中有否，否紧接着就是泰，泰紧接着就是否……

那到底是否极泰来，还是泰极否来呢？我们不妨去看看卦序，泰卦是第十一卦，否卦是第十二卦，这很明显地告诉我们，当处泰的时候，否很快就出现了；当你乐的时候，悲即刻就出来了；当你大摆庆功宴的时候，就已经埋下了很多危机。照理说，应该是泰极否来，可是《易经》不这样讲，反倒告诉我们，否极泰来。这就给我们很大的信心，让我们不要失望，不要放弃，不要消极，不要完全听其自然，要知道虽然否极泰来很遥远，很缓慢，很辛苦，但是一定会到来。

否极泰来是很遥远，很缓慢的。因为从泰到否就是一卦之差，可是否要回到泰，要经历六十二卦之遥。六十二卦是很漫长的一个过程，这对于一些人来讲是没有意义的，因为否否否，否到死了，还没有泰，怎么能叫否极泰来呢？可见，我们另外有办法，可以不必走六十二卦而达到否极泰来。这个就叫用人力，以人为的方式来加速否极泰来。

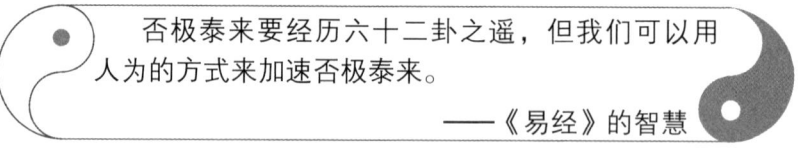

否极泰来要经历六十二卦之遥，但我们可以用人为的方式来加速否极泰来。
——《易经》的智慧

我们将泰卦与否卦放在一起，会发现两卦当中只要调动几个爻，情况就完全变动了。我们既然要讲否极泰来，就要先从否卦看起，把否卦的初六爻跟九四爻，两爻对换一下，它就变成了益卦（图31-2）。益就是利益，它是《易经》的第四十二卦，叫作风雷益。

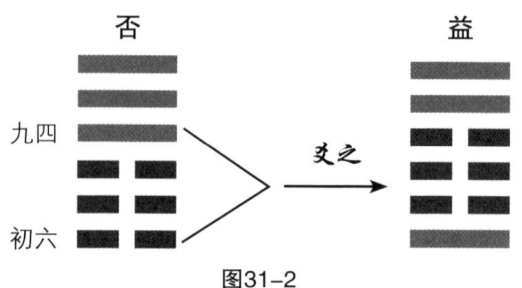

图31-2

第三十一集　否极泰来

有人会说，怎么可以随便把一个卦的两个爻对调呢？这种情况有一个名词，叫作爻之，爻之就是爻变动（相关内容请参照曾仕强教授著《易经的中道思维》）。初六跟九四，因为它们两个是相对应的，一个是下卦的初爻，一个是上卦的初爻，两爻一对调，否卦马上变成益卦。然后把益卦的初九放到最上面，意思就是把整个益卦颠倒过来，我们看到益卦的综卦就是损卦（图31-3）。有人马上就反应过来：怪不得我们那么重视损益表！损益表就是从这里来的。

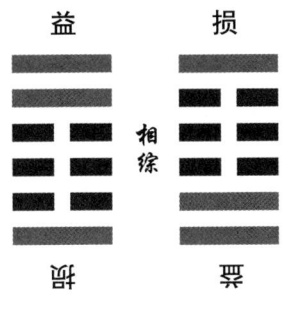

图31-3

先把否卦调成益卦，然后将益卦颠倒过来就变损卦了，再把损卦的上九爻跟六三爻一对调，它就变泰卦了（图31-4）。否极泰来，不需要经过六十二卦，只要经过两个卦就可以：由否而益，然后损，最后就泰了。

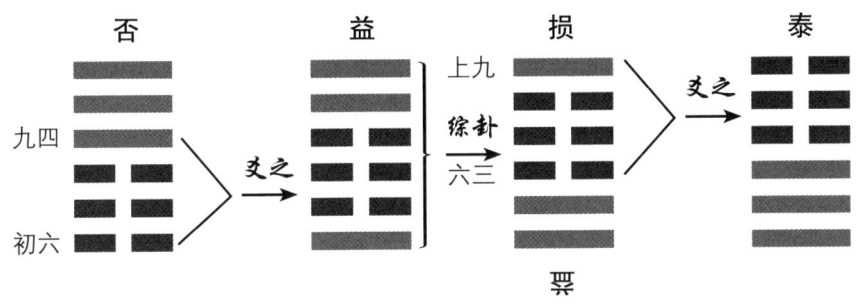

图31-4

有人又有疑问了：不对呀，否而益我还可以接受，因为处否之后知所戒慎，逐渐有了收益，当然是好事情，可为什么又要把益变成损呢？关于这一点，就需要大家多花点时间去看看损益的关系。一般人总认为钱出去

就是损，钱进来就是益，其实不尽然。钱是要流通的，只要流通得合适，损益的功能其实是相同的。这边损，那边就益，那边益，这边就损。这跟泰否的关系是一样的，泰中有否，否中有泰，益中有损，损中有益。所以，不要把益跟损看成两种完全不同的状态，这是每一个人要去调整的心态。既能益又能损，才会否极泰来。

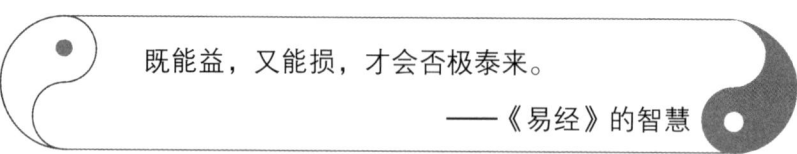

既能益，又能损，才会否极泰来。
——《易经》的智慧

我们心里要有准备，当过好日子的时候，就要想到有一天日子不好过的时候该怎么办。这个不是没事找事，它只是要我们不要把今天的收入完全花光，要留一点积蓄，以备不时之需，应对突然间出现的紧急事情之用。一天到晚老往坏处想，这不是《易经》认同的做法。

千百年来，中国人的处事方式一直深受《易经》的影响。我们讲究未雨绸缪，防患于未然，就是因为《易经》告诉我们，阳极生阴，阴极成阳，事物没有绝对的好坏，泰与否、得与失会在片刻间达到转变。那么，在明白这些易理之后，我们在日常生活中又该如何运用呢？

泰卦爻之，就是泰卦的六个爻中某一个爻跑到另外一个阶段去。之就是到的意思，从初爻到四爻，或者从二爻到五爻，从三爻到上爻。可见，《易经》中的每个卦都是有关系的，牵扯来牵扯去，就是我们常讲的，牵一发而动全身。

我们先看泰卦的爻之，泰卦的九二跟六五一对调，泰卦就变既济卦了（图31-5）。既济卦是《易经》第六十三卦。再来看否卦的爻之，把否卦的六二跟九五对调，否卦就变成未济卦了（图31-6）。未济卦是《易经》的第六十四卦。

第三十一集 否极泰来

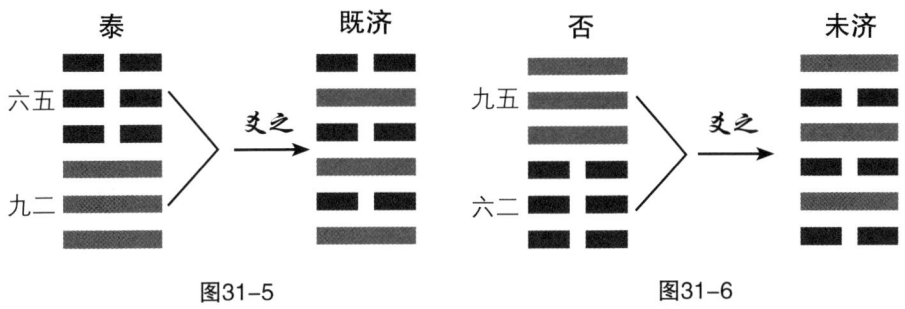

图31-5   图31-6

这是很有意思的：泰卦跟否卦是相综的，既济卦跟未济卦也相综；泰卦跟否卦互错，既济卦跟未济卦也互错；泰卦跟否卦可以上下卦交换，既济卦跟未济卦同样可以上下卦交换（图31-7）。从这当中我们可以了解到，凡是同性质的，变化起来会比较快；凡是不同性质的，就需要有一个过程来慢慢调整。所以为什么我们总说要找志同道合的人，就是因为志同道合的人沟通起来比较方便。

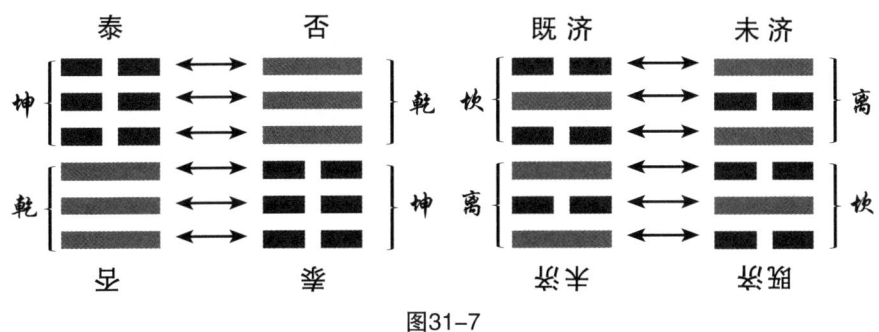

图31-7

我们看电视剧，经常会看到这样的剧情：有人大老远送信过来，主人公收到信后，不会马上就打开信来看，然后马上处理相关事宜。一般都是拿到信后，先看是谁送来的，然后第一句话一定问那个送信的人，吃过饭没有，没有的话赶快让属下带那个送信的人去吃饭，甚至是问都不问，直接交代属下带送信的人去吃饭。这是非常中国的做法，这才是典型的中国人！我们只有先把人家安定下来以后，才能做自己的事情，这样人家下一次才会乐意替我们做事。否则的话，尽管你把事情处理得很好，那个送信的人却在一旁挨饿，他心里一定会有想法，回去以后也会跟别人讲些难听的话，下次如果再派他来送信，他就可能怠工，不及时送来。

像这些都是我们读完《易经》之后，要在日常生活中去实际运用的，这样才算真正懂得《易经》道理的人。

泰卦的爻之还可以是把初九爻和六四爻对调，就变恒卦，而把否卦的初六爻跟九四爻一对换，它就变益卦了。这恒跟益也是互错的。也可以把泰卦九三爻跟上六爻一对调，变损卦，否卦也可以把六三爻跟上九爻一对换，变咸卦，损卦与咸卦也是互错的（图31-8）……这些变动就告诉我们，《易经》六十四卦每个卦之间都有关系，所以看卦时，要好几个卦同时去看，才可以看得面面俱到，才可以前后左右上下心中都有谱。这个就叫作周全。

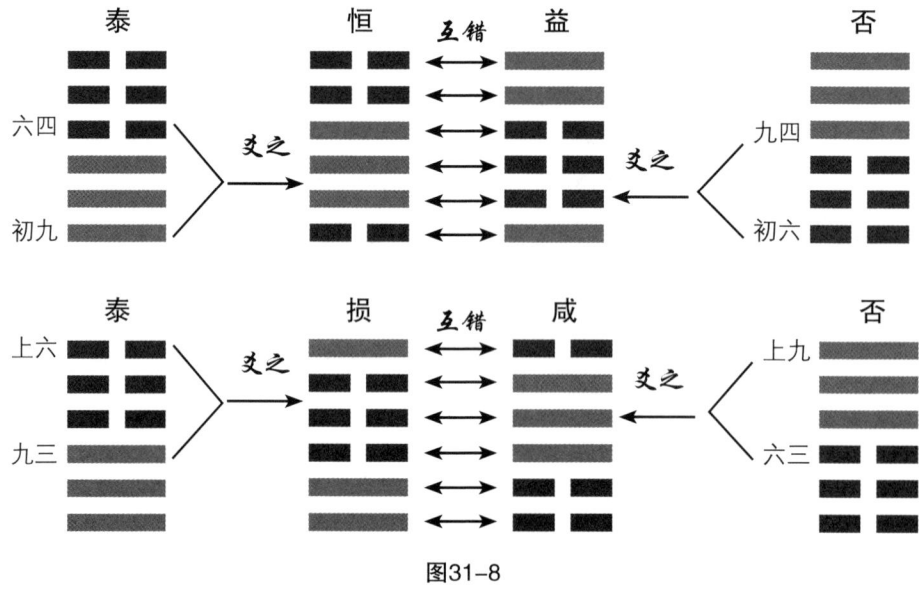

图31-8

《易经》中"牵一发而动全身"的道理告诉我们，看似无关的事情背后，存在着复杂的关联，处理一件事，如果无法做到瞻前顾后，面面俱到，就很可能伤害到其他人的情绪，给自己带来危机。然而，这种小心谨慎的处事方式和西方文化却形成了鲜明的对比。在全球化的今天，这样的文化差异会影响工作交流吗？两种文化各有怎样的利弊呢？

第三十一集　否极泰来

泰卦跟否卦基本上都是以人为本，实际上《易经》大部分的卦都是以人为本，这就引起了很多人的质疑：西方人是以事为本的，中国人为什么要以人为本呢？就是因为中国人以人为本，而人心善变，各有主张，所以中国社会才会这么错综复杂！我们为什么不干脆放弃人本，走上以事为本，那样不是轻松愉快，简单明了吗？我们要深一层去了解，西方人会采取以事为中心，是因为有三个不得已。我用"不得已"这三个字是有用意的。

第一，西方人事变动太快了。中国人由于自古以来都接受祖先的训诫，天无二日，民无二主，我们会慎选自己要尽忠的人，一旦选好了就不能乱动。因此我们人员的流动性不如西方。由于西方人员流动性大，自然就不能以人为本了——今天刚刚商量好五个人一起去的，明天就有三个人改变主意了；今天刚刚做了决定，明天有个人又不干了……可见，西方人是不得已把人摆在一边，权且以事为根本，就事论事的。这是第一个原因。

第二，既然以事为中心，就必须要把这个事情固定下来。我们以人为中心是让能做的人多做一点，不能做的人少做一点，或者同一个人，擅长的事情多做一点，不擅长的事情少做一点。我们会拉远扯近，很有弹性。西方人的以事为中心就是没有弹性的表现——这个人固定就做这件事情，那个人固定就做那件事情。这样我们就很容易了解到，根据固定的需求去找活生生的人，显然是有问题的，找到的人不是能力好一点，就是能力差一点，没有恰好合乎要求的。西方人的做法就是：你再能做，也不让你多做，只能做这些；你不能做，却勉强你非做不可。这样的结果就产生了他们所讲的平均人。人变成平均人以后，后遗症是很严重的。今天社会上有能力的人受到限制，没有能力的人拼命打拼，紧张、忙碌、疲惫，却耽误事情的现象随处可见。

第三，就更麻烦了，当大环境一变动，西方人怎么应对呢？因为他们都很习惯一辈子就做一件事情，称之为专业。大环境变动了，公司业务进行了调整，原有岗位的人员不能适应新的工作任务，只能离开，但是公司要给遣散费，要为其做好相关后续的很多安排。所以西方的人事成本是很

高的。我们没有,其实在这一点上日本人做得比我们还绝。日本人讲过一句话:"只要你有高中的程度,不管你想做什么,只要肯学,就一定做得到。"这与美国人是截然不同的想法。美国人很重视专业,日本人不太有专业的概念,他们认为只要肯学就一定能学会。日本人不讲求专业,而是要轮调,在不同的岗位上调来调去。日本人培养一个人,会让他对每件事情都熟悉,增加他的弹性,以便随时调动,随时支援。

以人为本的处事方式,让中国人在工作中更在意别人的感受,更具有人情味。而西方社会的以事为本,使得他们在处事方面更加简单直接。两种方式各有利弊。然而一个人无论处于哪种社会,想要拥有稳定良好的发展,就必须做到保泰去否。那么,什么是保泰去否?我们该如何做到这一点呢?

我们以人为本的处事方式有很多的优势,但是同时也带来一些错综复杂的变化。这叫有一利必有一弊。

泰卦跟否卦的着重点是人与人之间的互动和磨合,四个字讲完了,叫作保泰去否。只要一个团体里的每一个人都有很坚定的保泰去否的信心,这个团体自然地就会泰的时间比较长,否的时间比较短。因为当团体处于泰的时候,大家都会很小心去防范可能引起否的地方,一旦防范不了,否态出现的时候,大家也会尽全力把它去掉。

我举个例子,任何一家公司都难免有财务周转不灵的时候,并不是因为生意不好,也不是因为银行贷款被收回,不是我们平常所讲的那种种原因,往往是生意越好越周转不灵。因为本来公司资金不需要很多,所以跟银行所建立的关系也没有很深,可一时之间生意突然好起来了,资金流突然变大,公司当然会来不及应对,没有足够的时间去克服。在这种节骨眼上,西方的公司经常就倒闭了。因为扩张太快,生意太好而倒闭,听上去很可笑,但是没有办法,他们的制度就是这样。中国人有没有本事扭转局面?有。在这个时候,中国公司里的很多干部就会自告奋勇去跟老板讲:"我家

第三十一集　否极泰来

里有点积蓄，我先借给公司。""我自己没有积蓄，但是我姑妈有点钱，我去借来，公司先周转一下。"还有人跟老板讲说："我们每个人就发点生活津贴，其他的暂时不要发了，等我们把这个难关渡过以后再补发好了。"

像这些事情，用西方人的规章制度、公司章程规定下来，是实行不了的。如果公司事先将这些事情以规定章程的形式写下来，谁都不敢来了。这些是外国人很难去想象的事情。

有一利必有一弊。平常我们每一个人都有不同的意见，因为我们要发挥自己的功能；工作之余，我们就需要花费更多的心血；而有朝一日当我们这个团体遇到变动、困难的时候，每个人就能发挥自己的能力，产生很大的功效。

《易经》告诉我们，一个人要想保泰去否，得到长远发展，就要做到居安思危，让这种危机感成为一种习惯。而今天，正是由于中国人的这一特有习惯，使得我们成为世界上储蓄率最高的国家，也使得我们能够从容地应对席卷全球的金融危机。那么，一旦我们陷入危机，该如何运用《易经》的智慧实现否极泰来呢？

否极泰来，是一种观念。这种观念需要我们把它变成实际的行动，自然就会有成果。就是人要往积极的、好的方面去想，因为心想会事成。中国人常说，有志者事竟成。有志者事竟成跟心想事成有什么不同？意思就是说光用心想是不够的，光有想法没有动作，或想来想去，时不时就改变主意，那样心想怎么会事成呢？所以，还要把它变成自己坚定不移的志向，有志者最后是会成功的。

> 否极泰来是一种观念，需要我们把它变成实际的行动，自然会有成果。
> ——《易经》的智慧

当我们在泰卦的时候，要记住，好不容易有好日子过，大家要齐心协

力，彼此包容，宽宏大量，不要三心二意，不要日子稍微好过一点，就穷出花样、乱搞主张，弄得大家慌张得不得了。同时我们每一个人都要告诉自己，千万不要做害群之马，不要让自己一个人把整个团体败坏掉。这就叫作坚贞忠实。而且我们还要预防虚伪，因为大家熟了以后，很多人会熟不拘礼，有些人会慢慢地开始伪装，慢慢地走上否的方向。

一个团体要和平，要合理。当它不幸陷入否态的时候，大家马上知道要使这个团体里的每个人从各个不同的方面同时来面对才有办法，而不是靠某一个人就能力挽狂澜，大家的心都要朝向去否，把去否树立成大家共同的目标，那就好了。大家在这个时候受点委屈，受点羞辱，没有关系。大家在同一条船上，要高度警惕，谁都不可以让这条船沉掉，这样很快就会先否后喜——否的时候当然是否，但是否变泰的时候大家就高兴了，就喜了。

保泰难，去否也不容易；创业难，守成也不容易。总而言之，我们心里要有准备，不能恐惧，不能害怕，更无法躲避。每一个人都面对现实，按部就班，步步为营，小心谨慎，并将其变成自己的习惯，哪一天就算否真的来了，也不至于慌张，不至于自乱阵脚，而是会自己去调整，用人力爻之，从损益表里面去研究应对方案，最终达到否极泰来。

 保泰和去否都不容易，我们不能惧怕，更无法躲避，面对现实，步步为赢，终将否极泰来。
——《易经》的智慧

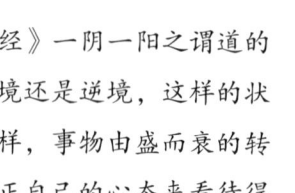

无论是保泰去否还是否极泰来，都阐释了《易经》一阴一阳之谓道的哲学思想。《易经》告诉我们，无论一个人处于顺境还是逆境，这样的状态都不会永远持续下去，就像泰卦和否卦的转换一样，事物由盛而衰的转换总是快过由衰而复兴的转变。此时，我们需要摆正自己的心态来看待得失。那么，只要拥有良好的心态就可以否极泰来了吗？

第三十一集　否极泰来

否卦跟泰卦，上下卦是交错的。有一个问题是我们大家都很关切的：为什么在泰卦阴爻代表小人，到了否卦却是阳爻代表小人？为什么这两个卦上卦都是小人，下卦都是君子（图31-9）？是不是君子注定要受委屈、受侮辱、要吃苦？其实也不尽然。通过一句话，我们可以深一层去了解，为什么这两个卦会有这样的安排。因为君子不得意的时候，会保持君子的心态；往往君子一得意，势力一大以后，他就变小人了。这是我们非常担心的一点：权势一大，本来是君子的，变小人了。

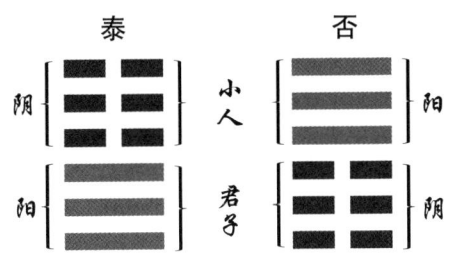

图31-9

我们常常讲一句话，叫作权力使人腐化，现在还要再加一句话，叫作财富难保忠贞。正是由于权力使人腐化，财富又难保忠贞，所以明明是君子的，也会一下变成小人。这是泰卦跟否卦特别用心的一点。而小人就算得了势，得意了，只要能够让他觉悟自己好不容易得到这样的权势，好不容易得到这样的地位，好不容易有这么多的财富，并记住四个字，一切就改观了，叫作逆取顺守——作为小人，不择手段，依靠很多大家想象不到的方式，上位了，这个过程是逆取；然后开始顺守，彻底改变自己的心态。我们应该宽容这样的人，这对君子也是一种考验，就是看君子有没有这样的风度。所以泰卦特别提醒我们，君子不能用兵，不能动武，不能乘势就要把小人赶尽杀绝，否则君子就变成小人了。

我们要记住，一切的变化都有其过程，都是一点一滴累积起来的，绝不是突然间产生的，这也就是我们常说的"冰冻三尺，非一日之寒"。《易经》给我们提出了一个办法，就是把所有的人基本上都看成是人，我们先从同人卦说起。所以下一集我们要来一起讨论：一视同仁。

易经的智慧・第三十二集

一视同仁

早在春秋时期，孔子就提出了"世界大同"的伟大思想。直到今天，世界大同仍是全人类共同奋斗的目标。但是，即使我们和身边的朋友、同事相处，都难免发生冲突，要想达到世界大同就更是一件难事。然而，在《易经》里，却存在着一个教导我们怎样化除异议，走向大同的卦——同人卦。那么，同人卦究竟包含了哪些神妙玄机？是不是只要掌握了同人卦，大到世界大同，小到与人和谐相处，最终都能轻松实现呢？

第三十二集　一视同仁

《序卦传》说：**物不可以终否，故受之以同人**。任何一件事情不可能永远是闭塞不通的，因为事物本身会自己调整，叫作自我修正。同人就是大家尽量朝向同一个目标努力，同心协力，效果自然就会好。人要做到同人不是很容易的，因为每一个人生长的环境不一样，人生观、价值观也不相同，同一件事情十个人来看，会有十种不同的意见，这是我们随时可以印证的事情。我们不可能要求大家完全相同，因为那不但不可能，而且不需要。但是最起码我们要了解到，只有求同才能存异，这就叫作大同小异。可是大同不是一个同人卦就能够做到的，它还需要一个跟它相综的卦，叫作大有卦。一定要把同人、大有这两个卦（图32-1）合起来，才有办法做到大同。

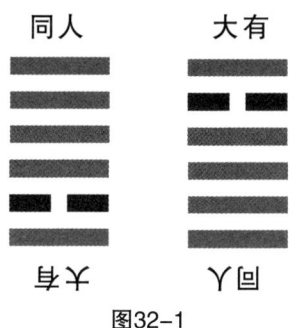

图32-1

孔子提出来的一个人类最高的理想，就是世界大同，用我们现在的话说，就叫地球村。可是我们发现现在地球村推行得不是很顺利，因为总有很多人反对。为什么有人会反对呢？追根究底就是没有把同人卦跟大有卦搞清楚，没有按照同人、大有的顺序去推动，所以阻碍重重，到现在世界大同还只是有名无实，有待于我们人类共同努力。

同人的卦象是下面是离卦,上面是乾卦(图32-2),乾就是天,天的底下有一个太阳,普照万物,使得大家都觉得光明在望。实际上同人卦的意思,除了一视同仁,还有天下为公的含义,因为如果没有天下为公,也就不可能一视同仁。更进一步来讲,大家都知道人一出生就不平等,如果让大家就这样永远不平等下去,就会造成闭塞不通,就会否塞,对整个人类的发展都不利。可是人类一出生就不平等,这是事实,我们能怎么办呢?我们只能用后天的人为的道德修养来尽量让大家平等,但不是绝对的平等,而是相对的平等。

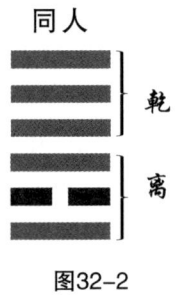

图32-2

所以同人可以这样解释:同样是人,为什么差那么多呢?同样是人,不应该差那么多!这两句话有点不同,一般人只讲前面那句话,同样是人,为什么差那么多呢?那就是抱怨的话,那一定是受了气,一肚子火,看不过人家比自己好,才说"同样是人,为什么差那么多呢"。我们现在从"同样是人,就不应该差那么多"的角度去思考问题,就会慢慢地找到办法,使大家一视同仁。

"同人"一词起源于《易经》中的同人卦,原指有相同志向的人;发展到现代多用"同仁"来代指同事或同行。而"一视同仁"则出自唐代文学家韩愈的《原人》中的"是故圣人一视同仁,笃近而举远",原指圣人对百姓一样看待,同施仁爱;现在多表示待人不分薄厚。但是,人类生来就有好恶之分,要想做到一视同仁,绝非易事。那么,怎样才能做到一视同仁呢?

第三十二集　一视同仁

任何组织里，大家起来讲话时，特别是当主管的人，称呼大家时都说"各位同仁"。可是很好笑的就是，当他嘴巴讲"各位同仁"的时候，他心里头会想：有些人根本就不是我的同仁。这就表示人要做到同仁不是那么容易的。在物质上大家可以一视同仁吗？当然不可能，我的西装脱下来很多人穿不上，不是大了就是小了；他的眼镜给我戴也不合适，度数不是高了就是低了。可见我们一直注重物质方面的平等，这个方向是有问题的。可是人格修养的平等很容易做到，大家都可以勤劳，都可以负责，都可以认真，都可以有一个美好的理想，都可以很专心去实践，都可以不要太坚持自己的意见，尽量配合共同的目标……这些方面只要我们想做就做得到！这样我们才可以了解，为什么整个同人卦六个爻里面只有一个是阴爻，其他五个都是阳爻，就是在告诉我们，不要老盯着物质层面，因为要求物质层面的平等是相当困难的，倒不如在精神层面尽量让大家有"同样都是人，不应该差太远"的觉悟，那就叫同人。

我们来看看同人卦的卦辞（图32-3）：同人于野，亨，利涉大川，利君子贞。

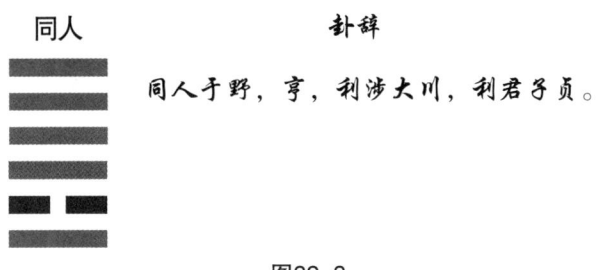

图32-3

"同人于野"是什么意思？古代把城市叫域，凡是人口聚集、居住人多的地方，样样都比较方便，就叫域；域以外就叫郊，我们今天还在讲郊区、郊外；再外面就叫野，野外比郊区更荒僻，离开城市更远一点。所以，"同人于野"就是告诉我们，要由近推到远，由亲推到疏，一步一步地去一视同仁，才能实现。在家里面，大家都是一家人，没有什么好计较的，苹果吃大的小的，无所谓。可是跟外面人我们就会计较了："那个苹

果比较大,你怎么先下手为强了,你不尊重我吗?"就比较难做到同人。所以做任何事情都要有个过程,慢慢从里往外、从近到远地推出去,才会比较容易做到,一下子要把天下人看成一样的,比较不容易。

同人的观念能够推及到野外,就亨通了。刚开始将同人的观念推及到周围的邻居,大家住隔壁,你家杀了猪,给我一些肉,我家果园采了果子分你一些,慢慢大家就很亲切,彼此都看得起。然后再慢慢推及到一个社区,再扩大,扩大到野外的人我们都能将其看成一家人,天下一家就实现了,不亨通才怪!

能够做到这样,自然就会利涉大川。"利涉大川",我们在需卦的卦辞里面已经见过一次了,是指有利于涉水渡过大河,渡过大川。意思就是说任何困难我们都可以克服,因为有宽广的心胸,有锐利的眼光,有良好的修养,而别人自然会以同样的方式来对待我们,这样事情就比较容易办成,困难就可以共同来化解,自然能得到亨通。

同人卦告诉我们,一视同仁也要有一个循序渐进的过程。那么同人卦的卦象是怎样表现出"同人"这个概念的?学习同人卦,又要注意些什么呢?

《彖传》说:同人,柔得位得中而应乎乾,曰同人。同人曰:同人于野,亨,利涉大川,乾行也。文明以健,中正而应,君子正也。唯君子为能通天下之志。这个"柔"就是指六爻里面唯一的阴爻六二,因为第二爻是阴位,所以六二得位,叫作当位;同人下卦是离卦,六二又是下离的中间那一爻,所以得中,行中道;六二还有一个好处,就是它应乎上面的乾卦,因为六二跟九五是一阴一阳彼此相吸的,互相有感应,叫作相应。当位、居中又跟上面相应,当然非常亨通了。全卦只有六二一个阴爻,对六二来讲,其他的五个阳爻最好能够一视同仁,都照顾到,那就叫作同人。

同人卦卦辞里面说的"同人于野,亨,利涉大川",是因为"乾行也",即上乾代表阳刚,健行,它会带动整个时代往前走,使大家越来越有同人的感觉，越来越能够享受到同人的幸福。

"文明以健"是指下离很光明，而上乾很刚健。上面是乾卦，下边是离卦，表示这个光明会持续，会越来越普及，照到所有的地方。"中正而应"，是说六二跟九五都居中，都当位，而且相应，这种状况是很可贵的。"君子正也"，就表示这个时候每一个人心里都非常正，都能够去掉自己的成见，把私人的恩怨摆一边，为共同的目标而努力。共同努力就需要一个原则，就是我们常常说的求同存异——把大家相同的部分归纳起来，不同的部分彼此各让一步，自然而然地大家的看法就很接近了。

什么叫"天下之志"？就是说天下有这么多人，每个人的个性都不太一样，大家对此都很清楚，也就是个别差异。十个人就有十种不同的看法，一百个人有一百种不同的特性，在这种状况之下，要使大家同心协力，唯一的办法就是每一个人都牺牲一点，大家都站在公共的利益上来考虑，这就叫作"通天下之志"。"唯君子为能通天下之志"，就是说只有君子的所作所为，才能够促进天下为公，世界大同。这是同人卦提供给我们的主要思想。

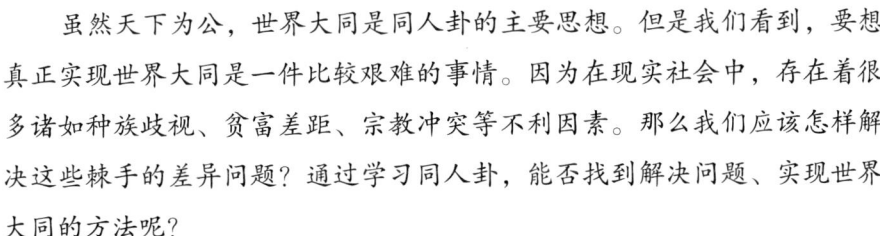

每个人都牺牲一点，大家都站在公共利益上来考虑，这叫"通天下之志"。
——《易经》的智慧

虽然天下为公，世界大同是同人卦的主要思想。但是我们看到，要想真正实现世界大同是一件比较艰难的事情。因为在现实社会中，存在着很多诸如种族歧视、贫富差距、宗教冲突等不利因素。那么我们应该怎样解决这些棘手的差异问题？通过学习同人卦，能否找到解决问题、实现世界大同的方法呢？

有时候民族与民族之间有一点点小意见，我们也不要太过敏感，就认为这是种族歧视。君子看到这种现象，会马上想到同人卦大象所说的"天

与火,同人。*君子以类族辨物*"。君子会好奇,会思考,为什么别人跟自己不一样,慢慢大家加强沟通,互相尊重,彼此了解,今天叫作多多交流,多多交流以后会发现,原来大家只是大同小异而已,那就很容易磨合,世界大同、和平发展就比较容易实现。

我们可以看到动物也是同类的相聚在一起,有些不同的动物彼此看看就是不顺眼。我们最容易了解的就是狗跟猫。以前狗跟猫很少玩在一起,现在狗跟猫也慢慢玩在一起了,但是我们要小心,外面的野狗跟野猫还是跟仇人一样,只有家里面养的猫越来越懒,狗也越来越懒,然后它们就懒作一堆,都没有什么动作,这就证明只要大家长期磨合,彼此没有敌意,自然而然就会合在一起。从这个角度我们还会发现,人与人如果要大同的话,就不能要求太多,当然这并不是马马虎虎。我们对"马马虎虎"的看法早已失之偏颇。人与人要想实现大同,就不能吹毛求疵,不能凡事都苛求。

每一个人在生长过程当中,已经养成了很多习惯。比如说中国人用筷子比较习惯,而外国人用刀叉比较习惯,所以当中国人与外国人在一起的时候,喜欢用刀叉的就用刀叉,喜欢用筷子的就用筷子,彼此互不干涉,互相尊重,大家就会比较容易和平相处。要求所有人都用筷子或刀叉,就会有很多人没有办法适应,又何必呢?

君子会同类相聚,而种族的差异确实存在,我们只要求做到,可以同的尽量同,没有办法同的我们尊重各有不同的成分、不同的表现,彼此谅解,彼此包容,这样就叫大同了,做到这样已经非常不容易了。

这样我们才能够了解《系辞》里面所讲的"二人同心,其利断金"。我们都知道金属是很坚硬的,很难弄断,但是孔子告诉我们,只要二人同心,再坚硬的东西都弄得断,再难的事情都行得通。只要父子同心,泥土也能变成金,这是很多人都知道的事情。同人要先从家人做起,但是家人跟同人是不太一样的,从家人做起就要先去看家人卦(图32-4)。

第三十二集 一视同仁

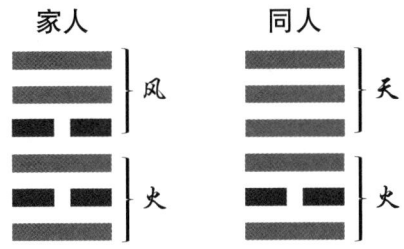

图32-4

家不是讲道理的地方，现在的伦理混乱就是因为在家里讲道理，搞得亲情都没有了。家人是讲亲情的，同人才要相当的理智，所以同人卦的卦辞中，只有"同人于野"，没有告诉我们要"同人于家"，同人不是在家里完成的，在家里的就叫家人卦了。换句话说，在家里面，我们可以靠亲情来彼此照顾，但是当我们出去以后，就要做到一点——用我们的理智来指导自己的感情。

难道在家里就不需要用理智来指导感情？当然也要，只不过没有那么严格。在家里，孩子是你自己生的，他有时候调皮一下，捣蛋一下，你不但不会很生气，反而多少还有点高兴，自己的孩子终究是可爱的，这就是亲情使然。但在外面你的感觉就不太一样了：这是谁家的孩子，这么不讲理？那个小孩怎么那么没有礼貌？……可见，其中还是有区别的。

同人卦告诉我们，同人要与家庭成员以外的人共同实现。而交流和互相理解，就是同人卦指导人们走向大同的精髓所在。那么，是不是只要做到与他人同人，就都能得到好的结果呢？是不是只要我们以同人为目标，就万事大吉了呢？

我们要不要把同人就当作一个既定的目标，一直往前去推？答案也是不好的。因为一阴一阳之谓道，就算是同人，就算同人有很大的效益，仍然是有好处就有坏处。好处就是可以提升道德的修养，我们大家一起互相勉励，尽量提升我们的品德修养，谁也不要笑谁，谁也不要害谁，大家诚心诚意，这当然是好的，就是善的同人，叫作同心同德。但是同人也有恶的一面，就是大家一起破坏社会的道德，一起同流合污，做一些对人类不好的事情，那就叫狐朋狗党。同心同德固然很好，同流合污却是非常可怕的。

因此《论语》才会告诉我们，"君子和而不同，小人同而不和"。小人有共同的利益，他们的利益紧密结合在一起，可是得到利益以后，他们还是各人想各人的，不是真正的和谐。凡是为利害关系而行动一致的，其实都不是真正的和谐，而是和稀泥。现在有很多人讲到和谐的时候，都会皱眉头："和谐和谐，那什么都不要做了！"因为在他的经验当中，的确有一部分和稀泥的假和谐——大家为了求和，有意见也不敢说，看到不对的也不想说，看到有人使坏也不方便说，这当然就是和稀泥，而和稀泥完全就是小人的行为。

我们再看同人卦的卦象（图32-5），一共六爻，有五个爻是阳的，是光明的，就算不当位，也是光明的，这就表示同人一定要有光明的目标。大家放弃私人的利益是为了公共的利益，可是这个公共的利益到底能涉及多大的范围？这就需要推，儒家的这个"推"是很重要的。刚开始大家一定只想到社区，这是必然的，然后慢慢推出去，推到省，把"我省"做好后，再推到全国，把全国做好了，然后才有办法推到国外去。

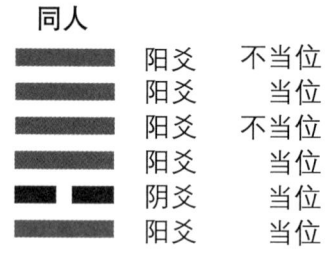

图32-5

同人卦是《易经》六十四卦中的第十三卦，其主要精神是破除一家、一族的私见，重视大同，不计较小异。而早在春秋时期，孔子就提出了"世

第三十二集　一视同仁

界大同"的伟大思想。那么，如此博大精深的伟大思想，对中华民族几千年来的发展有着哪些深远的影响？面对世界大同的人类理想，中华民族又该做出哪些贡献呢？

我们有些感慨，中华民族太早成熟了！当基础还没有做好的时候，我们就开始懂得同人、大有这些内涵，所以我们对外国人都特别好，而对自己人往往基于现实的不足，反而觉得不好。我们在没有国家的观念以前，就开始进入世界的观念，这对我们民族是非常不利的。我们不能停顿在国家观念，一定要扩展到天下，但是在国家没有安足以前，就想到全天下，而忽略自己的国家，除非不懂事，否则完全是替自己的不合理行为找借口，使之正当化。

现在很多人讲，不能再讲什么民主了，不能再讲什么国家了，现在已经是地球村了……这样的话对我们是很不利的，因为地球村永远是大国在主宰，今天所有的游戏规则都是少数发达国家说了算的，这一点我们要提高警觉。我们一定要增强自己的实力，提高自己的话语权，要对世界有更大的影响力——自己站稳了脚步，才可以放胆说"世界大同"，这是要一步一步来的。世界大同，的确很美好，那是我们共同的目标，可是我们一定要按照同人卦的道理按部就班去走，同人卦每一爻代表一个阶段，而每一个阶段有每一个阶段的任务，我们一定要一步一步去达成世界大同的目标，否则的话我们是很吃亏的。

如果一个小孩子没有家庭观念，而只有社区观念，整天为社区奉献，在家里却什么都不做，我们会有何感想？如果全家人都这样，这个家还像家吗？从这样的比喻中，我们就了解了，我们绝对不能自私，但是我们也要明白凡事都有先后、轻重、本末。我们一定要向前走，但是不能跨越，连国家都不要了，直接追求世界大同，那是不切实际的。很多人讲，地球村以后，国家就虚级了，只是一个名词而已了。我们不要上这种当，那是人家想来迷惑我们的。当然，或许有的国家很强大，可以接纳世界各地的人，可是放眼天下，又有几个国家能做到？无论再怎么融合，地球村进展

再怎么顺利，各国之间都还是要有一个出入境管制。我是以实际的状况来提高我们同胞的警觉性。

到过北欧的人会发现，北欧哪有什么国界？北欧各国的国界基本上没有用，北欧的国家根本就是连在一起的。当地人曾经告诉我，他们是养羊为生的，羊群高兴跑到别的国家去，就跑过去了，一会儿又跑回来了，因为两国之间就一条线之隔，彼此相邻。如果每次都要通关、盖章、检验，根本就不切实际。可见，那是特殊情形下的特殊处理。

有一次，我在一条船上看到了一个时钟，大概是全世界独一无二的。普通的时钟一根时针一根分针一根秒针就够了，那个时钟有两根时针，一根分针，一根秒针。我看了以后还以为我眼睛花了：怎么会有两根时针呢？后来我一问才知道，河两岸的时差正好是一个小时，所以这边是十二点的时候，那边是一点。如果拨十二点，到那边就不对了；如果拨一点，一开始就不对了，所以船长干脆把时钟装上两根时针，一根指在一点，一根指在十二点，在这边就看十二点，到那边就看一点，自然就准了。那是非常特殊的状况。

天下之大，无奇不有，每个地方有每个地方的需求，每个地方有每个地方的做法，我们求同存异，这才叫作大同。大同的过程非常重要，它的主旨其实只有一句话，叫作万众一心——大家有一个共同的意愿，然后彼此去磨合，互相尊重。我们下一集就要来谈一谈：万众一心。

易经的智慧・第三十三集　万众一心

同人卦告诉我们，用武力达成的所谓"大同"不会长久，但是如果没有武装组织，同样也实现不了世界大同。那么，面对竞争、压力、矛盾、冲突时，同人卦会给我们指出哪些解决之道？同人卦是否还会教导我们，怎样把世界大同付诸行动，并最终将其彻底实现呢？

第三十三集　万众一心

世界大同是要一步一步慢慢去完成的，而不是有人登高一呼，大家立即就可以放弃成见。怎样才能一步一步实现世界大同呢？我们先从同人卦初九爻看起。初九爻辞（图33-1）：**同人于门，无咎。**

图33-1

门是家跟外面的交界点，每一家都有个家门，我们常说，"不是一家人，不进一家门"。"同人于门"，就是说这个人开始要走出家门，跟外面人打交道了。从卦象可以看出，初九的性质是阳，初九的位也是阳位，叫作阳爻居阳位，它是当位的爻（图33-2），就是说这个人在家里有很好的家教，家里人都相处得很好，大家可以做他必要的支撑，不管是在精神上还是在物质上，大家都全力支持他，他可以放心地出门去，所以"无咎"。

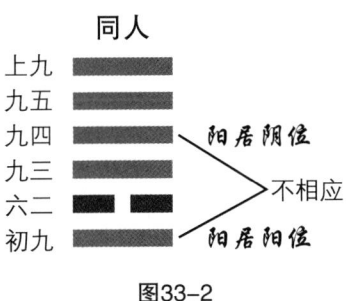

图33-2

初九跟九四是不相应的,但是如果在其他的卦可能是一阴一阳相应会比较好,可是在同人卦不相应才好。九四是阳居阴位,初九是阳居阳位,这两爻彼此不相应,就表示它们没有私情。如果一个人出门是要到姨妈家去,那就不叫世界大同,那只是亲戚间的礼尚往来罢了。如果一个人出门是要去找老师,那也不叫世界大同,那只是个人的事情。所以,同人卦中初九跟九四不相应的安排就在告诉我们,我们出门去是准备跟陌生人来往的,彼此之间没有私情,大家共同为公共的需要而沟通、努力,这样才是迈出了大同的第一步。

> 大家共同为公共的需要而沟通、努力,彼此之间没有私情,这是大同的第一步。
> ——《易经》的智慧

虽然初九爻的爻辞讲,"同人于门,无咎",但是我们一定要去想:为什么会无咎?同人有个基本的信念,就是只要你诚恳对人,没有私心,真正是为大家着想的,而且也准备动员全家人来做一些实际的奉献行动,以这种状态出门就不会有后遗症。但是有人一出门就跟人家吵架,就跟人家打架,有人一出门就因为偷东西被送到监狱里,那就不叫无咎了。同样是"同人于门",后果是不一样的。我们一定要做到无咎,才算是大同的第一步走稳了。

我们来看看初九小象:*出门同人,又谁咎也*?一个想要广结善缘的人,会有什么咎呢?一个人出门老想去赚点钱回来,一个人出门老是想去看别人的笑话,一个人出门老是想找点好处给自己家人,那一定有咎的。很可惜大部分的人都还在这个地步——你今天去干吗?去找某某人;你今天去干吗?去看看有没有好机会;你今天去干吗?去卖点东西……这不叫同人。我们记住,首先要把私变成公,化私为公,为了公义而出门,自然无咎——你今天出去干什么?看看有什么对我们社区好的事情。现在有很多人有时间就跑出去捡垃圾,看到有需要帮助的小孩就主动去照顾,当义工,不图私利,这样的人又有谁会质疑他,指责他呢?这就是"出门同

第三十三集 万众一心

人,又谁咎也"。

同人卦告诉我们:同人于野。为了实现共同的目标,我们只有摒除私心,走出去,跟外面的人打交道,才是做到了同人卦的第一步。既然同人卦要求我们化私为公,那么,是不是从个人到国家,都要坚决摆脱一切私人关系和保护主义,才能最终实现世界大同呢?

六二爻辞(图33-3)是:**同人于宗,吝**。

图33-3

如果你在国外,护照丢了,钱包不见了,或者遇到其他重大难题的时候,怎么办?此时你是求天不应,求地无门,就算碰到同胞,可能也顶多得到些许口头安慰,而不会得到实质性的帮助。可是如果你碰到同宗,那就不一样了,中国人把同宗看得很重要——哎呀!你姓曾,我也姓曾,我们是一家人,来来来,住到我家去……所以六二爻辞会说"同人于宗",就是告诉我们,现实中我们必须要跟特定的人士打交道。

但是对同人来讲,这是不好的。大家有没有发现,只要你会讲温州话,走遍全世界也不必住旅馆,因为世界各处都有温州人,他一见到你会讲温州话,就给你很多的方便。福州人也是一样,只要见到会说家乡话的人,就亲热得像一家人一样。我在美国的时候,我知道做西餐的很多是福州人,于是我点完餐以后,就跑到餐厅的厨房去看一看,果然有福州人,我就去跟他们讲几句福州话,他们亲切得不得了,然后给我做的牛排都特

别大,这是我亲身的体验。这都叫同人于宗。

我们来看看六二小象是怎么说的:**同人于宗,吝道也**。六二小象告诉我们,同人于宗是难免的,因为只有亲戚、朋友、同胞会真正关心我们。"吝道"的意思是说对于这种到哪里都找同乡会,到哪里都找同宗帮忙的人,我们不能说他错,但也不值得赞扬。现在很多人一发现对方是老乡,也不管在场的其他人,就开始用家乡话交流。这就是同人于宗,这种人没有错,但是不值得赞扬。如果很多人在一起的时候,你碰见了老乡,也要讲普通话,因为其他人根本听不懂你的家乡话,就算人家听得懂,你也要尊重人家,要讲普通话。只有你们两个人在一起的时候,你才可以讲讲家乡话,因为此时不会妨碍别人。这样你就不会吝道了。

吝是什么意思?"吝"上面是个"文",下面是个"口","吝"跟"否"不一样,"否"上面是个"不",下面是个"口",就是有话不说的意思。"吝"的意思是找些话来做借口——不是我找他,是他听出了我的口音,就拉着我一定要到他家去。这么一来,就形成了同人的一个障碍。

地球村到现在很难发展,就是因为每一个国家动不动就讲"这样做符合我们国家的利益",也不能说它们错,它们并没有错,可是它们不能这样公开讲出来。如果每一个国家都讲"这样做才符合我们国家的利益",地球村怎么能实现呢?根本就没有办法实现!一边愤愤不平地说"你怎么赚我那么多钱",一边又说要自由贸易——主张自由贸易就不能怪人家赚那么多钱!这些都叫同人于宗。理想是要世界大同,人类一家,但是实际有很多不得不如此的措施,诸如保护主义,以自己国家利益为重,动不动就干涉人家的内政外交,这样又怎么能世界大同呢?

早在春秋时期,孔子就提出了"世界大同"的伟大思想。直到今天,世界大同仍是全人类共同奋斗的目标。但是,一些所谓的强国,却利用某些极端的方法,企图达到它们心目中所谓的"世界大同"。而在距今几千年前的《易经》里的同人卦,早就已经对这些不和谐的行为,作出了评判

第三十三集 万众一心

与分析。那么，究竟怎样才是实现世界大同的正确方法呢？

我们再看九三爻，九三爻辞（图33-4）：**伏戎于莽，升其高陵，三岁不兴**。"伏戎"就是埋伏军队，"高陵"就是高山上。把军队埋伏在草莽里面，然后人跑到高山上，去看整个状况怎么样。

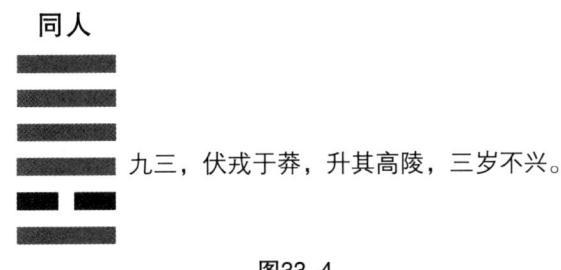

图33-4

九三觉得六二好欺负，要求六二将得到的好处跟自己分一分，不要去管九五，可是六二会听它的吗？六二不会听它的。所以九三就借演习把武力呈现出来，然后爬得高高的，来看九五有什么反应。看了九五以后，九三不敢打，因为它知道自己不是九五的对手，怎么打呢？所以"三岁不兴"。"三岁"是指好几年，不仅仅是三年的意思。

整个九三爻辞模拟的情境就是把军队隐藏起来，人爬得高高的，派各种侦察机去了解对方，一看打不过对方，不能打，所以好久都不敢动武，只能老演习。这就告诉我们，为了使大家不搞小团体，真正放开心胸，追求天下一家，世界大同，不能采取刚烈的手段。用很刚烈的手段，用很勉强的方式实现的大同是没有意义的。

接下来看看九三小象是怎么说的：**伏戎于莽，敌刚也。三岁不兴，安行也**。为什么九三把军队埋伏起来，不敢张扬，不敢出动？因为"敌刚也"——对手太厉害了。以前美国最强大，爱打谁就打谁，不服从它的更要打，现在每个国家都很厉害，每个国家都在发展，而且不知道谁比谁强，只好采取安稳方针，按兵不动。所以一个国家要争取成为时代的文化主流，本身要有相当的实力，所以我们才说要先有国家民族的观念之后，才可以推出去世界大同，否则是很危险的。

强者通过自身的努力，随时可能成为一个时代的文化主流，那么实力偏弱的人或国家，又能通过哪些方法来调整自己，适应大环境呢？

九四爻辞（图33-5）：乘其墉，弗克攻，吉。"墉"就是城墙，"乘其墉"就是踩在城墙的两边，用现在的话来讲，就叫骑墙派——那边强就靠那边，这边强就靠这边，或者一会儿靠这边，一会儿靠那边，这是典型的乘其墉。"弗克攻"的意思就是还不敢打，因为大环境是大家都极力维护世界和平，而且每个地区的军备也越来越厉害，打也打不赢。同人卦九四告诉我们，就是因为这样才会吉祥。可是，有人会疑惑：这种状况怎么会吉祥呢？

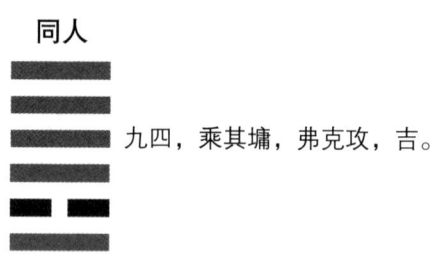

图33-5

九四是不当位的，跟初九也不相应。就是因为它这样也不行，那样也不行，所以才会骑墙，才会左右为难。而"吉"是指最后九四弗克攻，它知道自己不对，于是退了，最后以和平收场，走向世界大同，所以九四爻辞说这样做是吉祥的。

我们来看看九四小象：乘其墉，义弗克也，其吉，则困而反则也。"义弗克"是说由于不合乎道义的要求，所以不敢发动进攻。"吉"是因为困反而得到的好处。因为九四的处境是很困难的，很难决定，内心很挣扎，但是最终它还是能回归到正道，它有整个的趋势是地球村，自己不能造成大同的障碍的自觉，所以"吉"是有道理的。

第三十三集 万众一心

整个世界大同的关键在于初九原始的动机,但是最后能不能完成还是要看九五,因为九五之尊的势力最强大。

九五爻辞(图33-6):**同人,先号咷而后笑,大师克,相遇。**"号咷"就是大哭,我们常常讲的号啕大哭就是从这里来的。九五为了要世界大同,哭得伤心欲绝,但后来又笑了,这是什么意思?

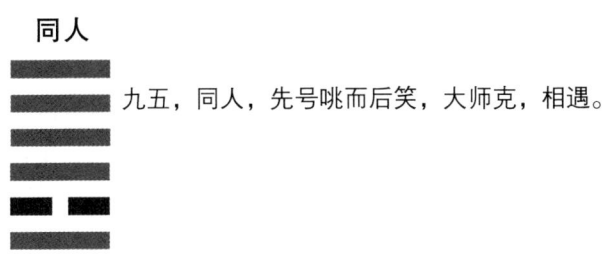

图33-6

我们来看看九五小象怎么说:**同人之先,以中直也。大师相遇,言相克也。**同人为什么会先哭呢?就是因为很悲愤,悲愤正义得不到伸张,真正的好意得不到大家的理解,所以才会哭得很伤心。但是哭是没有用的,哭是不能解决问题的,只是情绪上得到宣泄而已。"大师相遇"是说即使九五有很好的武力,但是它还是不能动,一动就两败俱伤,就相克了。"言相克也",意思不是说武力上的攻克战胜,而是说正义终于克服了邪恶,会心地笑了。

众所周知,战争与和平生来就是一对天敌。历史上,疯狂的军备竞赛和利益冲突,都曾经导致了大规模、破坏性巨大的世界战争的爆发,让我们充分认识到了战争的残酷和无情。而现如今,既然世界大同、世界和平已经成为全世界人民共同奋斗的目标,那么,为什么不干脆取消全部武装组织,让世界人民以礼相待,和平相处呢?

现在有些人说:"既然世界要和平,人类要和平共存,和平发展,那你们国家还花那么多钱去充实军备,岂不是口是心非?"不是的。老实讲,一个人要讲什么话,人家先看看他胳膊粗不粗,胳膊不粗的讲了话根本就没有人听。国家也是如此,一国的地位与话语权取决于自身的综合实力。所以为了和平,为了大同,我们还是要发展武力,充实军备。只有以强大的军事力量做后盾,别国才不敢打我们,而我们也不用主动去打别国,这样才会相遇和。相遇和,和同于人,得到这样的结果当然就笑了,所以九五爻辞说"先号咷而后笑"。这样,大同就几乎在望了。但有人还是怀疑:真的吗?

我们看上九爻辞(图33-7):**同人于郊,无悔**。它告诉我们,就算我们这一路走来非常努力,顶多也只做到了"同人于郊",想做到"同人于野"还早得很。

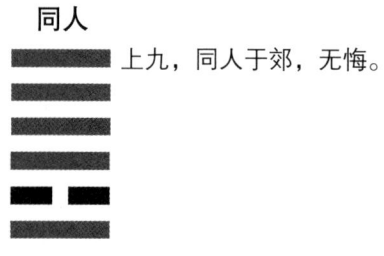

图33-7

我们之前已经讲过了,实现大同要从域开始慢慢扩大到郊,然后再推到野(图33-8),而现在只是"同人于郊",不是"同人于野"。如果结局是"同人于野",那就表示大功告成了。可见,理想跟实际永远是有距离的。上九爻辞告诉我们"无悔",只要大家尽力去做了,就不必后悔,因为总要留些事情给下代人去做,人类才能够一代一代进步。记住一句话,"功成不必在我"。没有必要一定要求在自己这一代将所有事情都做完,留点事情给下代子孙做吧!

第三十三集　万众一心

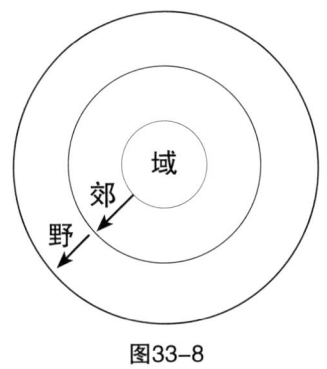

图33-8

我们来看看上九小象怎么说：*同人于郊，志未得也*。尽管我们有"同人于野"的理想，但是要一步一步来，能够达到"同人于郊"，就八九不离十了，不要想一次就能把它完成，那是太难了，而且一次达成的话，子孙就没有事情可做了。我们再从实际来看，往往是当时觉得都好了，不一会儿又出现了新的问题，又要协调；这边消停了，那边又乱了，一波未平一波又起，这才是自然的现象。但上九小象还提醒我们，虽然"无悔"，可是"志未得也"。"志未得"就是说同人的大志仍然没有行通，大家还没有把世界大同的志向付诸实践，达到理想。

我们现在可以看出整个同人的过程：

初九告诉我们，从一开始就要打开心胸，公而无私，这是基本信念。不能一开始就有私心，对我好我就喊"大同"，对我不好我就打你，那样永远没有办法大同。

六二告诉我们，不要搞小团体，否则同人的门打开了也会关闭，这就只是同人于宗，气魄太小，没有大国的风范。

九三告诉我们，千万不要动歪脑筋，不要再想用武力恫吓人家，因为历史已经证明那是行不通的，那样只会使仇恨越结越深，将来更无法同人了。

九四告诉我们，对于一会儿这样，一会儿那样的骑墙派，我们不要取笑人家，我们要同情人家，多与他们沟通，慢慢化解同人的障碍。因为骑墙派不敢轻易动武，让其自己改变态度，知过而退，才是最好的办法。

同人过程中最主要的就是九五。我们所说的世界大同不是把所有的文化变成一种，而是说在各种不同的文化里面要争取成为主流。作为文化主流的我们，包容性最强，对别人最照顾，没有私心，有"四海之内皆兄弟"的胸襟。但是我们也要清楚，成为文化主流不是我们登高一呼，把历史搬出来，把文化秀出来，人家就会完全接受的，没有那么容易。所以我们"先号咷"，先好好地去努力，只有尽了力，最后才笑得出来。

笑得出来是不是就表示在我们这一代就真的能够世界大同了呢？也没有。上九告诉我们，做到"同人于郊"，只是区域性的安定，有些区域性纷争频繁的地方，要加强沟通。安定和纷争永远处在动态的平衡当中，保持这种平衡，才是我们真正能做到的事情。

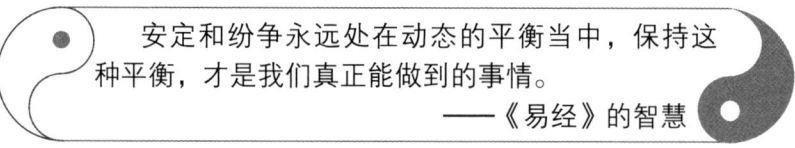

安定和纷争永远处在动态的平衡当中，保持这种平衡，才是我们真正能做到的事情。
——《易经》的智慧

按照同人卦的说法，我们出门诚恳待人，化私为公，然后一步一步地做到同人于野，一视同仁。可是即使如此，世界大同却依旧看似遥遥无期。那么，世界大同究竟只是人类一个美好的理想，还是最终真的能够得以实现？为什么同人卦不鼓励我们现在就把世界大同付诸实践呢？

同人卦下面一卦，叫作大有卦（图33-9）。如果将同人解释为，"同样是人，不要差太多"，那大有就是我们最常讲的一句话：大家都有，别急。

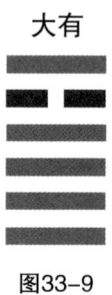

图33-9

第三十三集　万众一心

这句话是大家最喜欢的,"大家都有,别急"——光讲"别急"没有人会听。就拿排队来说,很多排在前面的人,老叫后面的人别急,后面的人越听越火大:"你在前面当然'别急'了,你站我后面试试看,看你急不急!"很多人不了解,不会将心比心,认为自己讲的话很对,但是却换来人家的臭脸。这种人就是不通《易经》。排队排在前面的人怎么可以告诉后面的人不急?后面的人也不可以叫前面的人不急,如果有人对前面的人说不急,那排后面的人更气:"你不急,我急!你们前面每个人耽搁几分钟,我就完了!"只有在"不急"前面加一句"大家都有",大家才不会急。因为资源不足,机会不够,先到先得,前面的人有,后面的人就没有,经常落空,才会急。

真正要做到世界大同必须要大家多沟通,可是大家要沟通是非常困难的。因为第一,各民族生态环境不一样;第二,各民族历史文化不一样,说得更清楚一点,每个民族的思路也不相同,有的认为这样对,有的认为那样才对,我们只好一步一步来实现大同。比如说我们现在先从经济上面互通,再从文化层面上进行交流,办世界博览会就是一种方式——让世界各国集中在一起,把各国的文化精华展现出来,每人花个三五天或一周的时间参观,博览各国文化,比来比去,这样就提供了大家彼此互相了解的机会,然后再经过专人的介绍说明,让我们最起码可以排除掉很多误解与歧见。透过经济的互通有无,彼此贸易由摩擦而化解,进入到文化的交流。最后一个通的是什么?一定是政治。政治能通吗?答案是不能通。因为每个国家都要有个政府为其服务,世界大同不可能把所有国家都废掉,国家一定会存在。所以同人卦上九爻辞只告诉我们"同人于郊,无悔",这一点我们真的要好好想一想。

同人卦上九爻是讲人性的,那么人性是越来越坏还是越来越好?这个大家自己好好去了解一下。我们的文化基因在改变,我们自己增加了很多人性方面的障碍,我们口口声声说大家要多沟通,但是我们都在制造专业的沟通障碍,这是不符合同人卦的要求的。

同人卦的初九提醒我们千万记住,要设身处地,将心比心,打开心

房,光明正大。但是要全人类都做到这样,还要一段比较长的时间。那这样世界大同是不是遥遥无期呢?其实不会,世界大同会越来越快。因为我们有互联网,孔子的时代是没有互联网的。孔子了不起收三千弟子,通过这三千弟子去传播自己的思想。现在不一样,现在的网民很热心,上了网什么都能了解到,翻译的工作也越来越热络,各国之间的交流沟通也不存在问题。我们只要把这些道理好好说清楚,自然九三、九四就会出现,然后就会慢慢去认同九五。

大有卦才是真正能够实现世界大同的关键,所以我们下一集就要来探讨一下:为富要仁。

易经的智慧・第三十四集 为富要仁

随着中国经济的发展，人们逐渐富裕起来。但是大有卦却告诫我们，一味地追求富有是危险的。人人都希望过上富有的生活，追求富有怎么会有危险呢?富有的危险表现在哪里？为什么说安贫很难，安享富贵更难？我们又应该如何正确对待财富呢?

第三十四集　为富要仁

如果把同人卦整个颠倒过来，就变成大有卦了，这两个卦彼此相综。但是我们如果把同人卦的上卦变下卦，下卦变上卦，上下卦颠倒一下，也变成大有卦，所以这两个卦又互为交卦（图34-1）。所以这两个卦，既是综卦，又是交卦。这两卦的密切关系，我们从卦象上面可以看得很清楚。

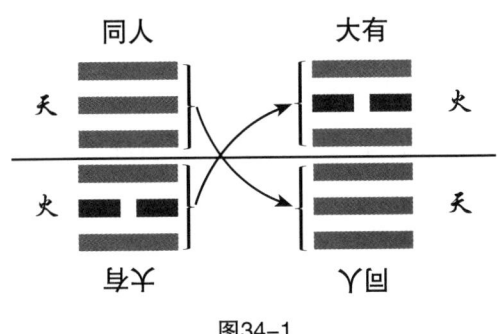

图34-1

为什么同人卦在前，大有卦在后？《序卦传》说：*物不可以终否，故受之以同人。与人同者，物必归焉，故受之以大有*。就是说，少数志同道合的人以共同的理想，同心合力，结合在一起，这样做出来的效果，就会使得很多人认同并前来归附，因此，我们就可以获得很多的东西，这个状况我们称之为大有。

大有就是同人的最佳效果，最大的收获。因此，大有可以解释成大有所获。一般人看到大有，多半会想到物质丰富的层面，但是大有卦告诉我们，我们所丰富的如果是物质，那很快就会穷困；我们所有的如果是品德修养，才可以一直发展下去。

大有是不容易维持的。一个家庭没有钱的时候，尽管是贫贱夫妻百事哀，日子很难过，但是最起码不会发生那些奇奇怪怪的事情，倒还蛮安分

的，因为他们找生活都来不及，根本没有时间去动歪脑筋。凡是那些乱七八糟的现象，都是从大有的家庭里面产生的。有一位男士，他带着女朋友回家去见自己的父母，可是因为他的父母很有钱，觉得这门亲事门不当户不对，于是就坚决反对，反对到什么地步呢？反对到就算儿子与那个女孩继续来往，在街上碰到儿子的这位女朋友，甚至于到了未婚妻的时候，还是不跟她打招呼，当作没看到一样，甚至他们容许他的儿子跟那个女孩生小孩，但是他们说："生的小孩，我认他是我的孙子，但是媳妇就是不许进门。"

各种离奇古怪的现象，在贫穷家庭大概不会发生，多半在富贵的家庭才会很奇怪地产生。这是大有卦给我们的一个很重要的启示：人要安贫固然难，但是安享富贵比安贫更难。所以孔子一再告诉我们，安贫乐道才是人生最愉快的。孔子不是鼓励我们过穷日子，不是担心我们有钱，他只是提醒我们，富贵是可以的，但是要先做好充分的心理建设。

改革开放后，越来越多的人开始过上了富有的生活。如果说穷日子难过，那么富有的生活应该容易过了，但是曾教授却提醒说，要想过好富贵的生活，必须做好充分的心理建设。那么这个心理建设是什么？又需要什么样的条件呢？

真正的大有需要两个条件：一是富而有礼。这很难。贫穷的时候，对人家很客气、很有礼貌，比较容易做到，因为不这样就会挨骂，不这样就会被人家赶出去。但是一旦富有以后，就开始目中无人，看谁都说"你有我有钱吗"，看谁都说"你干吗在这里凑热闹"。其实你自己要想想看，如果没有那些不如你的人，又如何能反衬出你的不一般呢？正所谓红花还需绿叶衬，如果把绿叶统统摘掉了，只剩下红花也是很难看的。天下只有我可以讲话这么大声，你凭什么！天下只有我可以穿得这么华丽，你算什么！这就是富而无礼。

第二，富而能仁。这就更难了。富而能仁是说一个人富了以后，还能

第三十四集　为富要仁

够把别人当人,发挥人间的大爱,去照顾那些不如自己的人,跟他们分享自己所得到的东西。可能有人会想:我自己赚来的,凭什么要跟别人分享?我们特别提出一句话,小富是自己赚的,可以不跟人家分享,因为一共也就一点点,但是大富很多是天老爷给的,不然单凭人类自己,是赚不了这么多的,当然要分享了。老天通过让我们跟大家分享的方式,使我们免得遭殃。这句话是一般人不太理解的,大家不妨试试看,没有钱的人不这样做,不会遭殃;有钱人不这样做,一定遭殃。

《易经》六十四卦卦卦相连,告诉我们,一个人要富而有礼,富而能仁,就会是我们平常所讲的福慧双全,既有福气,又有智慧。这样的人是很难得的。

什么叫作大有?它有四个重要的东西:第一个,叫作有公,而不是"有私"。现代人一想到大有,就想到最好都是自己家的,最好统统进到自己的口袋,这个是不长久的。第二个,有智。有智慧才知道真正的大有是什么。真正的大有不是物质的享受,物质的享受只会危害健康。现在稍微有一点钱的人,肚子就大起来,因为吃太多了;稍微有一点钱的人,身体就不好了,基本上都有"三高"。"三高"就是高血压、高血脂、高血糖,以前没有钱的时候,根本听都没听过什么"三高"。第三个,有仁。就是有仁心,就是把别人当人看。最后一个,有则。就是要有一定的原则。一个人做人没有原则,那这个人大有是非常危险的。当一个人知道了怎么用钱,再去赚很多的钱,这个人一辈子不会变坏;当一个人对钱根本没有概念,关于怎么用钱也没有原则,突然间得到一大堆的钱,十有八九都会遭殃。这些都是现成的事实,我们不要忽略。

> 大有卦有四个重要的东西:第一,有公;第二,有智;第三,有仁;第四,有则。——《易经》的智慧

大有生于无,这个更妙。它是无私、无为、无我、无欲,才有办法变成有公、有智、有仁、有则。大有使我们知道,大有是从同人发展出来

的,现在所有的大有的状况,完全是大家共同努力的成果,不是某一个人独立能够创造的。

大有卦告诫我们,金钱是对人最大的考验。如果把金钱当作实现人生理想的工具,财富就会成就一个人;但如果把金钱当作人生追求的目标,财富只能带来灾难。那么,当一个人富有了,应该特别注意什么呢?

大有卦的大象说:火在天上,大有。君子以遏恶扬善,顺天休命。"遏"就是遏止的意思,"遏恶"就是把恶念适当地压住,消掉,恶行要改变,要转化。为什么大有卦大象特别说明要"遏恶"?就是因为一个人没有钱的时候,他是很守本分的,对人很有礼貌,也不敢有太大的欲望,可是稍微有一点钱以后,他的恶念就出来了,整个人就乱掉了,整个家庭就不像样了,所以大有卦大象特别提出要"遏恶",就是这个道理。

"遏恶"不够,还要"扬善"。"扬善"不是把好事情拿去到处吹牛,而是发扬我们善良的一面——平常看到穷人,想救济他,可是口袋里面没钱,现在稍微有了一点,看到需要帮助的人,就多少帮助他一点。

"遏恶扬善",这四个字为什么摆在大有卦里面?这就特别提醒我们,当我们大有的时候,第一个,我们的恶念会不断产生,以前没有机会、没有能力做坏事,现在开始有了,这就糟糕了,如果不能遏恶,就会害死我们自己。第二个,我们本来是有良心的,想做一些善行,而现在有能力了,却不想做了,因为想积小成大,再大,还要更大,最好能够比任何人都富有,成为首富……这样的话就什么事都不要做了。

接下来大象特别提醒我们,"顺天休命"。"休"是美好的意思,"休命"就是美好的使命。我们作为人,只要有机会,只要有能力,就一定要顺着天理良心,来完成我们这辈子之所以为人的美好的使命。这才是读《易经》所需要的一种觉悟。如果读《易经》读了半天,只想从中得到

第三十四集 为富要仁

好处,只想把自己的坏处推给别人,那就读出小人来了,还不如不读。《易经》希望我们变成君子。所以大象里面,有一个"君子以",就是君子看到这种自然现象,会用什么样的方式,来把它变成人世间的一种美德。

其实整部《易经》就是告诉人们如何把自然的规律运用到生活当中,而六十四卦就是人生的六十四种情境,大有卦就是告诉人们如何对待财富。那么,大有卦的六个爻,分别代表了什么?对我们的生活又有着怎样的指导意义呢?

接下来我们就把大有卦的六个爻做一个阶段性分析。我们先从初九爻看起。初九爻辞(图34-2)只有简单的三句话:*无交害,匪咎,艰则无咎*。

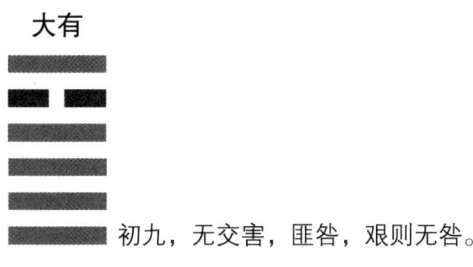

初九,无交害,匪咎,艰则无咎。

图34-2

这三句话到底是什么意思?"匪"就是非的意思,"匪咎"就是不是咎,不是后遗症。下面又告诉我们,"艰则无咎",就表示这个"匪咎"还是可能有咎。"无交害","交"就是近的意思,"无交害"就是没有近距离的害处,没有短时间的忧虑。一个人刚刚进入大有卦,感觉自己一切都有了,没有什么值得忧虑的——没问题,我赚了八辈子都用不完的钱;没问题,我的房子七级地震都动摇不了;没问题,我的仓库里样样都有,还有什么好忧虑的? 一个人没有近忧,就必定有远虑。因为没有忧患意识,警觉性就开始放松,什么事情都大意了。

初九告诉我们,作为全卦的基础,进入大有时,一定要坚持基本的原

则,就是不要失掉忧患意识。《易经》最宝贵的就是忧患意识,忧患意识不是怕东怕西,什么都恐惧,而是要提高警觉,预先防范。"无交害"是提醒我们,目前没有近忧,就不可能有远虑,没有近忧又没有远虑,虽然这不是咎,但是我们会自满自大,会放纵自己,将来就可能有咎了。

所以我们就要注意后面的四个字,"艰则无咎"。我们要时常回想,今天的局面得来不易,是很多人吃尽苦头,才有的一点点成果,我们要特别注意,不要毁在自己手上,否则会对不起自己,会于心不安。这样一来,我们就会维持高度的警觉性,不忘记当年的艰难,很多事情也知道要合理节制,那就"无咎"了。只要我们忘记了当年那种艰苦的情况,马上就有咎。但是很多人很难过这一关,因为人是最容易遗忘的动物。我们有了痛苦的经历,不是要一辈子去埋怨,一辈子去后悔,而是要汲取其中的教训,只要能够一生不忘记,就不会重犯。但是我们往往很容易忘记当时跟人家借钱的尴尬与压力,当时"一分钱难倒英雄汉"的急迫感与绝望,全都忘光了。稍微有点钱,就跟钱有仇了。"艰则无咎",就告诫我们,永远不要跟钱有仇。有个人以前穷得要命,买不起牛仔裤,后来有钱了,一口气买了20条牛仔裤,这样做又能报复谁呢?不过是跟他自己的钱过不去而已。

初九如果大意的话,是很危险的,所以爻辞才会特别提醒说,"艰则无咎"。刚刚进入大有的人,千万不要忘记当时自己所经历的艰难,时时刻刻铭记在心,要珍惜现在拥有的,不要随便去破坏大有的环境。

大有卦初九爻告诉我们:虽然生活富裕了,但是不能忘记曾经的艰苦历程,要时刻保持忧患意识。"大有"除了大获所有的解释之外,还有另外一层含义,就是大家都有,也就是说要学会分享。那么,大有卦的九二爻是如何说明这个道理的呢?

九二爻辞(图34-3):**大车以载,有攸往,无咎**。以前用人拉的车叫小车,用牛拉的车叫大车,大车载的东西多,载的东西重。"载"就是要

第三十四集 为富要仁

流通的意思，因为现在有了，要跟人家分享，要互通有无。九二为什么会"有攸往"？就是因为它跟六五相应，就是说上面有人支持、赏识，九二又有足够的资源，并愿意跟六五分享，自然就"有攸往"，从而也就没有后遗症。

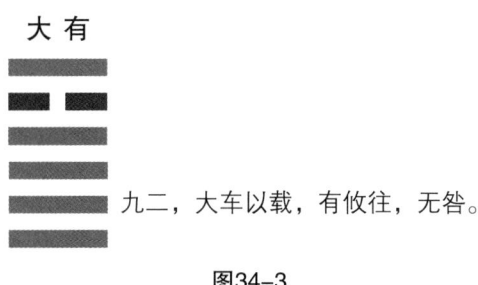

图34-3

九三跟初九、九二一样，都是阳爻，而且这三爻组成了下卦乾卦。那么，九三与初九、九二有什么不同呢？九三处在下乾的上位，爻辞（图34-4）特别提醒我们：**公用亨于天子，小人弗克。**

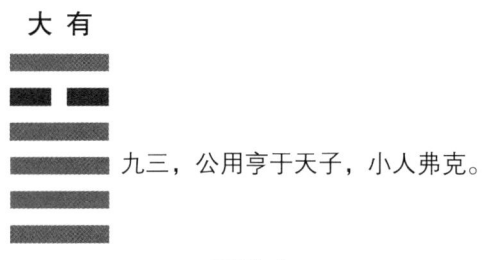

图34-4

这里的"亨"通"享"，"弗克"就是克制不了自己，"小人弗克"就是小人克制不了自己。九三不太可能是小人，他阳刚、积极，知道自强不息，夕惕若厉，有高度的警觉性，怎么会变小人呢？这就告诉我们，九三这个位阶在古代是王公的位置，地位已经相当高了，再加上物质丰盛，爱怎么样排场都可以，于是九三就慢慢地开始僭越了——使用本来不是他这个等级应该使用的礼器、奉献与祭祀的方式，因为九三觉得天高皇帝远，皇帝大概不会注意到自己。这样九三就很容易摆阔，排场摆得跟天子一样。僭越其实是犯忌的，因为这会使人家以为九三好像有意要争天子的权位，夺天子的权势。

所以爻辞才提醒说，如果过分的话，就会变小人，能自己克制自己，就是君子。"弗克"就是克制不了自己，觉得自己有充分的资源，而且天高皇帝远，所以爱怎么样就怎么样。九三爻辞另外一个提醒就是说，只要我们有这种行为，小人很快就会去向上面打小报告，引起上面的注意，我们就会吃不完兜着走。这种事情，是随时都会发生的。另外，九三爻辞还告诉我们，自己享用没有关系，但要想到上面毕竟还有六五，我们应该要跟他分享，今天叫作上缴，以前叫作朝贡。因为整体里面有部分，部分合成才有整体。所以，九三有东西用的时候，不要忘记除了照顾底下的初九跟九二以外，还要跟上面的六五分享。因为六五不能直接生产，只能靠来自各方的物质支持。从古至今都是这样。

九三要特别小心，因为九三所处的位置是下卦的极位，稍微过分，就会后患无穷，就会变成小人。

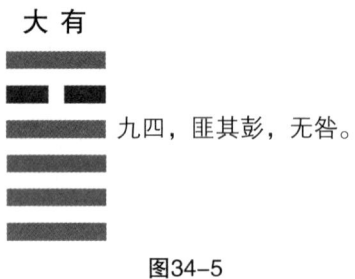

图34-5

从九四开始进入上卦，大有卦的上卦是个离卦，代表光明。九四爻辞（图34-5）：**匪其彭，无咎**。"匪其彭"，意思是说不要过于盛大、庞大，否则就跟九三一样了，目标太过显著，只会使自己倒霉。因为九四跟六五靠得很近，六五不一定看到九三的僭越，但一定会看到九四的不合规矩。如果六五心想：你弄这么大的排场，心目当中还有我吗？是不是准备要取代我？那九四就糟糕了！

虽然富裕了，但是为人处世要低调，不能大肆宣扬、铺张浪费，这也

第三十四集 为富要仁

就是俗话说的"人怕出名猪怕壮"的道理。有些人富裕了以后,常常用钱财来拉拢别人,取得别人表面上的尊重。其实这样的关系是虚假的,不会长久。那么富裕了以后,应该如何塑造自己的形象呢?

再来看看六五,六五是阴爻居于阳位,是不当位的。但是虽然六五不当位,可是在整个都是阳刚的大范围里面,六五反而得利。无论是阳爻还是阴爻,居的位置不同,它的状况就不一样。现在这一阴爻来到了原本是飞龙在天的位置,而它本身又具有黄裳元吉的特性(图34-6),所以它在这个位置是非常好的。就是说六五能以自己的虚心,造成大家都很重视道德修养的氛围,这种状况很难得。

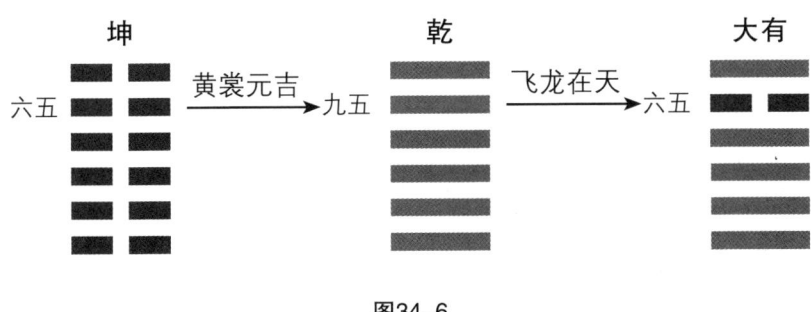

图34-6

六五爻辞(图34-7):*厥孚交如,威如,吉*。"厥孚"就是他的诚信。六五用诚信,来跟其他五个阳爻交往,因为六五具有黄裳元吉的特性,五个阳爻从心里头欣赏、拥护他,他不用摆出威势,就好像自然有威严在,因此吉祥。

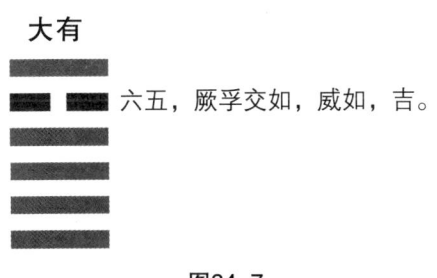

图34-7

大有卦的上九跟其他卦的上九或上六不太一样，别的卦里一般到了最上面这一爻，总会物极必反，爻辞总是提醒我们会有麻烦，但是大有卦上九反而很好。爻辞（图34-8）是：**自天佑之，吉无不利**。意思就是说上九高高在上，眼看着下面的人都争相去依附六五，他很高兴，他根本就不需要再做什么动作。但是他会告诉大家，要凭良心，要照天理去走，才能够收到天人合一的效果。而只有天人合一，才能够使这种大富有的局面维持比较长的时间。

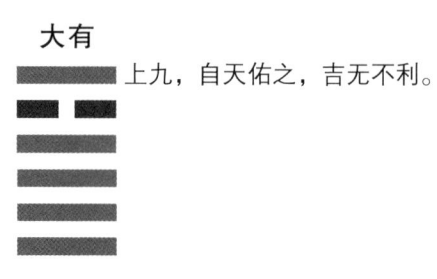

图34-8

我们将大有卦的六个爻看完了，自然就清楚应该怎样过大有的日子，怎样调整自己的心态。如果我们平心静气，把同人、大有这两卦好好地看看，研究怎么样从天下有火造成天上有火，那么我们一定会有很光明的未来。

按照《易经》的卦序，同人卦、大有卦之后，就是谦卦。这就告诉我们，要想长期维持大同的局面，就要大家重视谦的修养，谦虚，谦让，如果不能做到这样，那大同的局面很快就又乱掉了。谦卦是六十四卦里面唯一的六个爻都好的卦，是非常难得的一个卦。每一个人都做到谦恭合礼，世界大同就能够比较稳定地发展。所以我们下一集就要来研究：谦恭合礼。

易经的智慧·第三十五集

谦恭合礼

《尚书》中有一句古语，"满招损，谦受益"；而在《易经》中也有一卦，以"谦"命名，可见中国的传统文化，极其重视谦虚的品德！然而，怎样做才是真正的谦虚？处于竞争激烈的现代社会，谦虚又会不会有碍成功呢？

第三十五集　谦恭合礼

《易经》八八六十四卦，严格说起来，没有好坏的分别，因为六十四卦代表的是人生百态。所以我们在看一个卦的时候，心里头先不要有好坏的区别，就算碰到我们认为很坏的卦，也应该积极地因应，这样会比较好。但是有个大原则是基本不变的，就是卦名听起来很好的，卦爻辞经常会提出一些警示；而那些卦名听起来不太好的，卦爻辞会给我们鼓励，反而都是比较好的。通常一个卦里面至少都有一两个爻会提示我们要高度警惕，唯一的例外就是谦卦。谦卦是唯一六爻皆吉的卦，六个爻的爻辞都是好的。可见，一个人从小到老，只要能够保持美好的谦德，做人谦虚，对人谦让，修养自己宽阔的心胸，不与人斤斤计较，对自己是非常有利的。

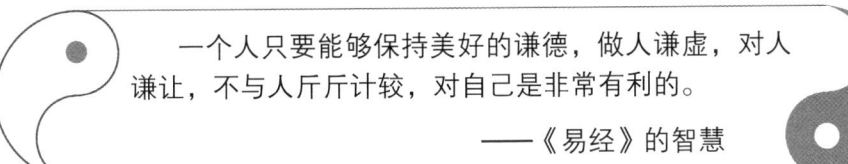

一个人只要能够保持美好的谦德，做人谦虚，对人谦让，不与人斤斤计较，对自己是非常有利的。
——《易经》的智慧

谦卦的卦象（图35-1），下面是艮卦，就是一座山，上面是坤卦，就是大地。

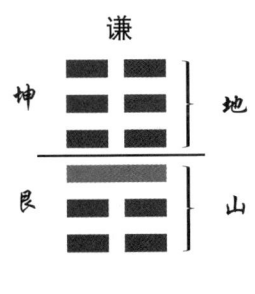

图35-1

我们放眼去看大自然，所有的山都是在地的上面，而谦卦的卦象是山躲在地底下，这是不是很奇怪？地中有山跟地上有山完全是两码事。山躲到地底下去就表示它充分谦虚，把空间都礼让出来，给人一种感觉，就是它很守分，本来可以很伟大的，却表现得很平凡。一座山如果高耸在平原之上，它的命运就很难讲，这就好比做人一样，高高在上的人，自以为很神气，往往会被人当作攻击的目标。而谦卦显现出山躲到地底下去的卦象，让人根本连山都找不到，更不可能去铲平山了。这就是谦最大的功能。

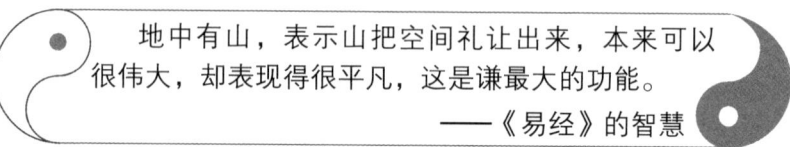

地中有山，表示山把空间礼让出来，本来可以很伟大，却表现得很平凡，这是谦最大的功能。
——《易经》的智慧

一座山躲到地底下去，很委屈，可是山还是山，并没有因为人们看不见它就整个化掉了，最后九三那一个阳爻还是存在着。整个的谦卦只有一个阳爻，其他五爻都是阴爻，如果连九三爻都变成阴爻的话，那山就不存在了，谦卦就变成坤卦了。所以我们可以想象得到，谦卦是从坤卦演变而来的，就是乾卦的九三，进入了坤卦，就构成了谦卦（图35-2）。乾卦九三的爻辞我们已经很清楚了，就是*君子终日乾乾，夕惕若厉，无咎*。这就告诉我们，一个人终其一生都应该进德修业，把自己的品德不断修养好。

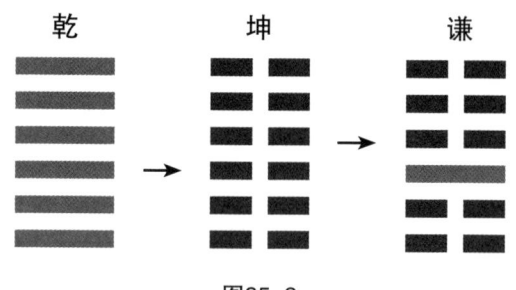

图35-2

建议大家以后看每一个六爻卦，都要先从整体上看它给你的第一印象像三爻卦中的什么卦。谦卦上卦的第四、五、六爻都是阴爻，下卦的第一、二爻也是阴爻，全卦只有九三一个阳爻，如果把上面的三个阴爻看成

第三十五集　谦恭合礼

一个阴爻，把下面的两个阴爻也看成一个阴爻，就会发现整个卦就相当于上下是阴爻，当中是阳爻的坎卦（图35-3）。

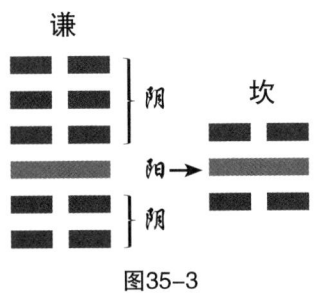

图35-3

这也就告诉我们，人生会经历持续的艰难险阻，而谦卦最主要的目的就是突破人生的各种艰难。我们要明白，不管碰到什么样的问题，什么样的阻碍，只要谦虚礼让，放低姿态，懂得委曲求全的道理，凡事都能化解。记住，退一步海阔天空，不要过于斤斤计较，以免弄得大家都很难堪。从这里我们就可以体会到，谦虚实在是一种美德。

人的一生不可能是一帆风顺的，而且越是处于人生的顶峰阶段，就越会遇到各种艰难险阻，这正是所谓的"高处不胜寒"。此时更需要隐藏自己的锋芒，谦恭待人。其实无论在什么样的处境之中，只要能够保持谦虚的美德，都有利于突破人生的艰难险阻。那么怎样才能做到真正的谦恭呢？

看到谦卦，我们应该时时刻刻告诉自己，天外有天，人上有人，不要自以为了不起，惹得人家不高兴。要做好谦卦，需要在哪些地方多加注意呢？我们看"谦"字的写法："谦（謙）"，左边是一个"言"，右边是个"兼"，言就是说话，兼就是兼顾的意思。所以，"谦"的意思就是每说一句话都要兼顾到他人的感受。如果一个人讲话没有顾忌，旁若无人，爱怎么样就怎么样，这个人就已经不谦了。人多的地方，讲话声音大的，不谦；看到什么事情，不顾别人感受就去批评人家的，不谦；其他人都安安静静，独自一人放声大笑影响他人的，更是不谦……

有一次，我在飞机上就碰见了这样一件事情。我坐的是商务舱，空间很小，里面只有几个人，其中有一个女客人旁若无人地一直在拍她的手，其他人都用异样的眼光看她，可是她根本不在乎。这个人就是没有谦的素养。要拍手，回自己家里，爱怎么拍都没人管，但在飞机上，在公共的场合下，怎么可以这样为所欲为呢？

谦卦卦辞（图35-4）：亨，君子有终。

首先谦是很亨通的，它没有阻碍。最主要的是君子要有终。"终"是什么意思？就是始终如一。让一时容易，让那些比自己强势的人也容易，但要始终如一地保持高度的谦让是很难的。为什么谦卦特别重视有终？就是说一路走来能够坚持到最后一分钟，那就没问题了；如果只坚持到一半，那就太危险了。我们常常讲，"行百里者半九十"，就是说跑一百里的人，不要以为跑了五十里就算跑了一半了，跑了九十里才勉强算一半而已，要有终，坚持到最后一个点，那真的是非常困难的。

图35-4

如果自己的一言一行，都是在关注到别人的感受之后而做出的，这样就是谦虚。但是，在任何情况下都谦虚如一，是说起来容易，做起来难，那么，应该如何时刻保持谦虚的态度？另外，提到"谦恭礼让"，有些人就会拿孔子说过的"当仁不让"做借口，那么这两者是否矛盾？人们又应该怎样选择呢？

很多人说："我礼让，但让到不能让的时候，我就当仁不让。"那当

第三十五集　谦恭合礼

然可以，但是需要注意的是要有仁在的时候，才可以当仁不让。仁就是人与人之间的关系，如果离开了仁，就没有理由不让了。

把谦卦的卦辞倒过来，就是君子有终，亨。这也说得通，意思就是说作为一个君子，不管碰到什么样的状况，都要能够谦让，能够谦恭有礼，那他这辈子自然就很亨通而没有阻碍。

我们再看谦卦彖辞：谦，亨，天道下济而光明，地道卑而上行。天道亏盈而益谦，地道变盈而流谦，鬼神害盈而福谦，人道恶盈而好谦。谦尊而光，卑而不可逾，君子之终也。

"谦"是卦名，而谦卦带给我们的主要是一种亨通的气氛。"天道下济而光明"是什么意思？我们看到，谦卦里只有一个爻是阳爻，就是九三爻，这个阳爻本来是在上面的，现在下降到了三个阴爻的下面。就告诉我们，天气会下降，才会使得万物生长，如果天始终认为自己是高高在上的，舍不得下来，那地就得不到好处，万物就不能生长了。所以天气下降，万物生长，叫作"天道下济"。我们看到阳光是往下走的，阳光普照，不但万物都受到好处，而且一片光明。

"地道卑而上行"，地道本来是在底下的，"卑"不是指高贵不高贵，只是说位置比较靠下面，而它会"上行"。因为地气蒸腾，会往上走，到了天上，成为天气，又会往下走，以此构成整个的循环。

"天道亏盈而益谦"怎么理解？"亏"就是减少，"益"就是增益。天道的作用非常单纯，就是说这个人多了，就让他减少一点；而那个人由于很谦让，所拥有的本来就少，天道反而增加他一点，即老子所说的"天之道，损有余而益不足"。我们从大自然中也可以看得很清楚，这边沙土多得凸起来，一阵风一吹，就吹到那边去了；低洼的地方，一阵风将沙吹过来，就被填满了。这也是天道。

"地道变盈而流谦"的意思更清楚了。我们看水就了解了，一句话讲完了，水往低处流。大海什么事情都不用做，它里面的水永远是满满的，就是因为它放低姿态。"变盈而流谦"，"变"就是改变，"盈"就是充满，改变满盈处水的流向，让其流去充实那些低处的地方。这是我们随时

可以看到的现象，几乎没有例外。

"鬼神害盈而福谦"，"鬼神"是一股看不见的能量，我们把它叫作冥冥当中有一只看不见的手。我们时常用"鬼神"来做不能解释或解释不通的事物的代名词。我们往往会感觉到奇怪：在不知不觉中，盈满的、东西多的好像减少了，但是怎么减少的，我们也搞不清楚；可是那些比较客气，比较老实，比较缺少的，往往会得到福气。

"人道恶盈而好谦"，就是说贪得无厌的人，总是不受人喜欢的。我们会喜欢那些比较谦让的，比较能够知足的人——"这样子已经够了，不要再给我了"，我们反而很欣赏这样的人。因为谦卦的内卦是艮卦，艮卦是山，有止的意思，就是说要适可而止。如果一个人欲望无穷，苦恼都来不及，更不可能亨通，所以只有适度地约束自己的欲望，适可而止，才会亨通。

谦卦中的下卦是艮卦，其实是想提醒我们，做人要适可而止，在欲望面前懂得知足，才能常乐！但现实中，一些人却认为太容易满足，就会失去进取心。那么，是不是总是谦虚礼让的人，就没有成功的可能？怎样做才是适度的呢？

接着看谦卦的象辞，"谦尊而光"——谦很尊贵，而且很有光彩；"卑而不可逾"——虽然姿态很低，但是无法超越。

历史上有一个人可以做这句话的注解，就是郑和。郑和小时候可以说是倒霉透顶，十岁的时候就被阉割成太监。可是郑和很会发挥谦的力量，做到最后受封三宝太监，成为明成祖最信任的人，明成祖还把下西洋这样重大的任务交给了他。为什么下西洋任务重大？因为首先从来没有人做过，郑和是第一个；其次，郑和下西洋时带领庞大的舰队，行程之远几乎遍及半个世界，也是有史以来的第一次。如果当时郑和心生二意的话，他大可以建立一个海上王国，甚至于可以推翻明成祖。可是明成祖特别信任他，而他也并没有辜负明成祖的信任。

第三十五集　谦恭合礼

象辞最后一句话是"君子之终也"。郑和能够这样，是因为他从小到老都坚持走谦道，有始有终。一般人往往是有始无终的，不得不忍耐的时候，很谦虚；稍微有一点成就的时候，马上就变成另外一个人，不可一世，狂妄至极。曾经有人问郑和："你为什么能够做到这样？"郑和一生只相信一句话，这句话跟谦道有密切关系。郑和说："公道自在人心。"——就算我一时受到了冤枉和委屈，我默默地承受，因为终究有一天会水落石出，真相大白，大家会还我一个公道。

我们再看看《序卦传》，它告诉我们为什么谦卦会摆在大有卦的后面。《序卦传》说：**有大者，不可以盈，故受之以谦**。一个人什么都有了，还贪得无厌，水缸里的水已经充满了，还不够，非要弄到水缸里面的水都溢出去，还舍不得跟别人分享，那一定是不合天道的。大有得来不易，大有的状况之所以难以保持，就是因为德量不足，经不起财富的引诱，一旦富贵而骄，就会得罪很多人。如果你知道得罪了人，还能够加以提防；但如果是不知不觉得罪了很多人，那人家在暗处，你在亮处，就会防不胜防。化解这种状况的方法只有一个，就是谦恭礼让。所以，大有卦之后紧接着就是谦卦，就告诉我们，在大有的状况之下，要提醒自己谦虚，谦让，凡事退一步想。

我们读了谦卦之后，要记住有时候有一点小缺陷，对我们反而是有好处的，吃点亏没有什么关系。

孔子提出的"富而好礼"，正阐明了谦卦的要义，那就是提醒人们，无论是精神方面还是物质方面充实了之后，都要避免骄矜浮躁；要懂得谦虚，学会分享。除此之外，谦卦还告诉人们吃亏是福，这又是怎么回事呢？

中国人经常讲一句话："天道忌满，人道忌全。"老天爷看到水池里的水满了，一定会让水流出来；看到一个人样样都要求全，一定会让他有缺陷。比如乾隆皇帝，自认为是十全老人，样样齐全，结果死了以后被盗

墓者把尸体挖得乱七八糟。乾隆皇帝生全死不全，也可以证明人道不能太求全。

我们要记住一句话：满招损，谦受益。只要一个人谦虚，人家就算不照顾他，最起码不会把他当敌人，不会打击他，他就得到很多的好处；一个人很自满，觉得自己很有信心，往往不会得到好处。今天很多人喜欢讲"我充满了信心"，我们从《易经》的角度来看，那是没有好处的。

我们再来看谦卦的大象：**地中有山，谦。君子以裒（póu）多益寡，称物平施**。"地中有山"，地里面怎么会有山呢？这种状况我们肉眼永远也看不到，可见这是想象的。就是说一个各方面都很了不起的人，能够委屈自己，是很难的，是非常不容易的。

谦卦是分两段的，下面叫作艮谦，上面叫作坤谦（图35-5），所以谦谦君子，虽然也可以解释成谦之又谦，但实际上是告诉我们谦卦分两段：艮谦与坤谦。一个人能将很伟大的自我感觉放在心里，而表现得很谦虚，这就叫作艮谦。比较而言，艮谦比较容易做到。一个人根本忘记了自己有什么伟大之处，自觉平凡，他的伟大是别人看出来的，他就到了坤谦的境界。坤谦是很难做到的。

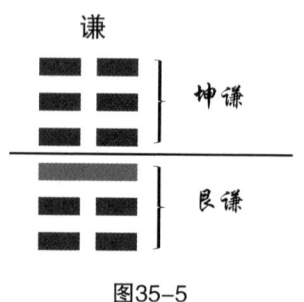

图35-5

大象告诉我们，看到地中有山的谦的卦象，"君子以裒多益寡，称物平施"。"裒多"就是减少多的，"益寡"就是增益少的。这样我们才知道，为什么自古以来老百姓最喜欢劫富济贫的人。当然以现在的眼光来看，人不可以劫富济贫，那是政府的事情，政府要想办法去调整，让贫富差距不要太大。我们不能再像以前那样，仅凭一股侠义之气去劫富济贫。

第三十五集　谦恭合礼

但是我们今天倒是应该好好想想，为什么长期以来我们都很喜欢侠义精神？其实这也是从谦卦里面得到的启发，减少多的人所拥有的，增加给少的人。

"称物平施"，"称"就是权衡、衡量的意思。"称物平施"就是说好好衡量一下每件事情，我们就知道要比较公平地去施与，让大家都过好的日子。我们要记住，不是每个人一律平等，就叫平等。我们应该回想到泰卦九三爻辞，它讲得很清楚，"无平不陂"。《易经》中所讲的"平"，其实都含有不平的成分在里面，不平才是平，真正的平反而不平，这种话要用《易经》的思维才有办法理解。

谦卦告诉人们，谦虚处世，必然亨通。谦虚的人不仅在事业上能够得到他人相助，在精神上也能得到与人融洽相处的快乐。因此现代人更应该以"满招损，谦受益"的古训为戒，重视谦德。然而，人们如何才能培养出谦虚的美德呢？

谦是一般人很容易忽略的，因此我们真的要把谦卦好好了解一下，它会彻底改变我们的人生。要培养谦德，最好是从家里做起。如果一个孩子没有养成谦虚的习惯，从小称霸王，最后他一定倒霉，去了学校，不仅跟同学处不好，甚至连老师都会不喜欢他。

我们应该知道人的自由是有限制的，假定一个空间里面只有一个人，那这个人当然还可以有比较大的自由，但是当一个空间被两个人共同占有的时候，也就是说一个空间同时存在两个人的时候，个人的自由就马上减掉了一半。住在同一个房间的两个人，一个要开灯，一个要关灯，自然就吵起来了。当我们与别人分享同一空间时，要开灯之前，必须先询问对方，我现在可以开灯吗？要关灯之前，同样也要先征求对方的同意。像这些观念从小就应该养成，否则的话，要与别人和谐相处是非常困难的。

有这样一个故事：有两个人同住在一个寝室里面，其中一个人有一个很奇怪的习惯，每天晚上回来他不坐下来脱鞋子，就单脚站着，抬起另一

只脚,把鞋带解开,鞋带一松,鞋子"砰"一声就掉在地上,然后以同样的方式脱另一只鞋,又是"砰"的一声。另外那个人回来得比较早,很累,早早就睡觉了,这个人脱鞋产生的"砰——砰"两声就把他吵醒了。于是他对那个站着脱鞋的人说:"你不能坐着脱鞋吗?"那个人忙不迭地道歉。但是第二天依然如故。我们可以想见这两个人怎么能相处得好呢?有一天晚上,这个人回来了,单脚站着,抬起另一只脚解鞋带,鞋带一松,鞋子"砰"一声掉在地上,他马上反应过来,自己这样不对,于是他就赶紧坐下,静悄悄地把另一只鞋脱了下来。这是不是很好呢?不见得。第二天早上,那个被他吵醒的人说:"你真是害死人了!"他说:"我怎么害死你呢?我发现错误马上就改了。"那个被吵醒的人说:"你后来改了有什么用!我一直等第二声等到天亮,你干脆一点,我还可以早睡。"可见,人与人之间的感受,只有自己才能够体会,外人永远不能够了解。

如果能把这些道理从小就在家庭里面沟通,慢慢培养良好的习惯,我们一生一世都受用无穷。因为谦虚是要靠每一个人自己去体悟,自己一步一步去实现的。

我们常常想到自己就忘记了别人,所以有一句话是每一个人都要好好去践行的:上半夜想想自己,下半夜想想别人。因为这个世界除了我们之外,还有很多人,大家要互动,难免有摩擦,所以我们必须事先防范。谦卦提醒我们事先防范,任何事情提高警觉,以不同的标准来衡量不同的事情,而不是以一个特定的标准强迫别人接受。

因此,谦卦才会分两段:一段是下艮,叫作艮谦;一段是上坤,叫作坤谦,合起来就叫作谦谦君子。而实际上谦谦君子的"谦谦",前面的"谦"是修己,后面的"谦"是安人,就是孔子所讲的"修己安人",这是谦谦君子比较深刻的寓意。我们下一集就要好好来分析一下,什么叫作谦谦君子。

易经的智慧·第三十六集

谦谦君子

人人都知道，谦虚是一种美德，会让人获益终生。然而谦卦特别提醒我们，一时谦虚并不难做到，难的是一辈子谦虚。那么，初入社会的年轻人，应该怎样保持谦恭的心态？功成名就的中年人，又应该如何发挥谦德，促使人际关系更加和谐？而德高望重的老年人，还是否需要保持谦虚呢？

第三十六集　谦谦君子

谦卦的卦象是山躲到地底下去了,但它基本上还是座山。这就告诉我们,一个人要谦虚,有个先决条件,就是这个人要很有实力,很有本事,有很好的表现,做出了一些贡献,才有资格讲谦虚。假定一个人根本什么能力都没有,什么事也不做,对整个社会也没贡献,自然算不上谦虚,那就是一句很难听的话,叫作无能。谦卦的卦象安排成一座山在地底下,就是告诉我们,一个人无论如何都要充实自己。我们今天老是讲要加强信心,要使自己能够有所表现,其实最重要的还是不断地增强自己的实力。

看卦为什么要先从最下面的一爻开始?因为初爻是基础。无论盖多高的楼,地基如果打不稳,其他什么都不用谈。

谦卦为什么不用初九,而用初六?就是告诉我们,要认识到自己现在不当位,因为是阴爻居阳位,以此来提醒我们,就算有实力也要谦虚,因为要看时机,看情况。作为一个刚入社会的年轻人,欲望要少一点,要求要少一点,这样机会才会多起来,但是有个充分的必要的条件,就是一定要能够胜任自己的工作,能够顺利完成工作任务。一个没有能力的人,欲望少,要求少,也没有机会,因为人家什么机会都不敢给他。

初六爻辞(图36-1)说得很清楚:**谦谦君子,用涉大川,吉**。不仅要修己,还要能安人,才有资格叫作"谦谦君子"。但是这是何等困难的事情!连孔子都说"修己以安百姓,尧舜其犹病诸"。既然连尧舜都很难做到,谦卦初六爻辞为什么会这样要求我们呢?其实孔子的意思是说,谦谦君子,修己安人的起点很低,但是终点是非常高的,值得我们一辈子去努力。我们一开始就要朝谦谦君子的目标去努力,而不是等到左右碰壁,受了很多挫折,撞得满头都是包的时候,才想到走修己安人的路。"谦谦

君子"告诉我们,修己安人是做人的起点。就是要我们充实自己的品德修养,充实自己所需的才能。等到我们把这些都充实了之后,使所有跟我们在一起的人都感觉到很和谐,很安宁,而不是弄得鸡犬不宁。

图36-1

初六这一爻,就已经把谦卦的基础讲得很清楚了。从小养成好习惯,不断充实自己,永远保持谦虚的态度,才会无往不利。

每一爻除了爻辞以外,还有小象,爻辞是提示这一阶段应该注意的重点,小象是进一步说明爻辞的。初六小象告诉我们:谦谦君子,卑以自牧也。"卑"是谦卑的态度,而不是卑贱。"自牧"就是自行约束自己。一个人要很谦卑地约束自己,才有机会变成一个谦谦君子。一个人一开始就自吹自擂,狂妄自大,他到哪里都不会受欢迎,因为他一开始的出发点就错了。很多年轻人一出社会就抱怨社会不公平,不给他机会,其实我们应该凡事反求诸己,反省自己有没有让别人给予机会的实力。

现代社会中,时常可以看到初出茅庐的年轻人,怀揣着梦想,努力奋斗的身影。对于这些年轻人来说,能否取得成功的关键不是能力的大小,而是取得成绩后,是否能保持谦恭待人的态度!年轻人如果能够秉持谦道,并不断提升自己的实力,便会受到他人的赞赏,而得到赞赏之后,更大的考验又是什么呢?

六二爻辞(图36-2):鸣谦,贞吉。为什么六二会用"鸣谦"?我们看到六二上面的三个爻是九三、六四、六五,就是一个阳爻上面两个阴

第三十六集 谦谦君子

爻，这是震卦的象（图36-3）。震就是雷，雷会发出雷鸣的声音，而六二正好在雷鸣的底下，所以六二爻辞用"鸣谦"。"鸣谦"是什么意思？就是上面的人称赞六二。我们知道按照《易经》的通例，第二爻基本都是多誉，所有的赞美多半会加给第二爻。因为有实力、修养很好的人，对于人家给的任务都能够很顺利地完成，自然就会得到升迁，从初六爻来到了六二爻，表现得更好，于是乎各方面的赞誉就产生了。"鸣"不是自鸣得意，自吹自擂，自己把自己想象得多伟大，而是上面的人就他所看到、所听到的，很诚恳地给予一些赞美。这样自然"贞吉"。

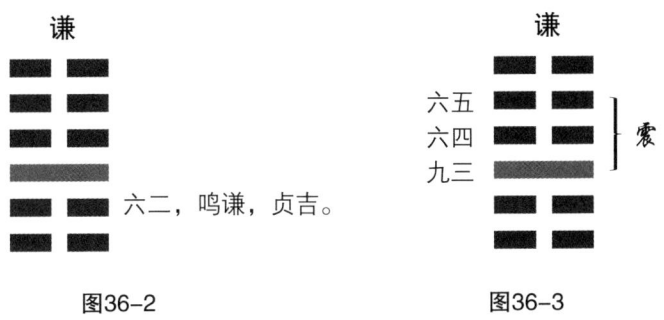

图36-2　　　　　　　　图36-3

"贞"是守正的意思。就是说我们不能因为得到了赞誉，就得意扬扬，到处去宣扬。六二、九三、六四这三爻，合起来是个坎卦（图36-4），就表示还是有高度危险的。

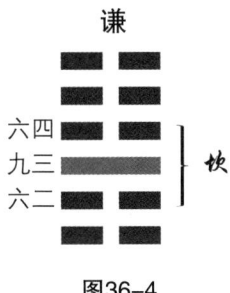

图36-4

因为虽然六二得到了上面的赏识和支持，假定还得到了公开的赞美，可想而知，周围其他的人一定会很不高兴，难免会嫉妒，会想尽办法打击，甚至抹黑六二。所以，一个人受到上级的赏识后，要提高警觉，雷声隆隆是让人提高警觉的，要更加守正，走正道，才会吉利，才会顺利。如

果一个人一旦得宠,就得意忘形,自吹自擂,那个"鸣"变成自鸣得意,那就不可能是吉,很可能是凶了。

六二小象说:**鸣谦贞吉,中心得也**。之所以能得到"鸣谦贞吉"的结果,是因为"中心得也"。"中心得也"就是说六二的位置很重要,六二并不太介意别人的议论,因为他心中很自在,很得正,他知道自己所得到的赞誉都是实至名归的,虽然还是保持谦虚的态度,但是他并不心虚。谦虚跟心虚是不一样的。一个人没有能力,专抢人家的功劳,把别人做的成果上报说成是自己完成的,以此得到很多虚名,那他心就虚了。而不管别人如何攻击,如何看不顺眼,如何讥讽,都能够毫不在乎的人,那一定是实至名归。从基层开始,我们就一步一步地踏踏实实做事,不图虚名,这一辈子才会踏实。有些人年纪轻轻,就得到一大堆虚名,越往上走越虚,那就叫作浪得虚名,最后有一天掉下来,结局是很难看的。

谦卦提醒我们,当一个人取得成绩时,更应该保持清醒的头脑,不贪慕虚荣,才能够真正做到实至名归。一个保持谦卑之心的人,才会得到更多升迁的机会,但是职务越高,责任越大,不仅工作更加劳累,人际关系也更为复杂。那么到了这个阶段,又应该注意些什么呢?

一个人有能力,表现出来并受到赏识,就进入了九三爻。九三爻是整个谦卦的卦主,因为其他各爻都是阴爻,只有九三是阳爻,物以稀为贵,所以九三就是这一卦的卦主。而且九三在山的山顶,是最硬的地方。这一位置其实是相当危险的,因为按照《易经》卦爻通例,三多凶。

九三爻辞(图36-5):**劳谦,君子有终,吉**。特别提出"劳谦",就表示尽管费尽辛劳,非常有贡献了,但还是要保持谦虚的态度,要坚持到最后,才叫作"君子有终",否则半途而废就变节了。"君子有终",就是坚持最初的志向,做一名谦谦君子,就算受到了很多赞誉,还是不改初衷,就算现在费尽辛劳,有了很大的贡献,也仍然要保持谦虚的态度,才会吉顺。一般人到了这个地步,就觉得很不容易了,就开始浮夸起来——

第三十六集 谦谦君子

没有我,你们有今天吗?要不是我,这件事会这么顺利吗?然后拼命吹嘘自己,使得本来很欣赏他的人都开始厌恶。

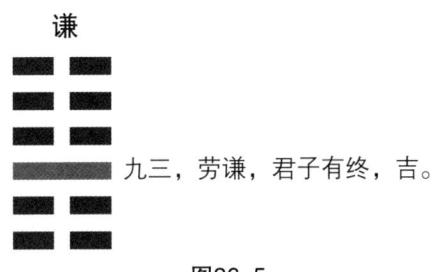

图36-5

这样我们才会知道为什么中国人受到赞美时,总会说"哪里哪里","不要客气","不敢当"。这不是虚伪,这体现了中国人彼此谦让的心情。我们有能力,也要感谢人家给我们机会表现,否则人家不给表现的机会,再有能力也等于零。中国人的个性就是,他说你好的时候,你越客气,他越认定你好;可是当他说你好的时候,你如果毫不客气地像外国人一样说"谢谢,谢谢,谢谢你的称赞,我还要加倍努力",他心里马上就起变化了:稍微夸奖你一下,你还当真了,其实还差得远呢!

劳谦比鸣谦难。因为一个人在六二的时候,比较容易得到赞誉,上面人可以很放心地赞美六二,可上面人就不太容易赞美九三。就好比一个总经理会很放心地赞美一个领班:"你真是年轻有为,反应快,做事勤劳又负责,了不起……"什么话他都可以赞美,因为他知道领班抢不了他的位置。可是九三就不一样了,九三有相当的地位。如果一个总经理(六五)拼命去赞美一个部门经理(九三),那还得了?说不定哪一天,董事会对总经理不满意了,就把总经理换掉——我有九三在,我还怕你六五吗?我就把你换掉,把九三提拔上来。那这个总经理怎么办?有人觉得人不能那么小气,该夸奖就要夸奖,这是唱高调。

一个看得长远的人,会考虑有没有后遗症。如果九三表现得好,上面的人就拼命给他加高帽子,让他得意忘形,也是在害他。一个部门经理把本部门的工作做好,是他应尽的职责,不值得大惊小怪,更不必不停地

加以赞美。但是我们现在好像不这样认为,而是认为就应该多激励,多鼓励。激励与鼓励要把握好度。激励是一把双刃剑,搞不好就会伤害了自己,也伤害了别人。做好事,说好话,都要有条件,否则的话,会有很多后遗症。所以不要随便去激励、鼓励人比较好。

 做好事,说好话,都要有条件,否则会有很多后遗症。 ——《易经》的智慧

九三小象:**劳谦君子,万民服也**。"劳谦"不是说九三要劳苦,要有贡献。人家对九三真正的赞美不在这些,而在九三这么辛苦,有了这么多的贡献之后,还能很谦虚。是九三谦虚的美德,使大家心悦诚服。

到此下面的艮谦就完成了,就是说一个人要有实力,要有本事,才有资格讲谦虚。我倒要请问大家:本事跟能力有什么不同?

谦卦下卦中的三个爻依次提醒人们,在初涉社会、受到称赞,甚至是有了功劳之时,都不能居功自傲,而要时刻以谦虚自处,只有如此,才能使他人心悦诚服。然而,这一切还要建立在有真才实学的基础之上,要有真本事。那么,本事跟能力有什么不同?怎样才能拥有真本事呢?

一个有能力的人经常不表现则已,一表现都是很倒霉的。因为人性使然,一个表现好的人,他周围的人一定会看他不顺眼,会打击、抹黑他。现实生活中受到打击的都是有能力的人,而不是没有能力的人。所以,中国人要做有本事的人,而不是做有能力的人。本事是什么?本事就是虽然有能力,但是表现出来也不会受到打击,反而会受到欢迎。这就需要我们自己好好去斟酌,该讲的才讲,该做的才做,该讲到什么地步,该做到什么地步,都要用心拿捏之后再放手去做,否则的话,适可而止比较妥当。心平气和,才会很顺利地进入上卦。

我们看六四爻辞(图36-6):**无不利,㧑(huī)谦**。"㧑"是发挥的

第三十六集　谦谦君子

意思。第四爻其实经常是不利的，但是这里的爻辞先告诉我们，在谦卦，即使是在四的位置，只要做到了"𢪍谦"，发挥谦虚的美德，就会"无不利"。到了六四，要把下面所修到的艮谦，持续地好好地发挥到坤卦，往上要顺六五，往下要尊重九三，这样就好了。

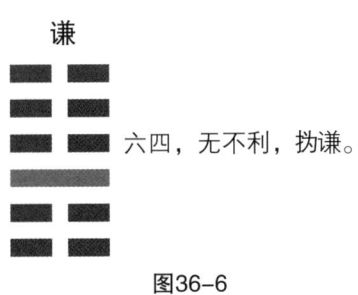

图36-6

六四小象说：**无不利，𢪍谦**。**不违则也**。就是说六四之所以能够"无不利，𢪍谦"，是因为"不违则也"。"则"就是自然法则，发挥谦德的时候，是自然而然的，没有一点做作。有的人只是嘴巴上谦虚，心里头一点不谦虚，这就是欺骗，就是伪装，那结果只有三个字：不持久。所以，谦虚要发自内心，而不是去训练表面功夫和嘴皮子，否则会自取其辱，因为那样只能骗人于一时，很快就会被拆穿，拆穿以后会很难看。

一个人谦虚一时很容易，做到言行谦虚也不难，但是要将谦虚作为人生的一种修养，发自内心地持续保持谦虚的态度却很难。一旦做到心中有谦，再加上一路走来所积攒的实力，总有一天能够功成名就，实现梦想。那么到那时，人们又该如何发挥谦德，使社会关系更加和谐呢？

六五爻辞（图36-7）：**不富以其邻，利用侵伐，无不利**。爻辞中没有一个"谦"字，却告诉我们，"不富以其邻，利用侵伐"，照样会"无不利"。"不富以其邻"，不用富有来引诱左右的邻居；不"利用侵伐"，不以威势来讨伐，这样就会"无不利"。一般来讲，人到了六五这个阶段，大都会用他的富、贵、权、势去跟邻居交往，以取得他应有的地位。

可是谦卦在这里提出建议：不要用自己的财力权威去威胁利诱，要改用自己的亲和力。《论语·八佾》提到"子入太庙，每事问"，孔子进入太庙，每事都问，他没有高高在上地自诩为礼的专家，听不进去别人的话，他以谦虚得到了大家的心。可见，我们要充分发挥自己的影响力，使别人也以谦虚的态度来对我们，大家就很和谐了。

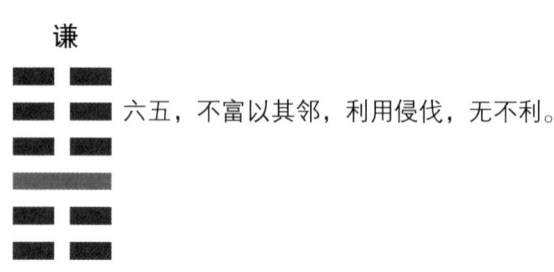

图36-7

六五小象：**利用侵伐，征不服也**。大家可能会有疑惑：谦卦要谦和，要和谐，怎么可以"侵伐"？六五小象讲得很清楚，"侵伐"是为了"征不服也"，征服那些不服从德化的。

德化就是用品德来感化整个社会。有少数人不接受德化，他们对德化没有感觉，甚至反感，觉得做人不必谦虚，有人赞美就该接受。一个运动员获得冠军后，欣喜若狂，我们绝不反对，因为那太难得了，一生只有一两次，但一般情况下，用不着这样，我们要告诉小孩子，平常不可以这样，这是两种不同的状况，否则小孩子就以为自己得了奖状也应该把奖状拿到街上让所有人都看到，那就糟糕了。如果一个人得到小小的奖励，就欣喜若狂、得意忘形，你还能对他有什么厚望呢？

人生苦短，若白驹过隙，转瞬即逝。当人们经历了意气风发的青年时代，度过了功成名就的中年生活，不免步入迟暮之年，过上清静悠闲的退休生活。那么此时，人们是否就可以不重视谦德了呢？又该如何正确发挥自己的影响力，使老年生活变得更有意义呢？

第三十六集 谦谦君子

上六爻辞（图36-8）：**鸣谦，利用行师，征邑国。**

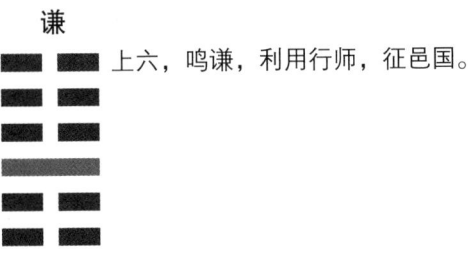

图36-8

我们可以看到，上六当位，而且它与九三相应，是谦卦六爻里面唯一相应的一对爻，意思就是说它底下有很好的基础。这里的"鸣谦"跟六二爻辞中的"鸣谦"是不一样的。六二的"鸣谦"是人家给六二的赞美，而上六的"鸣谦"则是说，谁不重视谦道，上六就以大佬的身份指责他，是谁不谦虚就给谁难堪的意思。上六的"鸣谦"是上六自己发出来的力道。接下来的"利用行师，征邑国"，是说上六甚至可以叫一帮人出来，一起来指责那些不重视谦道的人。因为这些事情六五不能做，六五就是老大，让老大做这些事情，那老大就很容易丧失亲和力。一个人到了国之大佬的时候，声望很足，有足够的威势可以去纠正那些不谦虚、破坏和谐的人和行为，而且人家也不会因此认为他很傲慢，态度不好。否则，六五不方便讲，上六不愿意讲，就统统变成滥好人了，社会就没有秩序了，也没有人来做这些事情了。所以看完了整个的谦卦以后，我们就知道为什么谦卦上六爻辞会突然出现"利用行师"，就是说只有这些平常养望，对社会很有贡献，受大家尊敬的人，才可以行使这样的影响力。

上六小象：**鸣谦，志未得也。可用行师，征邑国也。**按照《易经》的卦爻通例，到了上爻，往往都是物极必反，只有谦卦例外。为什么？因为谦是没有止境的。我有一次在机场，听到一个人跟他的朋友讲电话："你不要再谦虚了，再谦虚就是虚伪了。"我完全不懂，为什么谦虚会变成虚伪？虚伪就是虚伪，谦虚就是谦虚，这是两码事。谦虚是无止境的。

上六为什么"鸣谦"？因为"志未得也"。"志未得也"，就是说要

告诉自己，人生还没有走完，不能够自我膨胀，否则将晚节不保。有些老人家退休后耐不住寂寞，因为他们一向习惯于被人家捧得高高的，退休了，觉得好像突然间受冷落了，就受不了，就开始抱怨别人，整天追忆着自己以前的诸多贡献。那种"鸣谦"是很可笑的。

有这么一个笑话：一位批公文批惯了的干部退休以后，在家里闲着无聊，感觉到不得志，于是就让他的太太把每天要买的菜先开出菜单，由他批准后，才能去买。这是很可笑的事情，但确有其人，确有其事，这就是因为他"志未得也"。谦虚本来应该要一直贯彻到死去的那一天，但现在有人却把方向搞错了，只在一些无聊的举动上面做文章。

《易经》提供给我们一个正确的方向，叫作"可用行师"。上六应该发挥自己地位的影响力，去告诉那些不懂谦虚的人，什么是不应该做的，什么是应该做的，这就是上六的贡献。可是《易经》又提醒我们，千万不要骂到外国去，因为风俗习惯是不一样的。"征邑国也"，就是征服自家人，使我们的同胞能够和谐相处。

我们一再强调，说话是谦卦的重点，只要我们一说话，别人就会感受到我们是不是谦虚的。所以，我们一定要说妥当话，只要我们把话说得很妥当，让对方听起来很顺耳，既不讨他的欢心，也不要拍他的马屁，而要让他听得进去，使得他自己能做出适当的调整，就会达到预期的效果。这才是真正会沟通的人。把谦德发挥在日常的沟通上面，我们彼此之间就可以得到很欢愉的感觉。

谦卦后面紧接着是豫卦，告诉我们，谦虚、谦让的人会很愉快。可是豫卦不是单纯告诉我们要快乐，不是告诉我们人生要以快乐为目的，它告诉我们，快乐也要节制。我们下一集要一起来研究：乐极生悲。

易经的智慧・第三十七集　乐极生悲

每个人都希望自己天天开心、时时快乐。但是《易经》里的豫卦却告诫我们，快乐也要适时、适度，因为物极必反，乐极生悲。然而，快乐本是人生的美好追求，难道还要控制自己不去享受快乐吗？那么，这《易经》中的豫卦究竟包含着什么神妙玄机？所谓适度、适时的快乐，又会给我们带来哪些好处？

第三十七集　乐极生悲

上两集我们已经研究了谦卦，把谦卦颠倒过来就是豫卦（图37-1）。"豫"，用现在的话来讲，就是快乐、喜乐，再通俗一点就是高兴。真的就是这样吗？我们看过豫卦以后就会明白了。

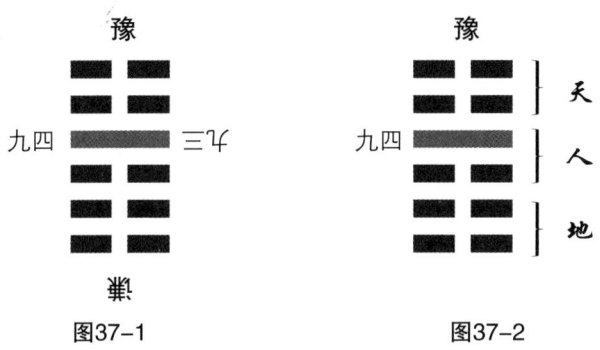

图37-1　　　　图37-2

我们先看豫卦的卦象（图37-2），五个阴爻一个阳爻，豫卦的阳爻在第四位。由此，我们就知道了，谦卦和豫卦的阳爻都在人位，谦不谦虚、快不快乐是人的事情，跟天地没有太大的关系。豫卦提醒我们，我们在享受快乐的同时，要警惕到自己很快就不乐了，这样想事情才合乎《易经》的一阴一阳之谓道。豫卦的主要目的是告诉我们，人生一定有喜乐，但是我们要有节制地喜乐，否则的话经常都是乐极生悲的。为什么会这么严重？原因很简单，一个人快乐或愤怒的时候，是最没有防御能力的。

豫卦大象说得非常清楚：**雷出地奋，豫。先王以作乐崇德，殷荐之上帝，以配祖考。**

雷从地底下"砰"一下出来的时候，我们有时会感觉很愉快，但如果是在不对的地点，不合适的时间，碰到这个状况，就会害怕。可见，并不是"雷出地"就一定会很振奋。"奋"的情况是有条件的，就是说我们此

时很安全,同时也有需要,而且做好了充分的准备,这时雷"砰"一下出来,我们会感觉很振奋。

《说文解字》中说:豫,象之大者。一般的象大家很熟悉,而"豫"是一种体积特别大的象。豫现在是河南省的代号,大家到河南去博物馆参观,会看见它是用两只大象来代表的。

体积特别大的象行动的时候,只能往前走,没有办法照顾到旁边。那么人到底是个子大好还是个儿小好?答案是各有利弊。个儿小的人多半比较机灵,反应比较快;个子大的人只顾往前走都来不及,哪里有办法去照顾到左右?这就告诉我们,一个人快乐的时候,往往会得意忘形,只顾到自己,根本照顾不到旁边人的感受,旁边人的怨气所造成的后遗症是要自己去承受的,所以我们要有所节制,否则会乐极生悲。

古代的明君称为"先王",圣明的先王看到雷打在适当的时间,适当的次数,会带给大家很好的效果,他就知道,要用"乐"来帮助推行礼制,所以,自古以来礼乐始终连在一起,所以象辞说"先王以作乐崇德"。我们切身也能感受到,一个人在轻松的氛围当中学习,在快乐的环境中做合理的陶冶训练,通常能收到良好的效果。

《易经》是在周文王手中完成的,而殷商离周文王的时代是最近的,以此为案例来说明是最好的方式。所以,孔子说:殷荐之上帝——我们的先朝殷商敬谢天地。其实天地就是自然的代表。雷打出来对农作物有帮助,对人的身体也有好处,我们应该谢天谢地。但是天地毕竟离人们很遥远,所以孔子就说"配祖考","配祖考"就是同时来配享历代祖先。中国人要祭拜祖先,就是因为我们认为祖先跟天地其实是一体的。孔子把天地和祖先联系起来,告诉我们,没有天地就没有祖先,没有祖先就没有我们,我们有今天的快乐应该感谢天地,感谢祖先。所以为什么中国人欢乐的时候,一定会喝点酒,一定会拜拜祖先,这不是迷信,这是一种不忘本的表现。如果没有祖先,凭我们自己哪会有今天的快乐?这也是谦虚所带来的一种美德。

第三十七集　乐极生悲

通常人们在快乐的时候，比较容易得意忘形，丧失判断力，难免就会发生一些乐极生悲的事情。但是即使如此，人们还是希望自己活得比别人更潇洒、更快乐。而豫卦却告诉我们，无论你再怎么开心快乐，都要有个度，还要分清场合。那么，假如我们把快乐的时间和开心的程度人为地控制起来，这还算是真正的快乐吗？而不被控制的快乐对于身在职场的我们，又会有哪些影响呢？

我们从初六爻开始看起，初六爻辞（图37-3）：鸣豫，凶。一开始就告诉我们，生于忧患而死于安乐。一个人在忧患的环境里面，他会提高警觉，会时时警惕，会好好用心，反而能活得好好的。一个人处于安乐的环境中，什么都无所顾虑，认为一切都没有问题，资源多的是，机会随时会有，就会忘掉身体只有一个，生命只有一次，死了就什么都没有了。

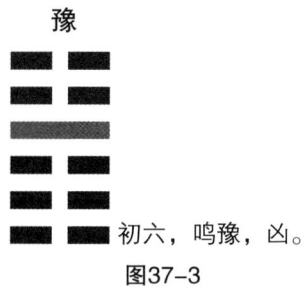

图37-3

我讲个例子：我们不管到什么地方去办事，银行也好，邮局也好，如果那里的工作人员两个人说说笑笑，我们会放心把自己要办的事情交给他们吗？一定不放心。我们会担心万一他算错了怎么办？而且我们会觉得他们很不应该，上班时间怎么能嘻嘻哈哈呢？这种情况现实生活中随处可见，工作人员在上班时间讲东讲西，说说笑笑，完全不把顾客的事情当一回事。如果这时候没有客人，互相谈谈天，有说有笑，那是很自然的，但来客人了，就要全神贯注，好好工作，不能再继续说笑了。

《易经》的阴阳其实就是开关，一个人的修养也是开关，该轻松就轻松，说说笑话也无妨，该认真就要认真，把该处理的事情专心致志地处理

好，这样才能得到别人的信任，才会有前途。如果一个团体里，一个基层的员工做到连上面的人都知道他整天嘻嘻哈哈地混日子，那这个人还有什么前途？还有谁敢提拔他？

我们可以从卦象看出来，初六是不当位的，其本身又是阴爻，是柔弱的，没有能力，不能做出贡献，而又喜欢玩乐，可想而知，初六的处境是多么的凶险。

我们倒过来想：难道整天上班的人就应该从早到晚像木头人一样规规矩矩？也不是，这样的人根本活不了。所以很简单，懂得豫卦的人就知道，豫卦的时间要合宜。当雷从地里头打出来的时候，会给万物带来一些动能，万物复苏，是有好处的。但是请问大家，打雷的时候，有人敢在水里游泳吗？没有人敢。而且大家会从雷打出来的时间开始计时，最起码半个小时以后才可以去游泳，否则实在太危险了。雷偶尔打出来，虽说是偶尔，它却要合时宜，不应该打雷的时候打雷，很麻烦；该打雷的时候不打雷，对大家都有伤害。

所以豫卦象辞最后那一句说，"*豫之时义大矣哉*"，就是说豫卦的时间要合宜，"时义"就是雷从地里面发出来的时间一定要合适，不合适的话，只有坏处没有好处。

正所谓一阴一阳之谓道，乐也要乐得合时宜。但是，假如我们取得了巨大的成功，获得了丰厚的利益，恐怕早就乐得把"合时宜"三个字抛到九霄云外去了。那么，豫卦是怎样教导我们做到乐得合时宜的呢？如果我们按照豫卦的要求行事，是不是既能开心快乐，又能避免乐极生悲呢？

豫卦摆在谦卦的后面，一定有其道理。《序卦传》讲得很清楚：*有大而能谦，必豫，故受之以豫*。一个人有了很大的成就，还能很谦虚，那这个人就会得到内心的愉快。内心的愉快要不要表现出来，是非常有学问的。这就要看"时义"了，应该表现的就要表现出来，不应该表现的再乐

第三十七集　乐极生悲

也不应该表现出来。我们很愉快,可是碰到人家悲伤的时候,我们要马上将自己的愉快之情收敛起来。《论语·述而》说:"子食于有丧者之侧,未尝饱也。子于是日哭,则不歌。"孔子如果到丧家去吊丧哭泣过,那他这一整天都不会再唱歌。

我们要乐,一定要记住:第一,要众乐,不能独乐。因为独乐乐不如众乐乐。当大家都不高兴的时候,你一个人高兴,对你是绝对没有好处的,因为你会引起大家的嫉妒,会招致大家的怨恨,这种无形的力量会对你造成很大的伤害。

豫卦没有以六五做卦主,而是以九四为卦主。比如说在员工同乐的时候,总经理不一定要做主,总经理做主会给员工很大的压力,会使得员工在玩乐的同时,还要顾虑、招呼他。我看到很多的总经理,凡是同乐晚会的时候,他都是不当主席的,会让员工自己推选一个当主席,而且他还经常会早退,因为他知道只有他退了以后底下的人才会比较自在地去欢乐。总经理在场,不过是要维持教化的目的,教化目的达成了,他就可以退了,这才是懂得"时义",懂得进退的人。如果总经理在同乐会上,从头坐到尾,还要上去讲一些大家听了几百遍的笑话,大家还要装作第一次听到,陪着他哈哈大笑……这种同乐有什么意义?只顾个人乐的乐是不长久的,要想办法使大家乐,而且在乐的当中能够学到东西,这才了不起。

寓教于乐,才算是真正懂得了豫卦。嘻嘻哈哈最后什么都没有,那是浪费时间。让员工在很开心很欢乐的气氛里面,知道要自我警惕,总经理就很了不起;让老百姓在安居乐业当中,不断地提高品德修养,政府就很了不起。年纪大一点的人就知道,以前公司如果有同乐会、尾牙(年终聚会)、周年庆、纪念活动等,都会让大家在高高兴兴中对公司有进一步的认识,大家在一起能够真正学到一些东西,这样钱才花得有价值。但现在公司都是请人来跳些乱七八糟的东西,员工只顾吃吃喝喝,反而觉得平常工作实在太辛苦,假如每天都能这样就好了。这完全是反教育。

第二,要适乐,要适当地娱乐,而不要过度。现代人都在追求感官的刺激,刺激了还要更刺激,刺激到现在大家都已经麻木了。以前我们只要

能够去听听京戏,就很高兴了,尽管当时吵吵闹闹的,听不太清楚,也看不太清楚,但我们很快乐。现代人的要求越来越多,因为感官的刺激是越来越强烈,最终弄得自己越来越麻木,一点兴趣都没有了。所以,人到底是越来越幸福还是越来越不幸福,我们从这里去体会就知道了。

第三,要懂得真正的快乐。在这里,我们要对现代人特别提出一个警示:现代人不懂得什么叫快乐。这一点大家可以仔细去观察,现在很多人只会傻笑,不懂得什么叫快乐。飞机上经常会播演一些喜剧片,有人就笑得很大声,这就是幼稚。你应该去想想:为什么人家都笑不出来?人家可能也会欣赏,但是人家没有笑得那么大声,不会吵到其他人。

我们为什么要众乐而不能独乐,为什么要合适地乐不能过度或者偏差地乐?那就是要预防乐极生悲。

俗话说:物极必反。乐极便会生悲,这就是《易经》所说的一阴一阳之谓道。而汇聚古老智慧的《易经》,不仅指出了物极必反的道理,还在豫卦中,以乐极生悲为例,给出了明确的解决方法。那么,我们在难掩开心快乐的同时,要怎样去做,才能避免乐极生悲呢?

我们的老祖先看事情看得很长远,想事情想得很深入,而且看问题的角度非常之高明。我们看到豫卦六爻的爻辞,除了九四以外,大部分都是凶险的(图37-4)。这就在不断告诉我们:要居安思危,千万不要乐极生悲。

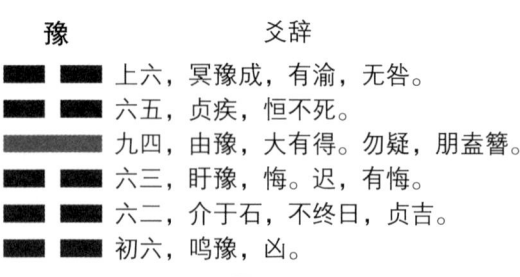

图37-4

豫卦彖辞:豫,刚应而志行,顺以动,豫。豫,顺以动,故天地如

第三十七集 乐极生悲

之,而况建侯行师乎?天地以顺动,故日月不过而四时不忒。圣人以顺动,则刑罚清而民服。豫之时义大矣哉!

"豫,刚应而志行,顺以动,豫",为什么前面后面各有一个"豫"?前面的"豫"告诉我们豫卦是什么。"刚应而志行","刚"是指九四爻,因为其他爻都是阴爻,只有九四爻是阳爻。"刚应",是指九四跟其他五个阴爻对应,意思就是九四不是只顾自己乐,他使得大家都乐,只要有人不乐,他就开始要节制了。如果九四把欢乐带动得非常好的话,全体都受益;如果带错了,可能会造成很大的伤害。所以一定要小心,不能随便召集大家来乐一乐,否则后遗症是无法想象的。

如果召集全村的人都出来乐,可能很多家就遭小偷光顾了,因为小偷一看大家都只顾乐,不会注意,警惕性很低,于是就趁机把很多人家里的东西偷掉。如果大人随随便便地乐,小孩就被拐跑了……这种事情太多了。现在放冲天炮,大家开开心心的,很高兴,但是半夜发生火灾了。不是不能乐,而是要乐得合适,乐得合理,乐得合时,要减少后面可能出现的问题,才算无咎,否则就有咎了。

"顺以动"就是要顺性而动,不要逆着它,不要制造太多将来可能有严重后遗症的问题。

现在大家很喜欢看足球,一到世界杯,大家就总动员,可往往是一下就踩死了几十个人,可能那样的创伤一辈子都忘不了。为了欢乐而丧命,叫豫吗?那叫快乐,就是很快就不乐了。

这样我们就知道"豫"这个字不能完全解释为愉快、高兴,它还要有充分的预备。没有预备,就不能知道合不合适。"豫"也要充分地预测,预测一下欢乐的场面会有什么样的人来。有时候好好的一个场面就是因为该来的人不来,不该来的人都来了,搞得一团糟,还不如不办。

豫卦告诉我们,要想获得长久的快乐,就要居安思危。面对即将发生的事情,要有所准备。同样在职场中,如果想要拥有一个理想的职业生涯,职业计划必不可少。而良好的工作态度,更是取得成功的必要条件。

那么，作为身份、性格、态度各不相同的普通大众，我们怎样才能在各自的岗位上占有一席之地呢？

豫卦六个爻里面有五个是阴爻，只有一个是阳爻，而五个阴爻里面唯一跟九四相应的就是初六。初六爻辞（图37-5）给我们一个很重要的提示：鸣豫，凶。

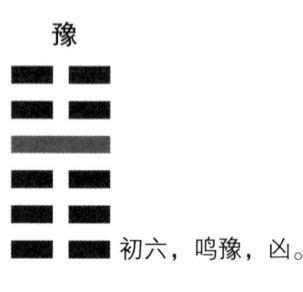

初六，鸣豫，凶。

图37-5

如果老板是你的亲戚，或者你跟上面的关系很好，那你往往就比较不在乎——我怕什么？我就是要嘻嘻哈哈的，谁敢怎么样？等到大家真的都不敢跟你怎么样的时候，你就越陷越深了——什么事情都办不好的时候，有再好的关系也没有用了。这也就是小象所说的：初六鸣豫，志穷，凶也。初六便安乐过度，忘乎所以，就是胸无大志，失败在所难免。

六二跟九四没有相应的关系，但是它们有靠近的关系，六二越靠近九四，就越知道自己不能像初六那样。因为初六是自恃天高皇帝远，上面也许注意不到它，但是六二已经跟上面很接近了，一定要小心。而且六二是下卦的中爻，《易经》告诉我们，只要认识到中的重要，就能警觉自己，把自己从歪门邪道里拉回来。

六二爻辞（图37-6）：介于石，不终日，贞吉。意思就是说六二不能像初六那样整天嘻嘻哈哈，心里头只想着吃喝玩乐、只想着快快乐乐过日子，才会贞吉。

第三十七集　乐极生悲

图37-6

六二小象：**不终日，贞吉，以中正也**。为什么六二能获贞吉？因为六二既当位又居下卦的中，得中得正，能守正道，当然会吉。六二告诉我们，不要整天沉溺于安乐之中，要面对现实，因为现实中有很多艰难的事，需要我们专心才能克服。

六三爻辞（图37-7）：**盱豫，悔。迟，有悔**。"盱"就是张开眼睛。六三很用心去讨好上面的九四，奉承它，讨好它，说难听一点就是献媚。一个人张开眼睛装可爱，去吸引九四，让九四感觉到自己是在全心全意讨好他，他会"悔"。

图37-7

为什么会"悔"？这一点是非常重要的，六三小象说得很清楚：**盱豫有悔，位不当也**。因为六三太靠近九四了，会让别人认为六三就是在拍九四的马屁。有人会觉得拍上级的马屁是理所当然的，不拍好上级的马屁，怎么能有前途？尤其自己靠上级那么近，自己不拍谁拍？这个观念是绝对错误的。我观察了几十年，我用我的亲身体会向大家保证，在中国社会靠讨好，靠拍马屁的人，是没有好结果的，这种人只是被上面的人利用一阵子以后，就被踢掉了。上面的人最怕马屁精，因为他知道自己迟早会栽在马屁精的手上，利用一时倒还可以，但绝不上马屁精的当。

可见，六三讲得很清楚，只要一个人是"盱豫"，是纯心讨好，是有意拍马屁，这个人一定会后悔。"迟，有悔"，那更妙，意思就是早一点后悔还有救，再迟一点的话，那就会来不及，就会悔之晚矣。所以，六三爻辞中的"悔"跟"有悔"，这二者语气是不一样的，前面的"悔"是说如果这时及早悔改还来得及，还有救，后面的"有悔"是说那时候后悔也没有用了，晚了，因为上面的人把你利用一阵子以后，此时已经下决心要把你踢掉了，无可挽回。

无论是刻意讨好领导，还是兢兢业业、恪守正道，都是为了拥有一份理想的工作，从而达到事业顺利的快乐和理想的职业状态。但是，为什么人人都抱着追求快乐的信念出发，却不能全部到达快乐的终点呢？豫卦又会给予我们哪些启发呢？

豫卦，用现代话来讲，就叫作快乐之道。人生一定要追求快乐，不然人辛苦一辈子，过愁眉苦脸的人生是没有意思的。但是快乐要合乎道理，才不会自找麻烦，给自己制造祸害。九四爻辞（图37-8）：*由豫，大有得。勿疑，朋盍簪*。安乐喜悦之感由自身而来，就会大有所得，友朋相从。这正是九四爻辞给我们的启发。

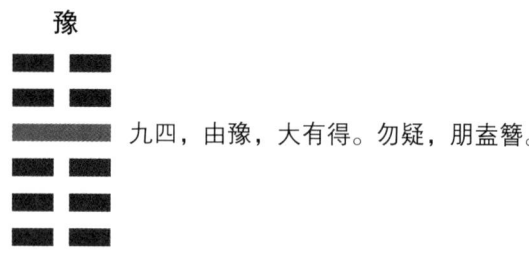

图37-8

九四小象：*由豫，大有得。志大行也*。"志大行"是什么意思？就是九四一开始就知道自己是卦主，自己有责任把大家的喜乐弄得很正当，而且让大家的使命能够完成。什么叫使命？就是从这当中可以学习到一些好

第三十七集　乐极生悲

的东西。老实讲，一玩乐就学坏了的情况是常见的，平常有好习惯，一旦玩乐就毁于一旦了。嘴巴上告诉孩子不要赌博，赌博是不好的，但是却带他到赌场"开眼界"。这种情况我不反对，但我要提醒的是，事先要给孩子做很好的心理建设，告诉他十赌九输，千万不要相信赌博会赢。可是就算告诉他这些也没有用。小孩子刚去，玩吃角子机，一投就得到很多，怎么办？所以，要这样讲：到了赌场，你赢了，那你将来是很惨的；输过几次反而好。一去就赢，你就会认为自己运气好，手气好，于是就常常去，最后全部家当都贴进去还不够。一去，刚开始玩很小，输了就算了，认识到自己这辈子没有赌博的运气，反而好。很多事情要从正反两方面去想。

六五爻辞（图37-9）：**贞疾，恒不死**。"疾"是说形势很危险。可是为什么还能得到"恒不死"的结果？

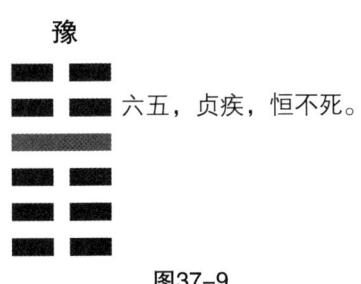

图37-9

小象讲得很清楚：**六五贞疾，乘刚也。恒不死，中未亡也**。因为虽然六五的性质是柔，凌驾在阳爻九四之上，好在它处在上卦的当中，只要坚守正道，就不会有什么坏处。

六五把事情交给九四做，可以减少很多无谓的纠纷，对自己反而有好处。老实讲，工作的不平一般人还不会那么计较，游乐的不平比工作的不平更让人计较。因为工作的时候大家的心态是：反正要工作，多做一点少做一点无所谓，可出去玩我不能吃亏。所以，往往出去玩的时候产生的抱怨与争执比在工作场里面的更难解决。

上六爻辞（图37-10）：冥豫成，有渝，无咎。

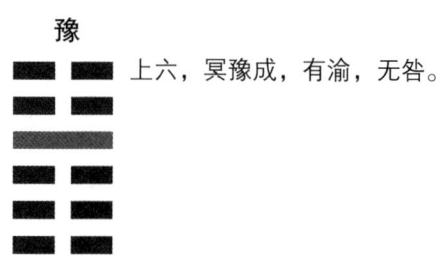

图37-10

上六小象：冥豫在上，何可长也？如果一天到晚打雷，那是不长久的，会打得人心不安，万物不灵，由此可知，动了以后还要能够变，能够及时去改变心意，这样才叫作"冥豫在上"。如果一个人已经安乐到极点，已经动到大家都很痛苦，还不能及时改变，这样的快乐当然不可能长久，最后会毁于一旦。上六告诉我们，要及时将这种不利的情况调整过来，及时刹车，及时改变，然后告诉大家不能沉溺于安乐，回来了就一定要把心收回来，回归正道。

现在有些富家子弟只知道穿名牌，开名车，吃好吃的，吃到肚子特别大，吃到身体变了形，吃到脑袋空空，吃到对什么事情都没有兴趣……那总要有人告诉他们，这样下去自毁前程是小事情，但把整个社会的风气都败坏了，于心何安？

为什么会"冥豫在上"？就是因为大家盲目地追求时尚，要与国际接轨，要赶上时代的潮流，盲目去追随，这叫随风飘流。如果能跟上好的，还不错；如果跟上不好的，不糟糕了吗？所以，豫卦之后紧接着就是随卦，随卦告诉我们，追随时要先搞清楚目标，追随好的，会有所得，不仅对自己有帮助，对大家也有帮助；追随不好的，很快就变成同流合污了，想走回头路都难了。

豫卦的主要目的是告诉我们，人生一定有喜乐，但是我们对喜乐要善加节制，否则的话经常会乐极生悲。随卦告诉我们人难免会追随，会随顺、随从，但是一定要择善而从，不能盲从，盲从是非常可怕的。所以我们下一集就要来谈一谈：择善而从。

易经的智慧 · 第三十八集

择善而从

在中国的传统文化里，一直都讲究审时度势，顺势而为，就是告诉我们，当一个人在工作和生活中面临选择的时候，一定要看清形势，追随正确的主流才能够成功。那么，一个年轻人要经过怎样的历练才能具有这样的修为？面对纷繁复杂的人际关系，身处其中的我们该如何做到旁观者清？《易经》中的随卦又会给我们怎样的启示呢？

第三十八集　择善而从

一般人听说这边很辛苦，多半会躲开来，到那边可以得到快乐，很快就会跟过去。这个叫作好逸恶劳，也是人之常情。所以，《序卦传》告诉我们：**豫必有随，故受之以随**。你让人家快乐，自然就会有人要跟随你，要随着你走。随从、随顺、随悦，都叫随。所以豫卦之后紧跟着就是随卦。随卦最主要的精神就是上下和顺，彼此精诚团结。

我们看随卦卦象（图38-1），上卦是兑卦，就是泽水，下卦是震卦，就是雷。底下打雷，上面的泽水就跟着翻动，这就是随。下面如果是领导者的话，上面就是被领导者，而领导与被领导是分不开的。所以，整个随卦就是要上下和顺，大家密切配合，做出事情来效果才会好。

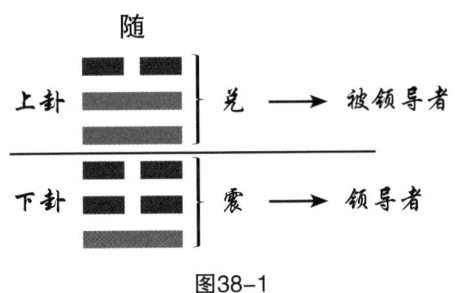

图38-1

我们看到在随卦六爻里面，只有两个爻不当位，很巧，就在第三爻跟第四爻，那是人位（图38-2）。可见，天地的一切互动都是自然的，不太会出差错，而人位是很有问题的，那我们就要提高警觉。一个人跟随人家，配合人家，接受人家领导，团队精神很高，也是有高度的危险性。总之，事情有好就有坏，不团结，气死人；太团结，害死人。这个我们慢慢再来领略。

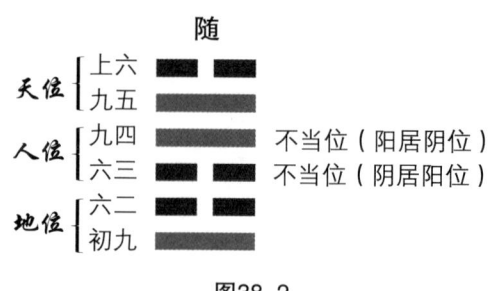

图38-2

我们先看卦辞（图38-3）：随，元亨利贞，无咎。看到随卦卦辞，我们很自然会马上想到乾卦卦辞"元、亨、利、贞"，大家可能会想，随卦具备了乾元四德，大概没有什么可怕的地方，可以放心地去随和、去随从、去随顺。恐怕没有那么简单！乾卦都不敢告诉我们一定"无咎"，为什么随卦卦辞会加上"无咎"？这是我们读《易经》时一定要高度警惕的地方。如果将随卦卦辞"元亨利贞，无咎"，解释成只管放心地去追随就好，那太危险了。

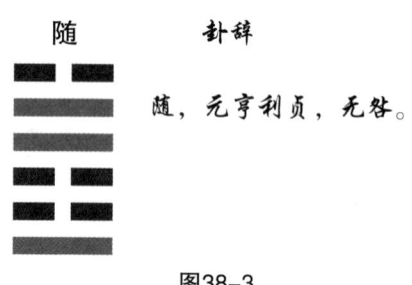

图38-3

"元亨利贞"在乾卦，是四种美德，可是在随卦，是四种条件。随卦卦辞里的"元亨利贞"是告诉我们，要想随，就要做到"元亨利贞"，否则后面的问题是很多的，一定要从头到尾都很仔细地去琢磨，去拿捏，随时调整才可能"无咎"。舍弃自己的意见，随和别人时，一定要有一些原则，不然的话，会有太多的问题，甚至凶祸，接踵而至。这是我们读随卦的时候一定要特别注意的。

我们接着看随卦彖辞：随，刚来而下柔，动而说（yuè），随。大亨

第三十八集 择善而从

贞，无咎，而天下随时。随时之义大矣哉！

第一个"随"是指卦名。上兑是柔，泽水波动很柔和，下震是刚，"刚来而下柔"，刚来到柔的下面，这是随卦的卦象。震为雷，为动，兑为泽，为悦，"动而悦"是因为"刚来而下柔"，下面一动，上面就很心悦诚服地跟着配合，这才是最好的随。

"大亨贞，无咎"是什么意思？"大亨贞"就是我们所讲的"元亨利贞"。这告诉我们，要追随人家，要配合潮流，要追求时尚，千万要先想一想整个大环境是正当还是邪恶，再考虑自己要不要去追随，这是每一个人应有的修养。不要一头栽下去，一路追到底，忠心耿耿，好像这样永远没有错，最后害死自己，也害死被追随的人。"而天下随时"就是说，天下的现象随时在改变，因为春夏秋冬有不同的需要，自然的景色会发生改变，不是为了漂亮，而是为了整体的配合。到了秋天，水分越来越少，如果叶子还在，会吸收掉很多养分，根部就会受到影响，所以秋天很多树叶落下来，就是为了保护树根，保全比较重要的部分，等到来春重新生机蓬勃，再慢慢长出更鲜绿的叶子，这就叫作"天下随时"。

"随时之义大矣哉"，就是跟着时做合理的调整，这个是至关重要的。为什么"随时之义大矣哉"？我们从卦象（图38-4）来看，六爻就代表每个阶段都有不同的情况。我们看随卦第二、三、四爻，那是一个艮卦，就是提醒我们要适可而止，适时而止。再看第三、四、五爻，组成了一个巽卦，就是驯化、教化。下艮上巽，就是渐卦，即循序渐进，不可急躁冒进。合理就追随，不合理就止。这就是随之大义。但是，随与不随，最终要靠自己去拿捏。

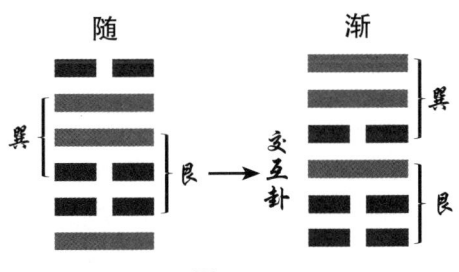

图38-4

听到别人讲："来来来，大家一起去吃饭。"真正的中国人会马上先想想自己该不该去，该去再去，不该去就溜掉。我很少看到中国人说，"来来来，我们一起去吃饭"，然后大家就什么脑筋都不动跟着去的。像这些就是随时的变化。每一个人随时要养成习惯，做好合适的调整，否则会越来越不受大家欢迎，会越来越孤单，越来越觉得这个社会莫名其妙，其实是自己不明就里。这种状况在现在的社会非常之多。

随卦告诉我们，一个年轻人，无论是初入职场跟随领导，还是生活中追赶潮流，都不能盲目。那么，我们应该根据什么做出随与不随的判断？在决定追随的时候，又要注意些什么呢？

我们要注意老祖宗给我们留下的一些话：第一个叫从善如流。从善如流就是说，我们要确保自己所追随的对象一定是善的。第二个叫随缘不变。随缘不变就是说，天下之大，万事万物随时在流动，一个人只要抱着随缘就好的心态，就会减少很多苦恼。第三个，随时调整，这个更重要。乾卦用九"见群龙无首，吉"就告诉我们，就算是龙，也不能始终一成不变，要随时做合理的调整。理解了随时调整，随缘不变，从善如流，随卦的真粹大概就可以抓到了。

譬如说，人跟人之间，陌生的时候还会很重视彼此尊重，但是慢慢熟悉了以后，经常会有一种观念，叫作熟不拘礼，那就糟糕了。所以我们才说"君子之交淡如水"，我们要好好去体验一下为什么要"淡如水"，不能"浓如蜜"。因为物极必反，过分好了以后马上就翻脸了。我想这种经历很多人都曾体验过。

随卦大象说：*泽中有雷，随。君子以向晦入宴息*。我们可以想象一下，打雷的时候，泽水一定是跟着波动的，君子从这种现象中领悟到：人一定要注意动静得宜，该动的时候再动，该静的时候一定要静。生活有规律，身体才会健康，心里才愉快。"向晦"就是向晚、入夜，"宴息"即休息。"向晦入宴息"，就是到了晚上就要睡，即当止即止。

第三十八集 择善而从

整个的随卦，每个爻都有其用意。我们先从初九爻看起。初九爻辞（图38-5）：**官有渝，贞吉。出门交有功**。"有渝"就是有变化。官场是起伏无常的，就算你表现得再好，也不见得大家都会肯定你的功劳，但是你表现得不好，上面说不定会让你维持一段时间。你觉得很奇怪，看不懂，但是它一定有道理。"官有渝"，为什么会"贞吉"？就在告诉我们，做人不要只看表面，一切起伏就好像雷一动泽水就跟着波动一样，看起来变化无穷，似乎没有一定的法则，其实不然，这一切的背后有一个不变的法则，就叫自然规律。

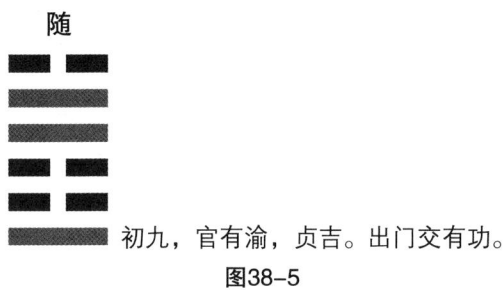

初九，官有渝，贞吉。出门交有功。

图38-5

"出门交有功"，就更清楚了，一个人出门是为了追随别人，找到一个可追随的人，会一辈子愉快。刚出学校大门的年轻人，如果懂得初九爻辞"官有渝，贞吉。出门交有功"，他就知道，自己在学校学的那一套实实在在的东西不能随意丢掉，但是也不能一出来就批评这不对，那不对，要在不违背自己原则的前提下，衡量当时的状况做合适的调整，目的就是要找到一个可以追随的对象。

我们看随卦初九，要联想到乾卦初九爻辞的"潜龙勿用"，要知道，自己现在刚刚出门，刚刚开始跟人家交往，一定要坚持原则，为大家服务，为大家造福，不要添乱，那样才会有功，而这功劳是要由别人认定的，不能由自己来认定。

初九的小象就说得很清楚：**官有渝，从正吉也。出门交有功，不失也**。"官有渝，从正吉也"，是说不管官场怎么变化，我们千万不能投机取巧，千万不能到处钻营，想找到好处，而要很认真地坚持实实在在做事，规规矩矩做人的基本原则，才会吉顺。"出门交有功，不失也"，就是找到一个值得追随的人，才是正道。

当一个人进入社会，首先应该了解的是，这个社会本身并非想象的那么简单，复杂的人际关系背后有着各种利益的纠葛，此时只有保持旁观者的姿态，才能做出正确的判断和选择。只有选对了将要追随的对象，才能得到良好的发展。那么，我们应该追随什么样的人？随卦又给了我们怎样的启示？

找到一个可以追随的对象，才有机会进入六二。六二爻辞（图38-6）：**系小子，失丈夫**。拉拢了一个就一定要疏远一个，得到了一个就一定要丢掉一个。人没有办法一手拉一个，什么都要，左右逢源，一定要有所选择。"小子"是不成熟的人，而"丈夫"是成熟、有社会经验、值得相信的人。

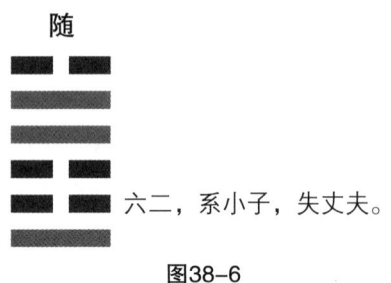

图38-6

我们从卦象（图38-7）来看，就知道"小子"就是初九。六二应该跟九五相应才对，如果六二代表一个女人，那她要找的丈夫应该是九五。但是现在她身边有一个既年轻又表现得很有干劲的初九，她难免会觉得初九既听话又稚嫩，很好对付，而九五对付起来比较麻烦，自己就近拉拢初九好了。可是爻辞提醒说，当六二拉拢初九的时候，就失去了九五，就失去了真正可以信任和依赖的人，从此会很辛苦。

第三十八集 择善而从

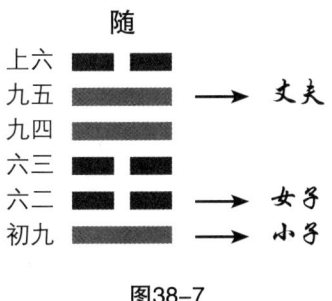

图38-7

中国人常说,"用师者王"。能够把老师请下山来帮助自己发展事业的人,一定会有成就。《三国演义》里面,刘备刚出来的时候,他都是用听他话的人,所以始终找不到一个立足之地,后来他下定决心,要去找一个靠得住的人,尽管那个人很难请,就是孔明。事实证明,孔明确实帮助刘备做出了以前他做不到的事业。

六二的小象很清楚地告诉我们:系小子,弗兼与也。就是说,人没有办法样样都要,每个人只能要自己的本分。

要找到真正好的对象,不能贪图近利,而这往往是现在年轻人常忽视的地方。所以,六二告诉我们,虽然我们的位置提升了,对社会也有了一些了解,但这个时候我们更要心正且专一,要善择可以追随的对象。

随卦告诉我们,一个人想要找到一份有长远发展的工作,首先必须拥有长远的眼光,不要被眼前的利益所诱惑,应该通过冷静的分析,做出正确的判断。一个值得追随的领导一定为人正派,一个有潜力的企业一定上下齐心。无论个人还是企业只有走正道,才会得到长远的发展。然而,只要走正道就可以没有危机了吗?

六三跟六二都是阴爻,但六二当位,六三不当位。六三爻辞(图38-8):系丈夫,失小子,随有求,得,利居贞。"系丈夫,失小子",跟六二的"系小子,失丈夫"刚好反过来了。照理说三是多凶的,可六三爻辞里说"随有求，得，利居贞"，好像都比较好，这是什么道理？因为六三靠近九四，而整个的随卦九四是很重要的一爻，虽然九四不是六三的丈夫，因为跟六三相应的应该是第六爻，可是上六跟她不相应。所以六三要在九四和九五之间做出选择，她比较明智，她知道六二跟九五是相应的，所以她不去跟六二抢九五，而是就近跟九四做比较密切的互动——系到九四这个"丈夫"，就疏远了初九那个"小子"。这样的话，六三随顺着九四，有所求就会有所得，因为近水楼台，九四会照顾她。可是六三要记住，自己要利居贞，自己守正，走正道，才不会害死自己又害死九四。

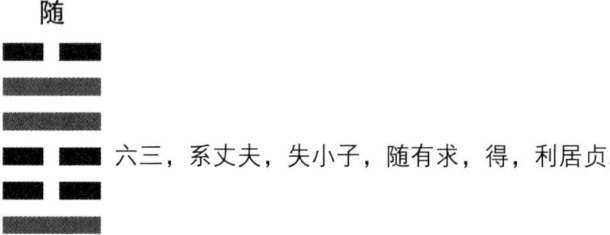

图38-8

六三小象说：**系丈夫，志舍下也**。这告诉我们，要尽量去追随上面的人，不要去迁就底下的人。我想请问大家：如果你有一个部属，有一个主管，你夹在中间，你是听主管的还是听部属的？当然追随主管比较有利。通常来讲，职位高的人一定是经过一番历练才爬上去的，他会看得比较长远，而且他又比较接近核心，消息会比较灵通，所以，他所讲的多半比较可靠。六三很明智地选择了九四，表示她会多听九四的话，而不太去接受初九，可是这么一来，她也害死了九四。

中国五千年的历史无数次证明，功高震主从来都不会有好结果。当一个人升到一定的高位，就开始体会到"高处不胜寒"的危险，下属的死心追随和手中的权力会让自己的上司产生怀疑，如果此时不采取措施，很有可能被清算得一败涂地。那么，面对危机该如何化解呢？

九四爻辞（图38-9）：**随有获，贞凶。有孚在道以明，何咎？**

第三十八集 择善而从

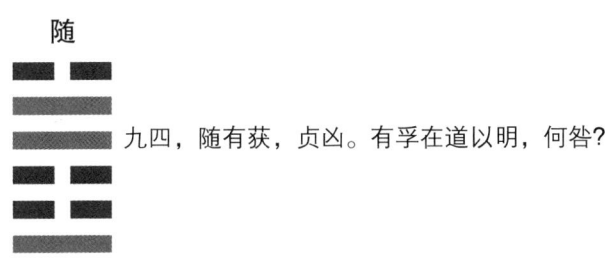

图38-9

"随有获",九四跟随的是九五,而九四随顺九五,照理说是不会凶的,怎么会"贞凶"呢?就是因为九四对六三和六二太照顾了,忽略了九五的感觉。一个当高级干部的人,作为核心团队的一分子,太得底下的拥戴,是会受到领导怀疑的。因为历史上所有叛变的人都是先把部下的心思收拾到一起,然后组成一个小团体,才有办法反抗上面。六二、六三越听九四的话,照理说九四会越成功,因为领导有方,但是九五对九四就越加不放心,所以才会"贞凶",否则应该是"贞吉"才对。"随有获,贞凶",尽管九四既得到九五的信任,又得到六二、六三的拥戴,但结果还是很凶,那要怎么办呢?

很简单,爻辞接着提醒说,"有孚在道以明",就不会有咎了。就是告诉我们,要很诚信,同时还要表现得合乎正道,并且要显示出来,让九五感觉得到。这才是中国社会一个真正的核心价值观念——要让九五知道,你九四的心目当中有他的存在,他才会相信你不会背叛他,才会相信你的所作所为都是为了他,他才不会猜忌你。

九四小象说得很清楚:**随有获,其义凶也。有孚在道,明功也**。"随有获,其义凶也",只要九五开始怀疑九四,九四就会吃不完兜着走,这样我们才知道为什么功臣在历史上都得不到好结果。比如说年羹尧——没有年羹尧,雍正是当不上皇帝的,可最后年羹尧就是被雍正所杀。"有孚在道,明功也",此时九四就必须要想办法,而不是只用嘴巴讲,光靠嘴巴去讲是没有用的,那样只会欲盖弥彰,九四只有用实际的行为表现让九五感觉到九四心目当中时时刻刻有他的存在,这样九四的进退才会有功效。"明功也"，就是明辨进退，来争取领导的持续信任，这个是不太容易的。历史上类似的残酷事实到今天还在不断地上演。

我们把随卦的上下两卦分开来看（图38-10），就很清楚了，下卦为雷，二阴一阳，重点在初九；上卦为泽，二阳一阴，重点在上六。可见，随卦最要紧的就是慎始善终。

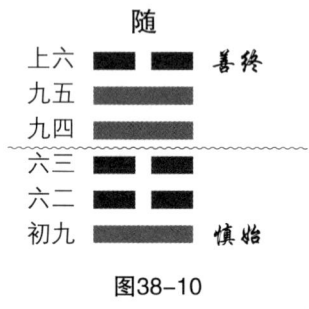

图38-10

随卦最要紧的就是慎始善终。
——《易经》的智慧

可是整个随卦的卦主是在九五，不在初九也不在上六。九五爻辞（图38-11）是：孚于嘉，吉。整卦六爻，只有九五的爻辞是吉顺的。

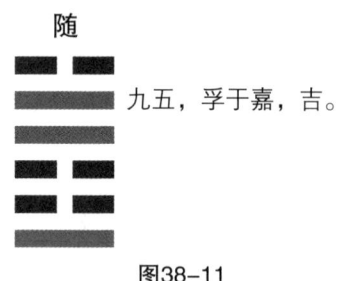

图38-11

"孚于嘉"是指九五施诚信于很好的同事，被众多的人所信任，他凭借的是诚信而非财力、能力。因此，领导者与被领导者合作的基础在彼此互信。"孚"就是诚信，"嘉"就是嘉美，九五爻辞特别告诉我们，"孚于嘉"才会吉祥。一方面九五不要耽误人家的前途，另一方面追随九五的人要出于正道而不是利害关系，这样的关系才会长久。

第三十八集　择善而从

为什么九五会有这么大的优势？小象讲得很清楚：*孚于嘉吉，位正中也*。整个随卦里面，只有六二与九五两爻相应，初九跟九四不相应，六三跟上六也不相应（图38-12）。只有六二跟九五相应，就表示九五的基础很坚实，同时九四也做得很好，可以给九五很大的帮助。因此，只要九五自己坚持走正道，作为一个领导者可圈可点，就会吉顺。

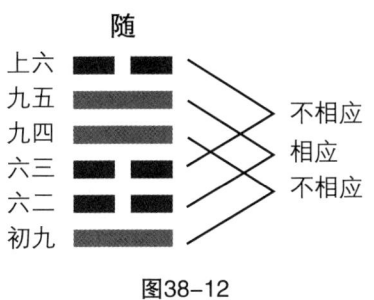

图38-12

慎始善终是整个随卦给我们的最重要的启示，当我们想要追随一个人或是一种潮流，开始的时候一定要慎重选择，这选择不应该是盲目和短见的，应该建立在理性和远见的基础之上。只有这样才能够得到好的结果。那么，理解了随卦，会给我们的人生带来怎样的好处呢？

一般来讲，不管什么卦，走到最上面这一爻多半都是比较危险的，但随卦是个反例。在随卦，只要一路走得很好，走上去是不会出差错的。

我们来看一看上六爻辞（图38-13）：*拘系之，乃从维之，王用享于西山*。

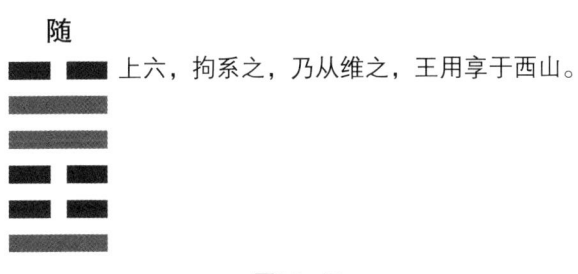

图38-13

213

"拘"就是拘禁,"系"就是用绳子捆起来。"乃从维之","从"就是重叠的意思,"维"就是说服的意思,用重重的绳子捆绑起来,逼迫其不得不服从。结果是"王用享于西山",这样当老板的人才能够很安心地吃饭。那是不是告诉我们,不听话的人就强制他,听话的人就照顾他,然后我们就可以放心地过日子?不是这样的。

我们看爻辞最好用小象来加以印证,上六小象:*拘系之,上穷也*。就告诉我们,"拘系之"是因为"上穷也"。"上穷也"就是说,随顺之道已经来到卦的最顶端,已经穷尽了,就表示原来那些反对的、不听话的人,看到你长期以来的表现,一切为公,没有私心,他自己就改变了,全力支持好老板九五。本来是要用强制的,现在不需要了,所以上六才会安心地去吃饭,因为没有后顾之忧了。

随卦告诉我们,我们只要记住一句话,常常去用它,应该是没有穷尽的。追随好的怎么会穷尽呢?跟着圣贤之道去走怎么会穷尽呢?如果连这也有穷尽的话,那就糟糕了,就没有路可走了。记住,至诚为团结之本。但是,团结好不好?我们也要用一阴一阳之谓道来看它:不团结,自家人吵吵闹闹,什么事都做不好;太团结,就会造成腐败,因为太顺了。一代明君唐太宗之所以流芳百世,就是因为他有魏徵,不管他想做什么,首先会想到魏徵会不会反对,于是他就时时警惕,不敢太过放纵自己。如果一个团体太团结了,团结到连"魏徵"也没有了,所有的人都无条件服从,在上位的人爱怎么样就怎么样,那就很容易放纵,很容易造成腐败。

所以,随卦之后,紧跟着的就是蛊卦——太团结,上下太和顺,会造成腐败的现象。但是蛊卦不仅仅是指出了腐败的存在,蛊卦的用意更在于告诫我们,难免会有腐败,但我们不能放过,要想办法去整治。所以我们下一集就要来探讨:整治腐败。

易经的智慧·第三十九集 整治腐败

现代社会中的腐败现象人人痛恨，更成了影响社会安定发展的主要弊端。那么，腐败是不是现代社会特有的现象？古老《易经》中的蛊卦告诉我们，腐败现象自古有之，因为欲望是人类一切生产、发展活动的动力。但是，欲望的诱惑也会导致各种腐败现象的产生。那么，《易经》中的蛊卦能够帮助我们防治现代社会中的各种腐败现象吗？

第三十九集　整治腐败

把随卦颠倒过来，就成为了蛊卦，随卦跟蛊卦相综（图39-1）。这就告诉我们随顺、随和、随机应变，后面会产生很多乱象。

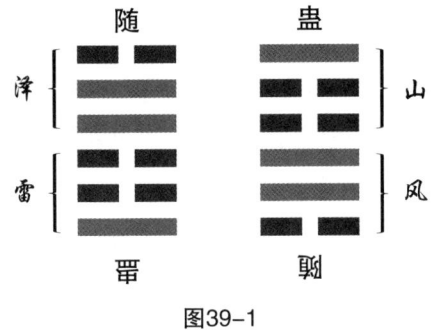

图39-1

"蛊"是什么意思？"蛊"就是器"皿"当中生"虫"。器皿怎么会生虫呢？就是器皿上面有食物，食物腐败以后就生虫了。食物腐败，人吃了就会中毒。那我们应该怎么办？把它清除掉，才可以装新的东西。

我们想象一下，器皿中的虫刚生出来的时候可能只有一条，但很快几十条就出来了。所以，蛊的意思就是说，把各式各样的毒虫装在一个罐子里面，然后把罐子密封起来，里面的毒虫没有东西吃，只有自相残杀，你吃我，我吃你，最后就只剩下一只虫，那是百毒之虫，厉害无比。我们现在常说的蛊惑，意指毒害、迷惑。可见蛊，就是惑乱，这也是蛊卦的主旨。

刚开始只有一条虫，但是慢慢会增多，形成很可怕的势力。社会风气也是一样，刚开始变坏的时候，如果不加防治，严重了以后很难整治。

我们今天所讲的腐败、蛊惑、生病、败坏风气等，都叫作蛊。但是，我们如果看看蛊卦的卦辞，一定会觉得很奇怪，蛊卦卦辞（图39-2）：

蛊，元亨，利涉大川。先甲三日，后甲三日。

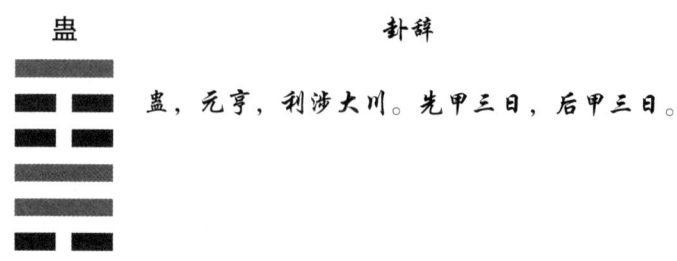

图39-2

"蛊"怎么会"元亨"呢？腐败、生虫、社会风气不好，怎么可能会"元亨"？我们要从另外一个角度去想，一个人难免会生病，社会风气难免会变坏，事情很可能越来越糟，这也就是我们常讲的三句话，人越来越老，事情越来越糟，东西越来越旧……这些都是理所当然，势所必然的。"蛊，元亨"，是告诉我们，腐败是难免的，只要及时加以有效整治，就能得到大亨通。《易经》给我们的鼓励多于指责，它总给我们一些比较积极的想法，而让我们避免把消极的观念始终放在脑海里面。

《易经》的智慧就在于根据自然现象的规律来分析社会现象的发生和发展。蛊卦的上卦为艮，代表山，下卦为巽，代表风，正如《大象传》所说：山下有风，蛊。那么，我们应该如何从卦象上理解蛊卦的含义？山下有风的自然现象又隐藏着怎样的危机？

象辞写得很清楚：蛊，刚上而柔下，巽而止，蛊。蛊，元亨而天下治也。利涉大川，往有事也。先甲三日，后甲三日，终则有始，天行也。"巽而止"，巽是风，风吹的时候，碰到了山，被山挡住了，于是风就从山缝里往外钻，然后就把很多树木吹得零零落落的，同时还把很多东西吹得很散漫，那就是我们今天所讲的败坏、零乱，以至于腐化。由此可见，中国人常讲的秋后算账跟蛊卦是很有关系的。意思就是现在的乱象乱就乱

第三十九集　整治腐败

吧，但到了秋天，当风来了，钻过山缝，把那些败坏的景象通通暴露出来的时候，就是开始要整治腐败的时候了。

一般人看到秋风扫落叶的情景时，自然会想要把庭院清扫干净。但是，有多少家能清扫干净？往往是这边刚扫过去，那边落叶又掉下来了。所以象辞下面就告诉我们，要"利涉大川"，一定要抱着这种心情——尽管会遇到很多阻碍与困难，但不能不做。

"往有事也"就是说，要面对惑乱，而不能逃避。怕事的话，就糟糕了。中国人是无事不惹事，但是有事也不怕事，这才是蛊卦的精神。

无事不惹事，有事不怕事，这是蛊卦的精神。
——《易经》的智慧

"先甲三日，后甲三日"是告诉我们，事前要有充分的准备，事后要知道怎样去摆平。但很多人都是想做就做，雷厉风行，最后做不下去，只得草草收场，给大家留下很坏的印象。

我们看了蛊卦，就应该知道，任何事情"终则有始"，有始有终，循环往复。当发现一件事情到了绝境，就知道新的希望应该会很快出现。所以，我们不要害怕腐败，一旦发现腐败，要下决心想办法去整治，这样天下就会恢复大治。

我一再提醒当官的人，当生意人送你一百万的时候，你脑海里面要有两百万的数字。因为生意人不傻，他给你一百万，自己一定会拿一百万的回扣，甚至更多。一旦你出了事情，去调查那家公司的时候，会发现他的账目上出账给你的可能是二百五十万，到那时你再喊冤枉，是没有用的。你要事先知道，生意人给你一点好处，他自己一定会留一份，将来这两份的责任都要你去扛，划得来吗？

很多事情，我们要事先了解，多加防备，把路堵死，对双方都有好处。只要心一软，门一开，后患无穷。山下有风，是自然的现象。但我们要想到风气的败坏，就从那一股风开始。

蛊卦告诉我们：腐败是一种必然现象。虽然不必大惊小怪，但也必须严加防范。尤其是在经济、文化飞速发展的今天，越来越多的人为物欲所累，在追逐金钱与权力的洪流中疲于奔命，最终却与幸福擦肩。那么，依循蛊卦的道理，我们又该怎样整治腐败，将不正之风拒之门外呢？

蛊卦六爻爻辞可分为两种（图39-3），一种叫作"干父之蛊"，一种叫作"干母之蛊"。"干"是整治、做事情的意思。

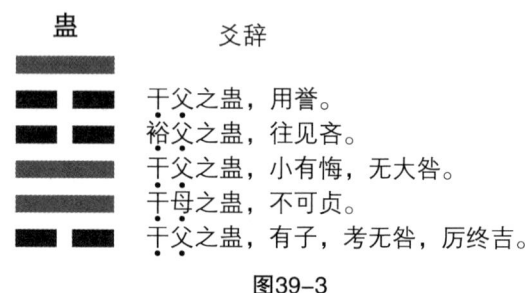

图39-3

"干父之蛊"是整治精神方面的腐化，"干母之蛊"就是整治物质方面的腐败。从小爸爸教给我们的多半是精神方面的提升，而妈妈给我们的多半是物质方面的照顾，这是非常符合事实的。

初六爻辞（图39-4）：**干父之蛊，有子，考无咎，厉终吉**。谁来"干父之蛊"？儿子。这里的"父"跟"子"代表前后任的关系。作为一个新上任的人，你一接任就马上把前一任的政绩通通调出来，批评这不行那不对，那你到底是来接任的还是来闹革命的？

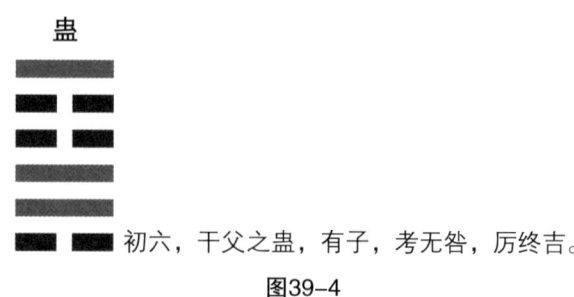

图39-4

第三十九集　整治腐败

其实，我的朋友里面就有那种交接的第一天心结就很重的人。原任调升了，接任的人来到办公厅，到底谁坐主位，谁坐沙发？大家别小看这个细节。如果接任的人一来，就把原任赶出去，要坐主位，原任会有什么感觉？如果原任坚持自己目前还没有离开，一定要坐主位，让接任的人坐沙发，那糟糕了，等接任的人正式上任后，他就专门揭前任的种种弊端，没有事也要讲成有事。交接以后，该做的事情是不是要持续下去，该改的是不是可以适当地加以整治，这才是先后任的关系要决定的。这样一来，才会"无咎"。

我们再来看看初六小象，进一步加深理解：**干父之蛊，意承考也**。"考"是指先父的遗志，"意承考也"，就是说动机、用意在于继承发扬先父的遗志。让人家知道自己是为了正确的目标，而且一路走来，既不摆脱过去，也不标新立异，更不是要趁此机会把以前所有的坏处通通掀出来，把好处也变成坏处，自己没有那个用意，这是我们要特别重视的事情。

人们常说：新官上任三把火，意思是说，新来的官员常常会完全否定前任官员，以显示自己的能力。而蛊卦初爻告诉我们，聪明的官员要像继承先父遗志那样，继承发扬前任正确的方针政策，才能使工作稳定开展。中国传统中把过世的父母统称为考妣，那么为何在九二爻辞中却没有出现"妣"？这样的编排又暗含了怎样的玄机呢？

初六爻辞中有"干父之蛊"，有"父"，九二爻辞中有"干母之蛊"，有"母"，那为什么爻辞只在初六中有"考"，而在九二中没有"妣"？是不是表示爸爸死了，妈妈还在？

这其实是在告诉我们，精神方面很容易"譬如昨日死"，这在《论语·里仁》里面也讲得很清楚，"朝闻道，夕死可矣"，不能解释成早上听懂了道理，晚上死也心甘情愿。而是说听懂了道理以后，会发现以前的某些观念、行为是错的，可是没有关系，以前是因为不懂才会犯错，懂了以后，以前种种的错误就譬如昨日一样死掉了，现在可以重新做人。

精神方面（干父之蛊）比较容易改，物质方面（干母之蛊）很难改掉。一个人一旦抽上了大麻，要戒掉是难得不得了；一个人吃惯好吃的东西以后，要他吃家常便饭，他难过得很；一个人习惯了每天穿舒服华贵的丝绸，要他穿棉布衣服，他适应不了……所以，人千万不要养成坏习惯，一旦养成了坏习惯，要改是很痛苦、很为难的。凡是习惯改不了的人，就是因为观念没有完全通，因为观念是行为习惯的驱动力。

观念是行为习惯的驱动力。
——《易经》的智慧

可见，精神才是根本。所以，"干父之蛊"与"干母之蛊"就代表了治本和治标。一般人老想从物质方面去改，却没有想到物质后面的根本，是精神。一个人认为要开名车才有身份的时候，没名车就会很难过，就会觉得很丢脸。当一个人觉得车子不过是代步工具，什么车都可以，就算没有车，打出租车也行，打不到出租车，安步当车也可以，就会很愉快。人不能为物所役。我们很少说"人为观念所役"，都说人为物役，可见，一般人在这方面的观念基本上是不太正确的。

"考无咎"就表示，只要把观念弄清楚，就会"无咎"。所以初六爻辞才会告诉我们"厉终吉"，"厉"是危险。如果一个人始终秉持老观念，始终认为自己才是对的，始终不接受人家的劝告，那一定是危险的。可是一个人一旦悟到了，要改是非常快的，马上就能改过来，就会"终吉"，最后结果一定是好的。

一个人没有经过很多的过错，是不会成熟的。因此，我们教育孩子时，一开始就要告诉他，做错了没关系，哭没有用，后悔也没有用，把责任推给别人更是推不了，要记取教训才是最要紧的。但是现在的人看到孩子做错了，就骂他打他，就使得孩子很怕让父母知道自己做错了事。因此，很多孩子就开始养成一种坏习惯，就是掩饰自己的过错。打破玻璃杯

第三十九集 整治腐败

了,怎么办?妈妈回来一定挨骂,于是赶快把玻璃杯碎片拿到外面倒掉,这样长大以后就糟糕了,因为人永远不可能做到把所有的证据都湮没掉,总有一天会被人发现。所以,最好的办法就是教导孩子记住自己的过失,然后坦白承认自己的过失,对他的一生都好。

整个蛊卦的用意就在告诉我们,犯错难免,不要后悔,后悔没有用,要面对错误,负起责任,勇敢地改过。这才是值得我们赞美的。

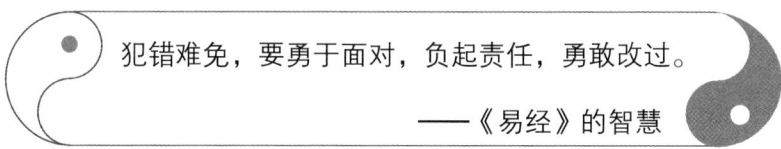

犯错难免,要勇于面对,负起责任,勇敢改过。
——《易经》的智慧

古人云:知错能改,善莫大焉。《易经》中的蛊卦告诉我们,整治腐败要从改变观念入手。那么,是不是观念改变了,就能杜绝腐败现象的发生?当整治工作受到阻碍时,我们又该如何应对呢?

弄清楚了初六,我们就可以进到九二。九二爻辞(图39-5):*干母之蛊,不可贞*。整治物质方面的腐败,不能够坚持,不能够固执,不能够说改就改,因为那会引起很大的抗拒,而最后可能会导致反对者群起而攻,使想整治的人都被拉下台。这样空有一番好心,却达不到目的,也不是蛊卦的精神。我们要知道,精神方面的腐败,只要多沟通观念,就很容易改变,因为它不会上瘾,但物质方面的腐败是会上瘾的。

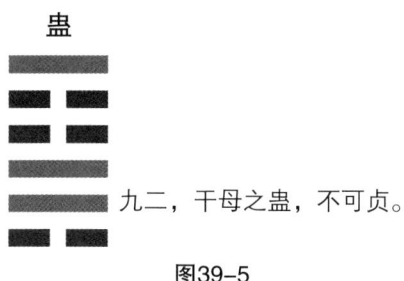

图39-5

在整治物质方面的腐败时,千万记住,"不可贞"。"不可贞"是为

了防止引起反弹，造成更大的阻力，但是也不能退却，一退却就更糟糕，风气更坏。如果几次整治都不行，就会把整个恶势力都张扬起来，后面要改的人就更困难了。

因此，九二小象就告诉我们：*干母之蛊，得中道也*。整治物质方面的腐败，一定要刚柔适宜，多从观念方面着手，只要观念改过来，物质方面的腐败很快就改过来了。

九三爻辞（图39-6）是：*干父之蛊，小有悔，无大咎*。虽然是没有大咎，但是稍微会有一点令人后悔的地方。这就告诉我们，当稍微受到一点挫折，受到一点批评时，要千万记住，不能放松，要继续做下去。因为这些阻碍是我们自己造成的，我们太急躁了，没有采取刚柔并济的措施。因为一个政策出来，有人赞成就有人反对，如果整治的人退却了，就会让那些本来不反对的人也加入反对的阵容，那整个就前功尽弃了。所以，我们该坚持的要坚持，可以多沟通，但是不能让步，容许有不同的意见表达，要把道理说给反对的人听。这样最终不会有灾祸，就会实现九三小象所说的：*干父之蛊，终无咎也*。

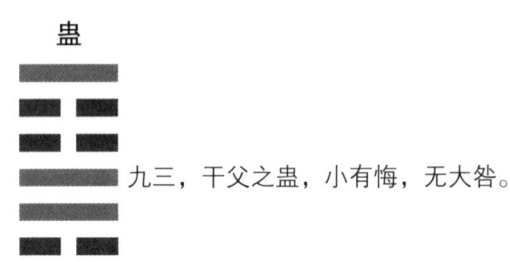

图39-6

我们再来看六四爻辞（图39-7）：*裕父之蛊，往见吝*。"裕"就是宽松，缓慢。以宽松而缓慢的态度来治理精神方面的弊病，长此以往会一无所获。所以，六四小象告诉我们：*裕父之蛊，往未得也*。六四太柔弱了，想做不敢做，然后又以"我们要包容""我们要宽量"为借口，结果是"往未得也"，长此以往一无所得，还浪费了时间。这就是那种我们经常骂的占着位置不干实事的人。

第三十九集　整治腐败

图39-7

蛊卦全卦最重要的是六五，我们看看六五的爻辞（图39-8）：**干父之蛊，用誉**。看到这个"誉"，你或许会觉得很奇怪，因为《易经》的通例是二多誉，五多功，六五应该有功才对，怎么有"誉"呢？就在告诉我们，六五要把功劳让给九二。九二跟群众比较接近，所以比较容易去整治腐败。很多事情不一定要自己去做，自己做了会惹来人家的怀疑和争论，还不如任用贤人，自己获得美誉。

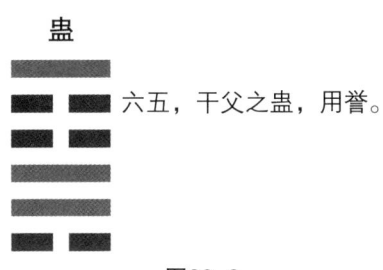

图39-8

所以六五小象讲得很清楚：**干父用誉，承以德也**。"以德"就是用品德来感动九二。六五要让九二对他有信心，让九二明白，自己不会出卖他，也不是利用他，而是真正赏识他，希望九二能够合理地推行整治工作，自己会在后面全力支持。九二对六五有了信心，才会好好表现，而六五也会得到大家的赞誉："你真会用人"，"知人善任"，"责任下授"，"用对人，做对事"，"领导有方"……这样就够了。

《礼记》有云：傲不可长，欲不可纵，志不可满，乐不可极。这也是蛊卦给我们的警诫。任何事情都有它的过程与要点，只有"利涉大川"，将问题逐一解决，最终才能清除腐败。那么，在整治工作中，哪些是我们以后应该注意的首要问题呢？

蛊卦几乎每一爻爻辞中都有"蛊"，只有到了上九爻辞，"蛊"不见了，"蛊"不见了，就表示整治完毕了。上九爻辞（图39-9）：**不事王侯，高尚其事**。"高尚其事"就是说一个人淡泊世事，做完事情，不留恋职位，当初是什么样，现在还是什么样。

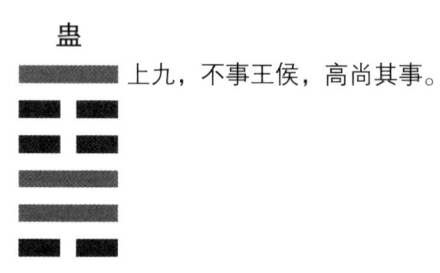

图39-9

这样我们才能完全明白上九小象所说的：**不事王侯，志可则也**。"则"就是效仿的对象。"不事王侯，志可则也"，后世的人就会效仿你，把你当作榜样，去整治腐败。

我们把六个爻看完以后，应该注意三件事情。

第一，整治的动机要纯正。如果是借整治腐败之名，行中饱私囊之实，结果一定很惨。我们常讲一句话，人民的眼睛是雪亮的，大家是不会被蒙骗的。接任的人把前任主持的建筑物拆掉，盖个更大的，人们就会有很多疑问：那还能用，还很新，无缘无故把它拆掉干吗？老百姓骂得最厉害的就是，每来一个干部都要把路修一遍。路确实会坏，并不是每一次的修路都有私利，可是因为有些动机老百姓不清楚，才会造成这样的结果。新上任的人刚接任时，要告诉老百姓，有哪些桥梁是不安全的，哪些道路是必须要整修的，让大家提议，统计了大家的意见之后再做决定。

第二，过程要讲究。做决定的人，不需要替每一个人着想，但是要知道，每个人的想法都不一样，会无意当中造成很大的阻碍。社会上流言非常多，经常会把事实夸大，明明这个人没有贪多少，却说他贪得很多，那就叫不白之冤。所以，我们要防备，要事先沟通好，叫作"先甲三日"。做到了"先甲三日"，还要做到"后甲三日"。凡是受到干扰的老百姓，都要派人去与之沟通；凡是因后果而蒙受损失并感到意外的人，要派人去告诉他弥补的措施，这样自然就不会有问题了。

第三，前后任交接很重要。我们一定要知道，先后任的关系是非常重要的。这样我们才知道为什么一个人要退职了或者被调任了，他最关心的就是谁来接替他，来接任的人如果是专门翻旧账，找碴儿，好处一点不提，坏处张扬得不得了的，那他就惨了。可是与其在接任时提心吊胆，还不如平日广结善缘，实实在在做事。但是也不能一意孤行，只求问心无愧，否则到时候也还是很冤枉的。因为后任把所有的坏事栽赃给前任，前任也没有办法。前后任要好好交接，不是说要隐瞒罪恶，而是要彼此尊重。

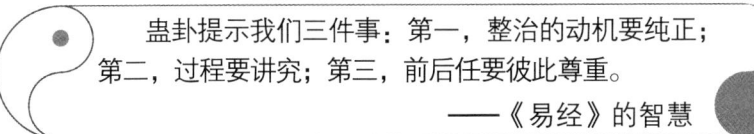

蛊卦提示我们三件事：第一，整治的动机要纯正；第二，过程要讲究；第三，前后任要彼此尊重。
——《易经》的智慧

我们一再强调，随时随地要讲妥当的话，要讲有用的话，要讲合理的话，要把很短暂、很宝贵的时间用来沟通观念，而不是在那儿胡说八道，浪费时间。《论语·卫灵公》中说："群居终日，言不及义。"现在太多人都是言不及义，见面就谈股票，我不是认为股票不好，但是见面就谈股票的人，给人家的观感是很难看的；见面就说自己买了一块新表，见面就问人家的小孩考了几分，见面总打听一些乱七八糟的东西的人，会给人家很不好的观感。所以，我们读书不要老读表面文章。言不及义的意思是，从现在开始，人家会从我们的讲话来了解我们，来决定我们值不值得他尊重。我们要有这样的警觉性，要不然读蛊卦读了半天有什么用？一个人看什么书，交什么朋友，讲什么话，那都是蛊的开始。

因此，每一个人都要知道蛊卦是必然发生的，蛊惑是必然存在的，那

我们怎样才能把它减少到最少？只有好好读读临卦。临卦就是面临所有的事情，都要提高警觉，一开始就不要搞错。这样我们才知道为什么蛊卦后面是临卦。我们下一集就要来谈一谈：临事而惧。碰到事情提高警觉，宁可害怕在前面，不要到最后才后悔、伤心。

易经的智慧·第四十集

临事而惧

临卦告诫我们，每个希望功成名就的人，都会面临许多艰难险阻。那么追求名利是不是错误的？竞争和合作是不是水火不容的？当人生遇到艰险与挫折之时，怎样才能趋吉避凶？与临卦有关的许多成语，又能给我们怎样的人生智慧呢？

第四十集　临事而惧

我们常说，天下本无事，庸人自扰之。天下为什么本无事？因为没有人，当然就没有人去感觉事态的变化。物跟人是自然存在的，而事是人跟物互动所产生的交集，所以叫作事在人为。有人才有事，而有了事以后，就算刚开始很小心，处理得很妥当，一段时间以后，也会产生腐败、不正常的现象。

所以《序卦传》告诉我们：*有事而后可大，故受之以临*。"可大"的意思就是说，人跟物互动，就产生了很多事情，而这些事情都是由小而大的。由小而大告诉我们，当它小的时候就要很注意，让它一路往好的方向去发展壮大，这就叫作临卦。当我们面临一项工作、一个环境时，尽管会有压迫感，但仍要考虑怎样把事情料理好，处理得大家都满意，这就是临卦的要义。所以中国人常常讲，临事而惧。"惧"不是怕，而是很恭敬的意思。看到事情，恭恭敬敬，不逃避，也不草率，很认真、很负责地用心做好。

然后《序卦传》接着解释说：*临者，大也*。"临者"怎么会"大也"呢？我们就要从卦象寻找答案了。临卦一共有六个爻，四个阴爻，两个阳爻。我们可以尝试着把这六爻的每两爻看成一个爻，这样就得到了由下而上是阳阴阴的震卦（图40-1）。可见，整个卦是动的，什么在动？阳在动，阳气在不断地往上增长。而阳气在《易经》中就是大的意思。

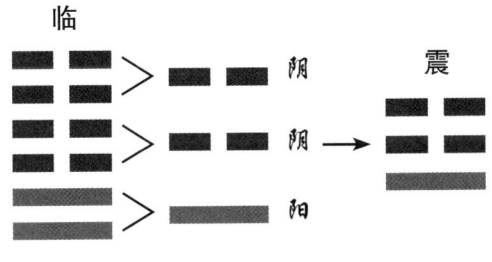

图40-1

我们知道，一年有十二个月，每个月都有一个卦与之相对应（图40-2），当然这要从农历，也就是我们讲的阴历来看。当第一爻是阳爻的时候，我们就把它叫作一阳来复，就是复卦，复卦是在农历的十一月。可见，我们以为冬天是冰天雪地的，实际上冬天地底下的阳气已经开始潜存，准备要复苏了。如果那时候阳气不准备好，等到春天就来不及了。

十月	九月	八月	七月	六月	五月	四月	三月	二月	一月	十二月	十一月
䷁	䷖	䷓	䷋	䷠	䷫	䷀	䷪	䷡	䷊	䷒	䷗
坤卦	剥卦	观卦	否卦	遁卦	姤卦	乾卦	夬卦	大壮卦	泰卦	临卦	复卦

图40-2

临卦是在农历十二月，农历十二月是二阳长。这话是很多人很熟悉的：十一月一阳生，十二月二阳长，然后慢慢到正月的三阳开泰。

我们接下来看看临卦的卦辞（图40-3）：临，元亨利贞，至于八月有凶。"元、亨、利、贞"在乾卦里，是四种美德，那是不是说临卦一开始就具备了这四种美德呢？应该是这样的。因为"临"的意思就是光临、莅临、监临、面临、临场。

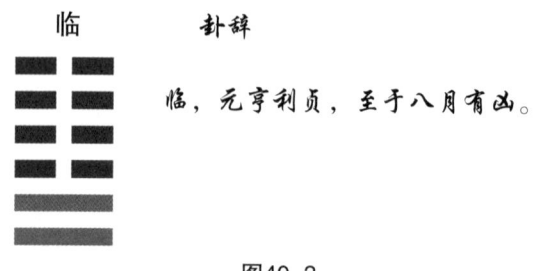

图40-3

人人都希望事事顺利，但在现实生活中，事情的发展变化往往出乎

第四十集　临事而惧

意料之外。因此人们常说，人算不如天算。然而，临卦告诉我们，当遇到艰险与挫折时，只要有坚强的意志，就可以趋吉避凶。但是，鲜花绽放的"八月"为什么会"有凶"呢？

当我们临近现场，心里如果有要让事情很顺利地开展，能够有良好结果的意志，又能找准方向，重视方法，整个过程都很用心的话，应该可以得到"元亨利贞"。但是临卦毕竟不是乾卦，它有一个限制条件，就是"至于八月有凶"，为什么是"八月"呢？

我们把临卦颠倒过来，可以得到它的综卦，就是观卦，临和观这两个卦可以颠来倒去，可见它们是一体两面（图40-4）。当人家说"欢迎光临"的时候，就是告诉你，你一来临，他内心会有个期待，就是你光临了以后，要有好的表现。"欢迎光临"后面那句话，我们经常没有讲出来，但是大家要用心去体会，就是"观其后效"，人家会看你来了以后，带来些什么，做了些什么，有什么表现。

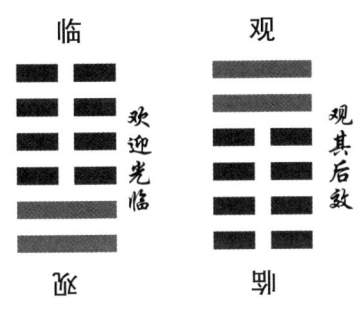

图40-4

什么时候观？不会是我们这个月光临，人家下个月就要来观，那太早了，因为有时候三个月都不见得能做出成果来。所以，会给我们比较长的时间。欢迎光临的临卦是在农历十二月，而观卦正好在农历八月。"至于八月有凶"就是告诉我们，等到八月观卦出现的时候，人家就要验收成果了，就要看看我们光临以后，做出了什么成果，如果做得不好，大家不满意，那我们就凶险了。

我们了解了"至于八月有凶"的意思以后,能不能说"就这样吧,反正我尽力了,到了八月,好就好,不好就不好,我无所谓"?这叫作听其自然,不叫顺其自然,更不是《易经》的智慧。其实《易经》提醒我们"八月有凶",就是在告诉我们,当人家说"欢迎光临",让我们觉得很光彩,很有面子的时候,我们就要提高警觉,要好好表现,要一步一步很踏实地把自己该做的事情做好,等到了八月,把成果呈现出来,就没有凶了。所以,"至于八月有凶"是一个警告,不是事实,不是必然,不要抱持"反正八月有凶,那就等到八月大家一起凶"的心态,那是不对的。

一方面要我们警惕,八个月之后人家要验收成果,所以要好好表现才行;另一方面告诉我们不必急,还有大半年的时间。很多事情从各方面来考虑,才会给自己找到一条比较妥当、安全、有效的途径。这就是临卦的用意。

《易传》又称为《十翼》,是孔子为《易经》所作,旨在为《易经》插上腾飞的翅膀。《象传》便是《易传》的组成部分,用于讲解卦象、卦德和六爻的排列顺序,以便后人能更好地理解《易经》六十四卦。那么,《象传》是如何解释临卦的呢?

我们再来看《象传》:临,刚浸而长。说而顺,刚中而应。大亨以正,天之道也。至于八月有凶,消不久也。"临"就是卦名,是说这个卦的名字叫作"临"。"刚浸而长"的"刚"就是指临卦的两个阳爻,初九跟九二。"浸"的意思是逐渐地。初九、九二的阳气逐渐地增长,上面的阴就要逐渐消退。因为这是阴阳互动的结果,不是阳慢慢多起来,就是阴慢慢多起来,不可能永远维持平衡。读了《易经》的人都知道,平衡是一种理想的状态,但不是事实。满月过后,月亮就会开始缺,月亮刚开始缺的时候,我们就知道下个月还是有满月的那一天。我们不必因为月缺而伤感,也不必因为月圆而喜悦,否则心情受外面的影响,起伏不定,对身体不好,对人的安定生活也不利。月缺的时候,欣赏缺的美;月圆的

第四十集 临事而惧

时候，欣赏圆的美，这就叫平常心。

初九跟九二，代表了阳气从底下往上渐渐地增长。这两个阳爻跟上面的四个阴爻是什么关系呢？最上面的三个爻构成一个坤卦，就是陆地；下面三个爻构成一个兑卦，就是泽水（图40-5）。从卦象来看，水跟土地是彼此接临的，二者到底是互相竞争还是互相帮助？这就要考验我们心里头的想法。

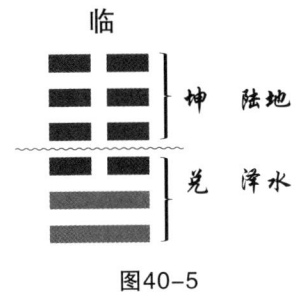

图40-5

临卦六爻中，九二是卦主，站在第一线，直接面临四个阴爻。如果九二退一步，临卦就变成复卦，就回到十一月了。所以九二一定要前进，才会三阳开泰，春暖花开。因此，九二必须要刚，但也要慢慢逐渐地增长。

"说而顺"，这个"说"跟"悦"相通。"说"是指下卦兑卦。尽管内心很喜悦，但是也不能一喜悦，就不顾别人的感受，还是要注意上面的坤卦。阳气要慢慢地一步一步地向上升，让阴知道这是时令的变化，不是故意要来侵占它的地盘。因为一年四季一定有一个循环往复的自然规律，顺应这个规律，对各种动植物以及整个地球都是有好处的。

"刚中而应"，指的本卦卦主九二，九二为阳为刚，"中"就是指九二跟六五。下卦的中爻是九二，上卦的中爻是六五，这两个爻一阴一阳，彼此相应（图40-6），能够互相帮忙，互相提携，彼此协助。

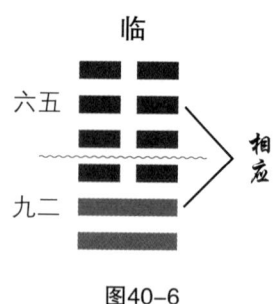

图40-6

　　《彖传》特别告诉我们，"大亨以正，天之道也"。临卦卦辞里面是"元亨利贞"，可是《彖传》里面没有用"元亨"，而用"大亨"。"元"跟"大"还是有点不一样的。就是说，作为阳，你要了解你当前的处境，你是有使命的，不能退缩，阳一退缩就等于时光倒流，又回到十一月了。阳一定要坚持向泰卦去进展，才符合时序的运转，这样就能大亨通。大亨通靠什么呢？靠走正道，不能私相授受，盲目谦让。

　　人当然要礼让为先，但是也有当仁不让的一面。在临卦，阳就要当仁不让，因为节气已经到了，阳必须要向上"浸"，向上"长"，才符合自然的道理，所以说"天之道也"。"天之道也"就是阳气往上走时，会让阴觉得好像是阳在逼它，但这是合乎天道的，是正道，一定会大亨通。

　　人们常说，一个篱笆三个桩，一个好汉三个帮。互相帮助是人类的美德之一。但互相帮助不能否认竞争的合理性，因此，我们又说，机不可失，时不再来。那么面对机遇，我们应当如何处理合作与竞争的相互关系，避免错失良机呢？

　　接下来，《彖传》解释了卦辞中的那句话，"至于八月有凶"。《彖传》说，"至于八月有凶，消不久也"。"消不久"就是说，眼看着阴爻逐渐消退，阳爻逐渐增长，我们不用急，也没有什么好急的，因为阴阳的消长是很自然的，是循环往复的。当整个变成阳的时候，阴气会从底下长起来，到那时阳就会逐步消退，而阴也就会逐步往上走。阴阳都有一定的

第四十集　临事而惧

时间，不久就会改变，不会太长久。这就在提醒我们，面对一件事情，如果不马上抓紧时间好好去做的话，到时候想做也做不了了：一是命没有了，时间没有了；二是事情会变动，会消失。

我们从这里去体会就很清楚了，阴阳的消长不过是一种自然的秩序。我要讲一句话，因果不是迷信，而这是大家常常误解的，认为因果是迷信。其实阴阳的消长就是因果。读物理的人大概不会否认因果。有点物理常识的人都知道，金属一热就会胀，一冷就会缩，热胀冷缩是很自然的现象，而这就是因果。因为热了，所以它就胀了；因为冷了，所以它就缩了。这跟迷信有什么关系？只是因为"因果"这两个字，后来常常被宗教拿去用，所以就染上了迷信的色彩。因果是科学的，不能因为被宗教拿去用，我们就把因果否定掉。

临卦的大象说：*泽上有地，临。君子以教思无穷，容保民无疆*。临卦的卦象上面是地，下面是泽，那为什么不说"地下有泽"，而要说"泽上有地"？这是由我们站的地方、站的方位决定的。人当然是站在地上，不会站在泽上，而地的高度通常比泽高一点，人站在地上去看泽，发现"泽上有地"，人才有居留、立足的余地，否则的话，人想光临也没有用。这就提醒我们要记住，我们都是居高临下的，自己要定好位，找准方向，一路只能往前走。

当我们进入饭店，人家喊"欢迎光临"的时候，没有人会回头就往外跑，否则就闹笑话了。听到人家说"欢迎光临"，我们就知道自己是被人家欢迎的，自己所处的地比人家所处的泽要高，但是如果再从地上往下走就是水了，就很危险了，因为水里面到底什么样，我们都不清楚，所以要特别小心。

在当今社会，名与利是很多人奋斗的目标，过分强调虽然会导致恶性竞争的出现，但合理的运用却可以激发我们的斗志，促进社会的发展。古代文人追求修身齐家治国平天下，在理想诉求的刺激下，君子提出"保民无疆"的口号。那么我们应该怎样正确理解这一现象呢？

君子从"泽上有地"的景象，深刻体悟到"教思无穷，容保民无疆"。一个重视品德修养的君子，不能只顾修好自己的品德，那太自私了，一定还要安人，就叫作修己安人。修己的目的在安人，那怎么去安人呢？当然不能强制人家服从。君子就想到要不断地启发老百姓，让老百姓自己体会到，当有一天听到"欢迎光临"的时候，要怎样面对。这样才能够长期地保护老百姓，让老百姓过正常的生活，不至于一下子就掉到泽水里面去。"君子以教思无穷"，是说君子教导老百姓的责任是无穷无尽的。这样我们才知道孔子为什么会有教无类，他把做人做事方方面面的道理都尽量说清楚，这就是孔子最伟大的地方，叫作教化——不仅教导百姓，还要把道理化成百姓的日常生活习惯。

"容保民无疆"中的"无疆"跟坤卦彖辞"德合无疆"中的"无疆"是一样的，都是无边无际的意思。我们要教老百姓的东西太多了，当他们居高临下的时候，告诉他们，要居安思危，不能退缩，但也不能奋不顾身地跳下去，那只会白白牺牲，应该要调研目前的状况，做好自己的定位，守分，然后再让百姓由修己到安人，推己及人。这当然是无边无际的，所以叫作"容保民无疆"。

我们看到，临卦的前一卦是蛊卦，就是当我们受到蛊惑的时候，我们要亲临视事。因为有的事情根本就是造谣、误传，或是他人制造的假消息，一听就相信的人自然就会上当，所以，要亲自去看一看。凡是碰到了奇奇怪怪的事情，感觉到不正常的时候，我们不能躲，一躲就无路可退了，但也绝不要凑热闹，要先判断一下，需不需要亲自去了解一下，那就叫作亲临视事。我们勇敢地去面对，然后逐渐地一步一步把所有的蛊惑都厘清，重新发展，就会有一个好的开始。

临卦告诫我们，当受到蛊惑时，不要轻意相信，一定要亲临了解，以便做出正确的判断。那么，临卦卦象泽上有地，意味着什么？我们应当如何运用临卦，使我们的生活和工作都达到亨通呢？

临卦大象中提到"泽上有地"，地是为了限制泽水盲目地流动，如果

第四十集　临事而惧

没有地,整片都是水的话,就变成汪洋大海了,就不叫泽了。沼泽地有沼泽地的功能,大海有大海的功用,那是两回事。所以,泽不完全是水,泽如果完全没有地,就会变成汪洋大海。正因为"泽上有地",地会限制住泽水的流动,我们才得以把一块一块的沼泽地保留下来,这样有两个好处:一是免得泛滥成灾。水如果没有地把它围起来,就会由高处往低处流,就一发不可收了。第二个,如果水流光了,万物就会面临干旱,无水可用,对人类来说也是致命的。可见,地是天然的"贮水库"。

我们从临卦卦辞里面了解得很清楚了,当我们面临一件事情时,先想起四个字,"元亨利贞"。事情刚刚开始,我们要很小心,要有始有终,要始终保持很纯正、很守法、很守分的原则,大公无私,最后的结果会让验收观看的人非常满意,甚至会把这个成果展示出来供大家观瞻,那我们就成功了。所以看临卦,要去想观卦,就是这个道理。

懂得前因后果,对症下药,才不会乱,才不会听到一句话就断章取义,才不会看到一件事情就以偏概全,这样就比较有把握,到了"八月"而不会有凶祸。这才是我们要学习的。

通过学习临卦,我们知道要想达到"元亨利贞"的境界,我们需要未雨绸缪,做到有备无患,这样才能趋吉避凶。与临卦相关的成语很多,通过这些耳熟能详的成语,我们又将获得哪些生活智慧呢?

跟"临"字有关的成语很多:

临危受命,当前一任把事情耽误了,时间浪费了,即将被换掉的时候,来接替他的人是最糟糕的,在危难之际才接受任命,那多紧张!这就是前任造成的不好的后果要继任去承担。

临阵磨枪,就更糟糕了——即将上战场了,才开始磨枪。对学生来讲,就是平常一天到晚地玩,根本不读书,等到要考试了,才开始看书,最后往往是走向歧途,不是打小抄,就是偷看他人的试卷,再不然就是打听考题。通过那些不正当的方式,就算这一次考好了又能怎样?

尽管平常看得很清楚,但总会有预料不到的疏忽之处,临崖勒马,就

是在看见前面是悬崖的时候,能够及时把马勒住,也还算是不错的。在面临危险境地的时候,能够自制止步,及时回头,也不致万劫不复。

临深履薄,应该算是比较好的修养。每一次走在路上,都小心翼翼,尤其是面临深渊、脚踩薄冰的时候,更要小心谨慎,时刻警惕,以防有失。这是临事而惧最好的一种态度。

临渴掘井,这个很糟糕。等到口渴了找不到水喝时,才开始要挖井汲水解渴,那不要说"八月有凶",现在就"有凶"了。平时没有准备,事到临头才想办法的人,当然会有凶祸。

临机应变,这是我们一定要共同努力追求的品质,因为它会使我们一生受用。临机应变就是随机应变的意思。随机应变是养成一种好的心态,养成一种机警的反应,而临机应变比较偏重于实用,就是临时碰到事情,没时间多想,但是由于平常已经养成了很好的随机应变的心思跟行为,所以能很快地临机应变。

最糟糕的就是临阵脱逃,那不仅使自己丢脸,还会长期给人家留下不好的观感。我们注意到这里又出现了"观"字,可见,临跟观脱不了关系。临阵脱逃的人,会使得大家对他长期的观感都是不好的。如果一个人一直警惕不要造成大家对自己有不好的观感,应该就不会临阵脱逃了。不临阵脱逃是不是就要壮烈牺牲呢?也不一定,因为只要提前做好准备,就不必搞到临阵脱逃这么狼狈不堪的结局。

还有一句话也是我们常用的,叫作临渊羡鱼。看到鱼儿在水里游来游去,很开心,很自在,就很羡慕鱼儿,想要得到,但不动手去实践,这叫作空想难成。一天到晚做梦,却不付诸实践,既糟蹋了宝贵的时间,也对不起自己。

看了临卦带给我们的这么多的成语,我们应该想到一件事情,就是从现在开始我们要养成好习惯。任何事情,最好能够亲自到现场去了解一下,到现场去监督一下,尽自己的责任,不能把什么事情都推给别人,好像事不关己一样。一个人不能亲临现场了解监督,就没有参与感,就容易与实际脱节,最后还要对造成的不良后果负责任,岂不是很冤枉?我们下一集就要从临卦六个爻的变化来谈一谈:亲临现场。

易经的智慧・第四十一集　亲临现场

在工作中，我们难免要面临工作现场，或者事件现场，那么当我们来到现场之时，首先要注意的是什么？为什么说无心之感是最重要的？有的人在做基层领导时，尚能做到以诚待人，为何一旦当上高层领导，就会官大脾气长了呢？而作为一名领导者，又该怎样巧妙地评判下属的工作，才能够有效地调动大家的积极性呢？

第四十一集　亲临现场

临卦给我们最大的启发，就是任何事情都有它的前因后果。当听到人家说"欢迎光临"的时候，我们马上就要想到，有人要"观其后果"，要验收我们光临后所做的成果。同时，临卦卦辞中的一句话，我们要牢牢记在脑海里面，叫作"至于八月有凶"。它不是让我们做好准备去接受八月的凶险，而是警示我们，如果不小心，很快就会自食其果，到那时，怨天尤人也没有用。临卦给我们提出的最好办法，就是做任何事情临阵的时候，要全面地去照顾，小心谨慎。下面我们就从临卦每一爻来分析。

先看初九爻，它是当位的爻，爻辞只有四个字（图41-1）：**咸临，贞吉**。我们把"咸"跟"感"对照起来看一看，会发现两个字只差一个"心"而已，所以"咸"可以解释成无心之感。我们常常讲，要去"感"应别人，要使人"感"动，要"感"化人家，千万记住，"心"一定要去掉，无心之感才会有很好的应，有心之感经常是落空的。

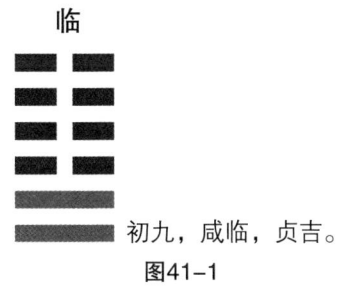

初九，咸临，贞吉。
图41-1

我听到很多老板常跟他的员工讲："你没有良心，我对你这么好，你怎么可以这样对我？"说这句话的人就不懂《易经》。你怎么对他是你的事，他怎么对你是他的事，这是两码事，不能把两者混在一起。"我对你好，你一定要对我好"，抱持这种心态的人，就表示他的出发点不纯正。

一个动机不纯正的人,怎么会有好的结果呢?这就是前因后果没有搞清楚。大地无偿地提供给大家使用,从来没有要求回报;老天无偿地覆盖万物,从没有以此为条件,要求万物提供什么好处。天地是无私的,万物都受到天地的恩泽,所以,万物会发自内心地谢天谢地。

要记住,我们只是尽自己的本分,只是做自己该做的事情,至于有什么结果,不在我们的规划之内。现在人类最大的问题,就是把结果看得太重,特别重视成效和结果。我们所说的"要想想前因后果",并不是要大家计算得到的结果划不划得来。我们讲的前因后果很简单,就是自己应该做的做到了,至于结果怎么样,我们只求四个字:问心无愧。而其他自有公论,自己说了也不算,就算说得再好,也总会有人不认同。

临卦的初爻告诉我们,一个人面临事情不要有功利心,要尽力而为。无心之感并不是说不用心去感受,而是要把善的行为当成一种无心而为的习惯,没有任何目的性,也不要求任何的回报。但是刚开始做事的人,虽然有良好的愿望,但毕竟势单力薄,这时候应该怎么办呢?

初九的任务就是要跟九二合作,否则初九势单力薄,上面阴气又那么浓,独自往上走是根本上不去的。跟九二好好配合,初九才会"贞吉"。初九和九二两个阳爻合作,慢慢就会让人感觉势不可当。可就算是势不可当,也还要提醒自己不要用威势来逼迫人家,要用诚意来感动人家。

读了初九爻辞,我们应该记住:要么不去现场看,如果要到现场去,千万不能骂人,不能刻薄要求,不能这也看不惯,那也看不惯,只能以自己平常培养起来的声望,以平常养望所得的资本——人格魅力,去感应大家,让大家自己去调整。这是临卦的基本原则。

有一句话,希望大家把它跟"咸临"合在一起想:任何方式都不可能强迫一个人改变。威胁,他不怕;利诱,他不管;升官,他不要;打他,打不过……不管用什么办法,强迫一个人改变都是做不到的。人,只能自己改变自己。一个人,如果自己想改变,说改就改了。所以,监督者

第四十一集 亲临现场

一定要记住，我们不能改变任何人，但是所有的人都能够自己改变。

 我们不能改变任何人，人只能自己改变。
——《易经》的智慧

我们再来看初九的小象：**咸临贞吉，志行正也**。"志行正"就是内心的志向、行为合理。志向和行为合乎人性，能将心比心，自然就会"贞吉"。我们对人性好像总是很失望，但是要记住，就是由于我们对其失望，才没有效。因为我们违反了心想事成的定律。我们要先把自己的心端正起来，以心连心，以心去感应对方，造成的改变才会真正有效而持久。只要建立起这样的信心，拥有这样的信念，就会慢慢改变自己。

我的意思并不是说人要完全不发脾气，完全不发脾气是做不到的。我只是说当大家发脾气的时候，要提高警觉，脾气已经发了，就要想办法去补救。这就相当于一个人会放火，而且会灭火。如果只会放火，不会灭火，就糟糕了，所有人都遭殃。因为脾气不是说改就能改的，而且作为一个监督者，该发脾气的时候，要发脾气，该露笑脸的时候才露笑脸。

所以初九告诉我们，动机、出发点一定要很纯正，要出乎真诚，一点不造作。对方一次两次之后就会受到感动，就会产生良好的感应。

孔子云："诚者，乃做人之本，人无信，不知其可。"以诚待人，以信取人，是中华民族的优良传统之一。但在现实生活中，许多人当基层领导时，尚可做到以诚待人，一旦做到高层，脾气就长了，这是为何？这样做会带来怎样的祸患？我们又应当如何避免这一问题的出现呢？

九二是卦主。九二爻辞（图41-2）告诉我们：**咸临，吉，无不利**。"吉，无不利"，就是在加强我们的信心。一个人在初九阶段时，还能用真诚去感动人家，但是到了九二的时候，往往会认为自己现在的气势足够产生威慑力。很多人做基层主管的时候，脾气温和，态度良好，但是到了高层就不一样了，就是因为他觉得自己的威势足以去逼迫别人，不用像以前那么客气了，那就糟糕了。所以，九二爻辞特别告诉我们，有威势而不用，仍以无心之感去感化别人，不但吉顺，而且是无不利的。

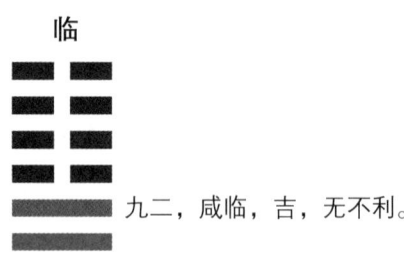

九二，咸临，吉，无不利。

图41-2

为什么会"无不利"呢？我们看九二小象就清楚了：咸临吉，无不利，未顺命也。"未顺命也"，就是说九二往上走，根本不会受到什么阻碍，自然会很刚地向上冒进。这样就会招来一大堆后遗症。这就提醒我们，不顺才是顺，顺反而是不顺。这只有用《易经》的思维才有办法领悟。从这一爻，我们要谨记：有威势而不用，人家反而更感动。

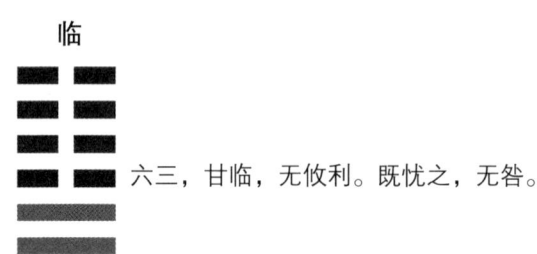

六三，甘临，无攸利。既忧之，无咎。

图41-3

我们再看六三的爻辞（图41-3），更有意思：甘临，无攸利。既忧之，无咎。"甘临"就是甜言蜜语。很多人很喜欢用甜言蜜语去打动人，其实我们应该记住孔子的话，《论语·学而》讲得很清楚："巧言令色，鲜矣仁。"我们应该给"巧言令色，鲜矣仁"加上一个小标题——临道大忌。要亲临视事，去现场监督，做现场调研的人，千万要记住，靠甜言蜜

第四十一集　亲临现场

语所得到的情报也许是假的，所看到的成果很可能是被扭曲了的，它会真正地把你引导到"至于八月有凶"的恶果上，所以要特别提高警觉。

六三爻辞紧接着告诉我们，想靠甜言蜜语去取悦别人的人会"无攸利"。"无攸利"就是无所利，得不到一点好处。是不是到了六三一定会这样呢？不是，因为事在人为。如果一定，那就完全是命定论了。六三爻辞告诉我们，"既忧之"，就是如果能够有所觉悟，甚至于可以把"如果能够"去掉，就是有所觉悟，发现用甜言蜜语不但没有效果，而且有反效果，就会提前忧虑后来的凶祸而有所改变，那就"无咎"了。能够及时刹车，走回正道，当然"无咎"了。《易经》很少不给我们解救的良药，只要我们不一头栽进去，不自暴自弃，《易经》总会告诉我们解救的方法。万事总有解决的办法，不然什么叫事在人为呢？

六三小象：*甘临，位不当也。既忧之，咎不长也*。三是阳位，本来应该是九居的位置，九三才是当位的，所以小象说六三"位不当也"。我们可以看到，如果临卦的六三变成九三，全卦就变成泰卦了（图41-4）。

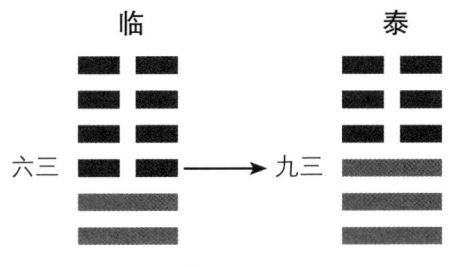

图41-4

但现在还没有，现在只是接近了边缘而已，如果此时就开始用甜言蜜语来粉饰太平，讨好大家，就糟糕了。六三要记住自己是不当位的。"既忧之，咎不长也"，意思就是如果够警觉，能够及时刹车，知道自己不能用花言巧语去讨好大家，应该赶快回复正道，那祸患就不会长久。稍微有点祸患，就及时调整，自然就可以无咎了。可是这话也从另一个角度告诉我们，如果不知改变，还认为讨好大家是很有效的，就会祸患无穷。我们要两边都兼顾到，才叫一阴一阳之谓道。

我们常说，忠言逆耳利于行。但在现实生活中，人们往往被甜言蜜语冲昏了头脑。临卦告诉我们，不仅要防备他人的甜言蜜语，同时也要避免自己言不由衷，这样才能达到无咎的境界。检验他人之言正确与否的一个有效方法就是亲临现场。那么，在现场，我们会遇到怎样的问题呢？

六四爻辞是：**至临，无咎**（图41-5）。它给我们提出了一个新的方法，就是"至临"。"至"是亲自到某个地方，"至临"就是要亲临现场。六四是上坤的开始，正好处在上坤跟下泽相邻的地方，所以爻辞说，既然六四来到了现场，就要亲近现场，不要来了以后却躲得远远的，看一下马上就跑掉，好像生怕留在这里一样，那样，就算来了也没有用。

图41-5

我们在日常生活中常常发现，如果哪个地方发生了灾难，上面为了表示关心，一定会亲自到场。那种时候，就是六四出现了。现场一定会有很多摄影记者，那个来到现场的人，也就是六四，心里一定要提高警觉，将来在电视上播出来的景象，对他是至关重要的。因为大家会从镜头里面发现，这个人是真的关心灾民，还是根本在作秀，是确实来解决问题的，还是来增添大家的麻烦的。这是大家非常敏感的事情。所以，如果摄影记者突然间先从六四的脸部照起，六四就要知道这个人跟自己有仇。因为在场总会有一些熟人，六四总要笑着跟熟人打招呼。摄影记者专门拍六四笑的镜头，然后播出去，会对六四产生不好的影响。这就证明六四平常跟媒体处得不好，或者六四的警觉性不够，或者六四的部属没有办法及时处理这些事情。真正对六四好的摄影记者会先拍他的脚，满脚都是泥泞，裤子湿

第四十一集　亲临现场

湿的，泥巴一大堆，再往上照他的脸，让大家一看：原来是你呀！你是"至临"，是真正在现场关心群众，不是在作秀。于是，所有人都很感动。记住六四爻辞，"至临"才会"无咎"。

"至临"为什么会"无咎"呢？六四小象说得非常清楚：*至临无咎，位当也*。因为做了该做的事情。六四要么不来，要来就要深入现场，跟群众进行互动，而不是远远看一看，简单讲几句话就赶快溜掉。

六五爻辞（图41-6）是亲临现场的一个重要原则，叫作：*知临，大君之宜，吉*。"知"就是明智，"知临"就是他知道谁该去谁不该去，去了以后该做什么不该做什么，我们用现在的话来讲，就叫作知人善任。而他自己只需了解整个状况，掌握全盘的变化就够了，一点也不刚愎自用。这个就是我们常常讲的无为而治。很可惜现在很多人一听到"无为"，就想到老子，就想到道家。儒道不要分得那么清楚，因为《易经》是合的，它不主张分得彼此好像势不两立一样，那是没有好处的。

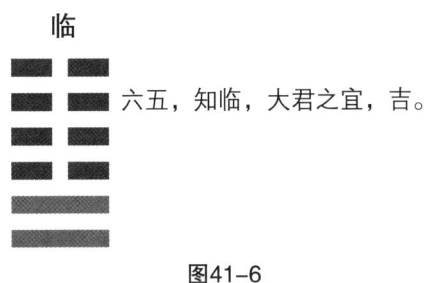

图41-6

"大君之宜"是什么？看六五小象就知道了：*大君之宜，行中之谓也*。"大君之宜"，就是走中道，一切以合理为准。六五是总督，所有的现场监督；六五是总集成，当然就可以做到知人善任，让该发挥的人去发挥。六五要尽量让底下的人去发挥，整个运作才会顺利。

俗话说，人尽其才，物尽其用。能否做到知人善任，是判断领导能力的标准之一。那么，当领导者亲临现场时，应当怎样评判下属的工作表现，才能更有效地调动大家的积极性呢？

上六是临卦的终爻，爻辞（图41-7）是：敦临，吉，无咎。"敦"就是敦厚，"临"就是监临。就是说，上六要么不来现场，来到现场，就不能刻意去挑剔，因为下面的人把该做的事都做了，上六来了，只要表示关心，表示感谢就好了。其实人到了高位，如果能够做到只说这几句话，那他就是成功的——谢谢，谢谢，大家辛苦了！如果到了上六还批评这批评那，就表示下面的人统统不行。

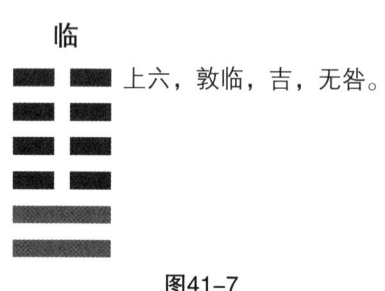

图41-7

为什么会"敦临"？上六小象讲得很清楚：敦临之吉，志在内也。当然了，"敦"也可以解释成，上六用责备的口吻来要求下面的人做得更好一点。那就是爱之深，责之切。可是爱之深，责之切，要"志在内也"，就是说只能在内部表现，不要给外面人看到。在公司内部，领导可以跟干部讲："这样还是不行，还要再加把劲……"可是在有外人的场合，只能说："谢谢，谢谢，大家不容易，辛苦了！"很多人刚好是相反的，在现场为了表示自己了不起，板着脸，批评干部这样不对那样不对，回去后才跟干部讲："你们能够做成这样，已经不简单了……"这样刚好是错误的。

上六私底下告诉干部，有些地方还要加强，这是好现象。但是虽然大家都已经尽力了，成果却不是很好，上六要想来收拾局面，时机也太晚了，也不是那么容易的，而且上六也要负一定责任。

那我倒请问大家：上六有什么责任？大家要想这样一个问题：上级派给我们一项任务，我们是应该满口答应还是应该推辞？这个问题大家每天都会碰到。我们要衡量自己的能力，看看能不能做，不能做的话，就干脆直接讲，自己没有办法，能力不足，做不了，并且要让领导知道，这不是

第四十一集　亲临现场

推卸责任，而是能力有限。我们不会不喜欢这种很坦诚表示自己能力不足的人，我们最讨厌那种满口承担，最后不能完成，把时间都耽误掉了的人。我们并不怕一个人没有能力，我们只怕有人把时间耽误掉，想挽救都来不及，这才是最要命的。因为有时候一件事情没有做完，会连带到后面很多事情都不能完成。我们不要以为这样只耽误了自己的事情，结果往往是整个大局都会因此而垮掉。这才是现场监督的人应有的一种觉悟。做任何事情，把要点掌握住，才是最要紧的。

俗话说，没有金刚钻，别揽瓷器活。量力而行是优秀员工必备的素质之一。那么，通过学习临卦，我们还应当注意哪些问题？在生活与工作中，如何运用临卦的智慧，趋吉避凶，帮助我们的事业获得成功呢？

整个临卦告诉我们，不管用什么方式，内心要很真诚。至于临机应变方面，要靠自己的经验。

我举个例子，我当总务主管前后当了八年，我们请客的时候当然要有盘算，最好是大家都坐在同一桌，如果坐成两桌，势必有人会坐跟主人一起的主桌，有人会坐在另外一桌，这样感觉上是很不好的。有一次，我算了一下人数，差不多正好可以挤一桌。所以我就跟我的领导讲，摆一桌就好了，反正天气冷，大家挤挤也热乎一点，领导同意了。但是大家知道中国人的变数是比任何一个民族都大的。有客人就告诉我："今天是个难得的机会，我把我的好朋友也带来了。"你看糟糕不糟糕？那一天一共是十四个人，大家应当都有经验，十四个人是最难安排的，拆成两桌，人太少；合在一起，又太挤。一般一桌坐十二个人，最多十三个，十四个真的很为难。那怎么办呢？

我请问大家，如果碰到这样的状况，能让十四个人就这样勉强挤在一桌吗？那样的话，所有的人都不会愉快，都会怪你不会办事情。我当时就大声跟我的领导讲："今天稍微'挤'了一点，我家离得比较近，我就先回去了。"注意，一个人大声讲话，就是讲给所有人听的。我没说

"多",因为说"多",会让其他人心里不痛快:哪个是多的?多了哪个?我只说"稍微挤了一点",我的领导也很高明,他就听懂了我的话,他说:"你怎么能走?你办总务的走了,如果临时有事怎么办?"这句话的潜在意思就是告诉其他同事:你们不是办总务的,谁家近谁回去。于是马上就有两个人自动站起来说自己家离得很近,主动要求回家去。我们都留他们不要走,最后那两个人还是走了,我们十二个人坐一桌,宽松,自在,所有人都很愉快。

我请问大家,如果不用这个方式,还能有其他办法吗?有人说可以好好商量。你去试试看好了,你随便找一个人,对他说:"你家离得比较近,今天人太挤了,你能不能回家去,我们改天再请你?"他一定说:"好,没有问题。"但是他会一路骂你,可能半年以后还在骂:"我家近?我告诉你,我太太知道我要在这里吃饭,她出去打牌了,我回到家打开冰箱,里面什么都没有……"他会一直耿耿于怀。这就是初九告诉我们的,只能让他自己去改变,我们千万不要去改变他,我们如果要改变他,所有责任由我们负,他还会一天到晚骂我们。而造成他自告奋勇地要求回家去,就算他回到家没有东西吃,他也心甘情愿。因为他觉得自己对团体有奉献,对领导有配合,尽管自己什么都没得到,但最起码他很高兴。自己该做的事情都做了,就算只能到面摊上吃一碗面,也会很愉快。

做到了这样还不够,第二天你还要亲自去跟他道歉:"不好意思,昨天实在是我的错,来来来,今天我请你吃饭。"他一定不会接受。这样就摆平了。这就是"先甲三日,后甲三日"的实际应用。

老实讲,一个人最要紧的就是要把后面的成果展示出来。我们不是结果论,我们只是主张按部就班,最后的成果总要呈现给大家。所以临卦的下一卦就是观卦。观卦就是让人家来观察你,当然有人觉得最好是让人家来瞻仰。其实最好不要用"瞻仰"这两个字,因为瞻仰一般是对死人而言的。不管是观察还是瞻仰,最起码要摆个东西,弄个样子,让人家看得过去。我们下一集就要来谈一谈:观察瞻仰。

易经的智慧・第四十二集

观察瞻仰

观察不仅是我们认识世界的主要方式，更是人与人之间相互认识、彼此评价的重要途径。通过他人对自己的观察，我们获得社会认可带来的满足感，并促进自身的发展。同时通过对他人他事的观察，获得成长的经验。那么，如何观察才是正确的？我们应当如何应对他人对我们的观察？作为《易经》六十四卦之一的观卦蕴含着怎样的人生奥秘？《易经》又是如何解释观卦的呢？

第四十二集　观察瞻仰

我们在路上，经常会看到一些牌楼，两根柱子把一面木牌或石牌高高架起，木牌或石牌上面有一排引人注目的花样，那就是观卦的来源。

我们看到观卦六爻中，下面四个爻全部是阴爻，只有上面两个爻是阳爻（图42-1）。那两个阳爻就是让人去注目观看的，而下面四个阴爻就代表了看的人的心态和收获。从整个卦象大概可以了解到，"观"就是一方面看人家，一方面被人家看。

图42-1

为什么要观呢？我们看了《序卦传》就很清楚了。《序卦传》说：物大然后可观，故受之以观。东西太小，不容易被大家注意到，大了，所有人都会睁大眼睛看。用今天最新的话讲，就叫作"吸睛"，就是把大家的眼睛吸引过来。上九、九五这两个阳爻，代表大，吸引大家去观看。所以，在临卦后面就紧接着出现了观卦。

观卦就是一个人来了以后，经过一段时间的作为，要把成果展示出来，让大家观摩。我们今天常常讲的观察、参观，还有瞻仰，其实都是观卦的用意。

全人类不论中外最常用的方法，就是观察法。其实整个科学的发展，就是从observation开始的。observation就是观察。要观其所以然，把事物之

所以如此的原因看出来，观察事物表象下隐含的道理，这样人类的学问就一步一步做出来了。

观卦告诉我们，面对自己的责任与义务，我们应当尽力完成，做出让大家都满意的成果。那么当我们观察他人，或被他人观察时，我们应当注意什么？对此，观卦的卦辞给了我们怎样的告诫？

《易经》里面讲到观卦时，是用祭奠来模拟的。我们来看看卦辞（图42-2）：观，盥而不荐，有孚，颙（yóng）若。"观"是卦名，"盥"就是洗手，到今天我们还在讲盥洗室，大家都很清楚，那就是洗手的地方。为什么祭拜之前要洗手？这是表示虔诚的意思。孔子说："吾不与祭，如不祭。"（《论语·八佾》）意思就是说，要么不来祭拜，如果要祭拜，就要有诚心，亲自参与，否则还不如不祭拜。可见，"不"不是不要的意思，而是还没有，"荐"是奉献祭品。洗了手，一切准备妥当了，可是整个的仪式还没有开始，所以没有人奉献祭品，也包括有人在奉献祭品，但是我们在旁观的状况，都叫作"盥而不荐"。

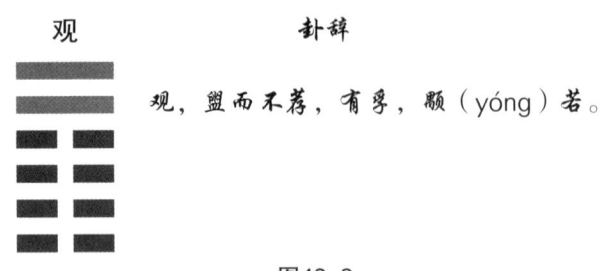

图42-2

"有孚，颙若"，"有孚"是诚信、肃穆、恭敬，"颙若"是庄严的样子。我们很虔诚地去观礼，可以唤醒自身美好的感情，天人在这个时候就能够合一，我们就会慢慢地感觉到，自己体内有良心存在，借此机会，我们就可以把自己的良心、良能、良知唤醒。这样的话我们再去看事情，就不会有偏见、成见，就会看得很清楚，于己于人都有好处。

第四十二集 观察瞻仰

《彖传》解释了这几句话：**大观在上，顺而巽，中正以观天下。观，盥而不荐，有孚颙若，下观而化也。观天之神道，而四时不忒，圣人以神道设教，而天下服矣。**

"大观在上"，指的就是九五、上九这两个阳爻。我们先要体会，为什么两个阳爻要紧接在一起？因为如果只有一个阳爻，力量会显得太单薄，两个合起来，才能构成宏大的景观，高高在上。"顺而巽"，"顺"是指下坤，巽指上巽，观卦下卦是坤卦，上卦是巽卦（图42-3）。坤卦就是一切很顺，人家要看，就让人家看，只要人家看得懂，自己不隐讳任何事情。巽是风，就是要抱有谦逊的态度，要像风一样慢慢地去吹拂，而不是很强烈地给看的人以很大的打击，要让看的人慢慢去领悟。

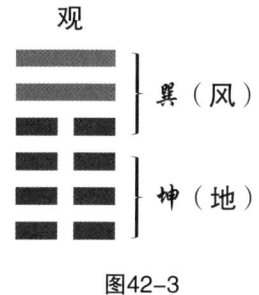

图42-3

"中正以观天下"，"中"是指九五。九五是观卦的主爻，能走正道。"观天下"有两个意思，一个是供天下人观赏、瞻仰，最主要是效仿、学习。而另外一个意思，就是九五高高在上，要观察大家的反应，如果牌楼挂出来，大家走过去连看都不看，或者瞥了一眼转头就走掉了，那九五就要开始反省了，是不是这个牌楼的设计上有什么问题，还是字迹上有什么不对，又或者是时间地点有什么不合适，这也是"观天下"，就是把天下当作一面镜子，作为自我调整的参考。

全面真实地了解事情的真相，会让我们的决定更加正确。用美好的感情处理世事，会让我们的生活更加美好。通过观察，我们可以反观自己正确与否，同时也可以发现他人他事的价值所在。那么当我们以敬仰的心

态，观察到值得学习的事物时，如何才能让我们的所见所感为我所用，让自身得到提高呢？

《象传》接着指出："下观而化也。"就是在下面观看的人，深深地受到感应，心里有一种感觉，在脑海里面会一再周旋，最后受到感化，悟道了，而且他会把自己悟到的东西放在脑海里面细细体味。"化"就是内化。能够在观察外面的事物之后，有所领悟，经过自身的感应，最后在生活中，将其化成自己的习惯，这才是真正的内化。

"观天之神道，而四时不忒"，"神"就是神妙的意思。观看了自然的景象，时事的变化，气候的演变，我们会感觉到，自然真是神妙，人恐怕很难做到这些，好像只有自然有这样的本事。"四时不忒"就是四时的运转，不管怎么样都没有出现过差错。人应该要去想：没有人管，也没有监督者，但自然的运转从来没有出错过，为什么自然有这样的本事？

"圣人以神道设教"，神道设教不是搞迷信，它跟迷信是两码事。要了解神道设教，应该去想想孔子的一句话，"民可使由之，不可使知之"。那不是愚民政策，很多人把这句话解释成，让老百姓糊里糊涂过日子就好了，不需要跟他们讲太多大道理。其实不是这样的，而是有很多道理，老百姓一时理解不了，可能要等到过了大半辈子他们才会懂得。那他们年轻不能理解道理的时候，我们怎么跟他们沟通呢？以神道设教。

> 以神道设教，不是愚民政策，而是在老百姓不理解道理时的一种沟通方式。——《易经》的智慧

其实神道设教在古代用得非常多。我举个例子：直接跟老百姓讲，大家要大扫除，把环境打扫干净，有没有用？没有太大的用。因为很多人会想：我扫了半天，第二天一刮风就又脏了，那何必扫呢？于是就决定每隔一阵子扫一次就好了，但是往往一忙，整年都没打扫，这样一来，整个环境就不干净。可见，我们跟老百姓讲大道理，他们听不进去，也听不懂。

第四十二集 观察瞻仰

所以古代的圣贤——古代圣贤很多，我们所知道的那几个只是今天所讲的代表人物而已——就告诉大家："我们过节要喜庆一些，所以要放鞭炮，而且鞭炮放得越长的人家，福气就越大。"老百姓一听，觉得这对自己有好处，应该做，于是就去买鞭炮，而且选很长的那种，回来发现鞭炮太长不好放，所以就把鞭炮绑在竹竿上，撑起来放。那其实就是今天所讲的消毒，因为鞭炮里面有硫黄，用竹竿把鞭炮撑得高高的，鞭炮炸开后，硫黄就散布在空气里面，就是在消毒。

我请问大家，当鞭炮"噼里啪啦"炸得满地都是的时候，谁会不去打扫？每家都会自动去扫，不用吩咐督促，大家就自动自发地大扫除了。而且我们会发现，老百姓扫鞭炮屑的时候，很有意思，他先左顾右盼，发现没有人，就把垃圾往别人家扫，或者就扫到阴沟里面去。不管我们怎么强调这样做不对，违者罚款什么的都没有用，因为老百姓这样做很方便。于是我们的圣贤又说："大家扫地时，要记住，要把垃圾往自己家里扫，不要往外面扫，因为那是财富，谁扫进自己家里的垃圾多，谁家的钱财就会多。"老百姓这一听，谁还舍得把"财富"往外面扫？说不定还会把别人家的扫一点过来。这样就达到教化的目的了。

孔子怎么会忍心去愚弄老百姓呢？可是他讲得很清楚，"民可使由之，不可使知之"。当然，这句话有很多种解释，我们现在讲的"神道设教"只是其中的一种。有人会有疑问：现代科学发达以后，还需不需要神道设教呢？答案是当然需要。

古圣先贤巧妙利用百姓对吉祥如意的渴望心理，达到了清洁环境的效果。可见，神道设教并不是宗教迷信，迷信也不在于宗教本身，而在于使用这种方式的人出于何种目的。现在放鞭炮、大扫除等活动，早已成为我们的习惯。神道设教还有什么用途？为何在科技发达的今天，神道设教仍然存在？它们又在哪些地方有所体现呢？

我们到寺庙里面去观光参观的时候，导游多半都在"以神道设教"。

导游会告诉我们,门槛不能踩,其实这就是在"以神道设教"。在参观时,人很多,我们想看但又看不见里面的情景时,好奇心会驱使我们踩在门槛上,想站得比别人高,以便看个究竟,而此时我们不会去考虑自己踩在门槛上,头会不会撞到上面的门梁。一冲动就踩在了门槛上,头被门梁撞到,谁负责?导游要负责,最起码增加了导游的麻烦。所以,导游才告诉我们,门槛是不能踩的,其实就是告诉我们,安全第一。

现在我们慢慢了解了,神道设教有三个主要的效果:

第一个就是安全。有这样一个说法,屋子里如果有长长的走廊的人家,晚上一定要挂灯笼,不挂灯笼就会闹鬼。这也是神道设教。我们想想看,晚上在走廊上走来走去的,都是要工作的佣人,晚上挂灯笼就保证了那些佣人的安全。

第二个,为了方便。也有这样一个说法,寺庙的中门不能开,为什么?我们想象一下,古时候的寺庙多半都在荒郊野外,荒郊野外经常会有一些土匪或强盗成群结队地来找寺庙的麻烦,万一土匪或强盗拿着刀枪进来了,和尚根本抵御不了,强盗可能把整个寺庙给毁坏掉。所以为了安全,中门要关;为了方便和尚防御,中门要加好几道门闩,而且平常不开。而边门体积小,比较容易关,而且从边门冲进来的人必须分成两拨,这样就方便和尚能快速把边门关起来,进行有效防御。

第三个,就是有效。从以上两个例子,我们不难看出,中华几千年的历史延续,已经证明神道设教是非常有效的。

 安全、方便、有效,是神道设教最好的效果。
——《易经》的智慧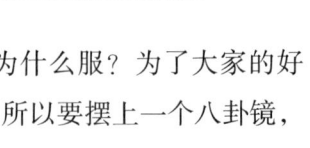

《象传》最后一句是"天下服矣"。大家为什么服?为了大家的好处,怎么可能不服?说你们家跟对面的路犯冲,所以要摆上一个八卦镜,这是心理建设。让你在家里立一个照壁,倒是真的有实际作用。大家想想看,我们的家门是敞开的,外面的人一眼就可以看到家里面,这对我们家

第四十二集 观察瞻仰

是不安全的。尤其今天有了望远镜,心怀不轨的人只要用望远镜一看,发现今天男主人不在家,家里只有妇女跟小孩,他就会毫无顾忌地来抢劫。自己家里的动静,不可以让外人知道,否则太不安全了。所以立一个照壁,挡住外人的视线,更主要是为了保护自家的安全。从里面看外面很方便,从外面要看进来比较困难,当里面的人面临危险时,就可以做一些有效的防御措施。像这些,老百姓之所以会一代一代传下来,就是因为那是有好处的。

趋利避害是我们每个人共同的心愿,因此那些包含良好寓意的习俗得以流传至今。可见要达到"天下服矣"的目的,还要从百姓的切身利益出发。那么通过观卦大象,贤明的君主又将获得哪些启示呢?

我们再来看看观卦的大象:**风行地上,观。先王以省方,观民设教**。我们看到观卦上卦是巽,是风;下卦是坤,是地,叫作风地观。风一扫而过的时候,地上的叶子和乱七八糟的碎纸都被吹得干干净净,而且吹得让人都能看到。

"先王以省方,观民设教",就表示这些是值得行政部门来做的事情,需要照顾所有老百姓。"先王",就是过去明智的君王,"省方"就是巡察四方。君王看到"风行地上",把所有乱七八糟的东西都扫了出来,平常以为很干净的地方,被风扫过后,才发现其实很脏,他就知道自己应该要定期或不定期地去巡察四方,到处看一看。"观",就是看一看。不要老听信别人的话,听到的话很多时候是被扭曲了的,或是有所隐瞒的,或是恶意害人的,由此造成不好的后果,责任都要君王去承担,划不来,所以他要亲自到地方上去巡视巡视。"观民设教",先观察民情——这个地方为什么这样?那些老百姓在做什么?然后,君王会思虑,自己要怎样来教化老百姓,就是"设教"。君王应该根据百姓所能了解的和他们的所作所为,配合他们的需要,对百姓进行教化,百姓才会接受,最终完成自己作为明君的责任。

这样讲下来，我们就可以知道，观卦最主要的就是要仔细观察，要用心关照，同时还要观其奥秘。但是《大学》有言："心不在焉，视而不见，听而不闻，食而不知其味。"真实地描述了大部分人的状态。心不在焉，看到了跟没有看到一样，越熟悉的东西，越觉得没什么稀奇，可是对于好奇的东西又看不懂。人就是这样，熟悉的不想深入了解，可是新奇的，怎么看也看不懂。很多人去了一次美国，就觉得自己知道美国了，把美国人了解透彻了，回国后逢人就讲美国人怎么样，这是很可怕的事情。

还有的人更妙，不管到全世界哪个地方去，总是带着一副扑克牌，四个人一坐下来，不管在哪里，就开始打扑克，在飞机上也想办法打，停下来还打。你们就在家里打扑克好了，干吗全世界去打扑克？现在的大学生也是这样，好不容易出去旅行，却自始至终在玩电脑，那就在家里安心玩电脑好了，干吗长途跋涉在路上玩电脑呢？小孩子更可怜，以前小孩子出去郊游还会东看西看，现在都只顾着打电动玩具……

现在视而不见的人太多了，而且现在人还说要建立自信，那就更糟糕了。

我们常说，要培养自信心，自信是成功的保障。为何曾仕强教授说，建立自信是糟糕的？在这个酒香也怕巷子深的时代，我们应当如何培养正确的自信心呢？

看不懂又有自信，当然糟糕。看不懂的人就要谦虚一点，多听，多看，少讲话。自信就是敢暴露自己的弱点，这种自信要来干什么？一个五音不全的人，看到麦克风抓起来就唱，还美其名曰有自信心。这种自信不要也罢！

我们应该把"自信"的"信"改一改，改成性格的"性"，这个"自性"比那个"自信"重要太多了。人要排除自性的障碍，而不是盲目地建立自信心。这是现代人最麻烦的事情，因为大家不了解什么叫"自性"，只知道"自信"。

第四十二集　观察瞻仰

一个小孩子，我们有必要叫他上舞台吗？大家好好去想一想，有的人有必要，有的人是没有必要的。没有必要的人，让他太早上舞台，会给他造成强大的压迫感，而他自己却无法说出来。小孩子受不了的时候，不一定会哭出来，不哭有时候比哭还难过。我再强调一遍，不哭有时候比哭还难过，正所谓哀莫大于心死。一个人心死了，就不会哭了，哭表示还有救。如果小孩子受到强大的压迫感而无法明言时，心想："你们大人这么折磨我，我这一辈子再也不上台了！"那岂不糟糕？

现在的老师在学校拼命逼学生学习，逼到很多人下定决心，一旦大学毕业，就再也不看书了。这是老师的"功德无量"，但是老师们自己不知道。那就叫作自性的障碍。要想观得真实，一定要把自性的障碍排除掉，诸如成见、主见、偏见等，都是自性的障碍。

观的目的是什么？就是要选定下一个阶段的目标。选定下一个阶段的目标之后，就要及时付诸行动，这样才是会观的人。观的时候一定要静，行动的时候一定要动，先静后动才是会动的人。什么事情要先看清楚，不要急着发表看法，一进场就发表了很多言论，然后才发现自己所说的跟现实环境完全不一样，那是自取其辱，到时候只有无地自容。

我在美国的时候，发现美国有时间差，这边是一点，那边可能已经两点了，另一个地方可能已经三点了。我觉得很奇怪：同一个国家，这里是下午一点，那边是下午三点，这让人怎么办呢？美国人就告诉我："没有办法，因为我们国家大，不同的地区时间有变动，只好不同的地区使用不同的时间。"

我们中国也很大，可是我们中国怎么就没有时间差呢？全国都使用统一的北京时间，是不是我们不对呢？

新疆跟北京在地理位置上相差很远，处于不同的时区，当然会有时差。北京天亮的时候，新疆还没有亮，相当于北京早上六点的时候，新疆那边是凌晨四点钟。但我们没有使用不同的时间，而是全国统一，免得麻烦。不过，我们是弹性上班，北京早上八点钟上班，新疆那边可能十点钟才上班，以此来妥善地调整，有什么不对呢？所以，在北京的人打电话到

新疆去之前,要想想新疆那边的作息时间,现在这个时间点在北京的人是上班了,但新疆那边的人可能还没起床。这很合理,北京这边的人六点钟起床,新疆那边的人八点钟才起床,这没有什么不对,不过是太阳日照的情况不同而已。这样我们就知道了,这不是谁对谁不对的问题,而是思路不一样造成的。这样我们就不会盲目批评别人的生活方式,否则大言不惭地发表自己的"高见",凡事都要评头论足一番,最后当然会惹人笑话。

一个人静不下来的时候,是看不清楚的。观过知仁,看一个人的过错,就知道他的心仁不仁。看了大家的过错,才知道为什么说"仁者,人也",仁就是为人之道。

《名贤集》中有两句话流传已久,第一句是"观棋不语真君子"。一个人,在旁边看别人下象棋,越看越忍不住:"要出车了,要出车了。"下象棋的人就很气:"关你什么事?你来下好了。"他却说:"不不不,你下,我不会下。"然后不一会儿,他又说:"飞象,飞象。"这种人太多了。由此我们就知道要做一个真君子实在很难。"观棋不语真君子"的下面一句是"把酒多言是小人"。斟酒就斟酒,喝酒就喝酒,拿着个酒杯还要讲话,一讲讲半个小时,只会惹人厌烦。

我们现在随时随地可见观者如睹的现象,"睹"就是很多很多的人看。大家都在看,看什么?看热闹而已。俗话说,内行人看门道,外行人看热闹。现在的人都是在看热闹,看了等于没看。所以,我们真的有必要把观卦的每一爻好好了解一下。我们下一集就要来谈谈:见微知著。看到很微小的征兆,就要考虑到将来显著了以后是什么样子,才不会措手不及。

易经的智慧・第四十三集

见微知著

观卦的六个爻告诉我们，人们所处的位置不同，观察的方法就不同。而观察的方法不同，所得到的结果就不同。那么在什么情况下，容易导致"知其然，不知其所以然"的"童观"？男女性别的不同，为什么会导致观察方法的不同？而身处高位的领导人物，又应该怎样使自己的观察更加客观真实呢？

第四十三集　见微知著

我们看到观卦的象跟临卦的象正好是颠倒过来的，临卦的两个阳爻在最底下，观卦的两个阳爻在最上面（图43-1）。这就告诉我们，不要等到大难临头的时候，才来看上面，那时候就叫求天不应，求地无门。我们必须要把观卦从底下往上，逐爻检查分析，看看每爻到底给了我们怎样的提醒。

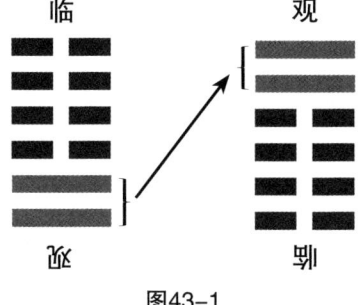

图43-1

我们第一个要了解的就是，九五跟上九这两个阳爻是被我们仰观的对象，而下面的四个阴爻，就代表了我们要怎样去一步一步深入了解所观的对象。

初六是四个阴爻里面距离九五最远的，初六爻辞（图43-2）是：*童观，小人无咎，君子吝*。"童观"，对小人而言，没有什么不好，可对君子就可能会造成很大的遗憾。为什么会这样？我们先了解一下什么叫作"童观"。"童"就是幼童、孩童，"童观"就是像小孩子一样去参加祭典。我们看到小孩子参加祭典，不过是穿得整整齐齐，了不起特别戴顶帽子，对于祭典的礼仪他一概不知，而且他并不是诚心要去，也不是自愿参加的。换句话说，就算他来参加了祭典，其实跟没有来一样，因为他看不出什么名堂。也就是说，初六既看不清楚，也无心观看。

初六,童观,小人无咎,君子吝。

图43-2

为什么看不清楚?因为初六离九五的距离最远。为什么无心观看?因为初六对应的爻是六四,但是初六与六四都是阴爻,不相应,就表示它根本没有用心。这两句话,我们每一个人都应该好好去想一想。一般人看到"童观",就想到那是小孩子的行为,只有小孩子才会这么幼稚地看待事情。其实我们要告诉自己,我们大半辈子都在"童观"。到了纽约港口,大家远远会看见自由女神像,就以为自己看到了,但是我问大家:自由女神像从哪里来的?为什么要把它竖立在自由岛上?为什么有那么多人去看它?我想很少有人知道。

我们要了解,我们受实用主义的害太深了。到全世界去,觉得各地几乎都是一个样,每到一个地方,走马观花,认为没什么特别之处,照照相就离开了——这就是到此一游。因为我们都知道,好不容易到了一个地方,时间很有限,大家总想多看一点,于是就变成走马看花。而且我们亲戚朋友很多,他们知道我们出来旅游,多半会期待我们回去给他们带点礼物,所以大部分时间都在买东西,都在照相。我们只是为了回去要说的那句话而已,"我到某某地方的时候","我去过某某地方",其他的完全不知道。这不是"童观"又是什么?

现在很多人喜欢带着孩子去观光旅游。一段时间以后,我们去问小孩子:"你去过哪里呀?"他多半会说:"不知道。"就算有的小孩子知道自己去过孔子庙,但问他孔子庙里面是什么,他还是不知道。那不就是去了等于没去?所以,大人对于小孩子几岁才可以去参观景点,几岁才可以去看艺术馆、美术馆、博物馆,要做全方位的考量,而不是随便带着小孩

第四十三集　见微知著

子就去了，不可以抱着反正小孩子不用买票，不看白不看的心态。

"童观"就是看不懂，看不清楚，一无所知，去了等于没去，看了等于没看。可是老子在《道德经》中又告诉我们，要"复归于婴儿"的纯真、无邪。这二者是不是矛盾的呢？

"童观"就是只知其然，不知其所以然，看了等于没看。所以我们观察事物要深入了解，而不要走马观花走过场。这样才能通过观察获得有用的知识，促进自身的发展。但老子却说我们要"复归于婴儿"，这又是为什么呢？

我们不要误解了老子"复归于婴儿"的说法。老子说"复归于婴儿"，是告诉我们，一个人一定要求上进。只有从童年的一无所知，逐步发展到很有学问的时候，才有资格恢复天真的那一面。如果一个人一直到老都很天真。那这个人就叫老天真，活了一大把年纪还那么幼稚，这是令别人看不起的。一个人很有学问、很有成就的时候，还能恢复天真，就表示这个人的胸怀很广，肚量很大。

没有人会跟小孩子计较，所以我们常讲"童言无忌"。还有一句话更妙，"大人不记小人过"。从这些话我们可以知道，小孩子天真，是很可爱的，因为小孩子本来就天真无邪。但是如果小孩子一直长不大，我们就要当心了，就要想办法让他长大。所谓"长大"，就是让他有学识、有见识、有胆识。可是，我们又发现，有了这些以后，他就开始僵硬了，他的头就不能动了，就有点僵化掉了。所以老子才告诉我们，要恢复小时候的柔软度——人家讲得高深，我们就跟他谈高深的东西；人家讲中间，我们就跟他谈中间的事情；人家讲得很粗浅，那我们就跟他谈谈粗浅的东西。

> ● 有弹性才代表人是活着的，一旦没有弹性，僵化了，那就行将就木了。——《易经》的智慧

可见，"童观"的"童"跟小孩子没有直接关系。初六爻辞的意思是说如果是小人，幼稚地看待事情，会"无咎"。为什么会"无咎"？这个我们看了初六小象，就很清楚了。

初六小象：*初六童观，小人道也*。"小人道也"，就是说这是小人的生存之道，小人就靠这个过日子。小人很重视外表、形式，爱凑热闹，但对事情的本质一点不关心。我们要予以尊重，因为每个人都有自己的生存之道。有的人谋生都来不及，能指望他从参观中领悟出什么东西呢？有的人基本生活都很紧张，还有什么必要让他来参加庆典呢？所以，初六爻辞说"小人无咎"，但是"君子吝"。君子会后悔，会感觉到遗憾，因为"童观"不是君子之道，君子讲的话要有内容。

大家都去过纽约，都参观了自由女神像，但从大家谈论的事情中，我们就知道这个人的修养到了什么地步。我到过很多地方，很多开车的人都跟我抱怨，塞车，烦死了。我从来没有回应过，因为全世界的大都市哪个不塞车？抱怨的人一直讲，只会增加自己不好的情绪，如果我受他的影响，也情绪不好的话，那我也变成小人了。所以我没有回应，而是看着窗外的景色，想着自己的事情。那大家会不会觉得我这个人太自私？我为什么不告诉抱怨的人不要抱怨比较好？因为我知道，"小人道也"，这是他的生存之道。他如果够聪明，一定会说："你到过很多地方，别的地方是不是跟这里一样塞车？"会这样说的人就很聪明，就有前途，就不得了。那我也会告诉他："是的，而且塞得比这里还厉害！"如果他问："那这个塞车的问题要怎么办呢？"我们马上就听出来了，这个人就已经不是"童观"，已经要打破"童观"了。

> 抱怨的人只会增加自己不好的情绪，如果受其影响，也情绪不好，那就是童观。——《易经》的智慧

可见对于任何事情，我们不仅要知其然，更要知其所以然，这样才能打破"童观"带给我们的障碍，这是观卦初爻给我们的告诫。那么当我们

第四十三集　见微知著

脱离"童观"的障碍，重新观察世事时，还会遇到怎样的问题？为什么女孩子的观察方式男孩子不能运用？观卦的六二爻又将带给我们哪些启示呢？

六二爻辞（图43-3）是：窥观，利女贞。

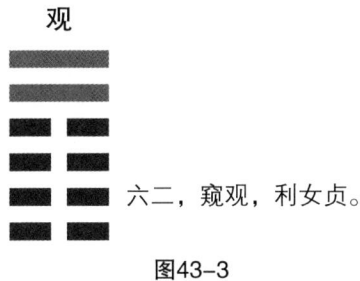

图43-3

"窥"是偷看的意思。为什么要偷看呢？就是下面那三个字，"利女贞"——因为对女孩子来讲，这是正确的。男孩子不可以这样吗？男孩子当然不可以这样。家里来了客人，我们多半会对男孩子说："出来出来，张伯伯来了……"可是对女孩子，我们多半会有一些顾虑。这是为她的安全着想，是对她的保护，而不是重男轻女。如果家里来了一位男性客人，我们马上叫家里的女儿出来跟他见面，就可能引起人家的误会——你是不是相中我，想把自己的女儿介绍给我？就会引起一些不必要的麻烦。所以，除非有必要，我们多半不会让女孩子出来。但是女孩子会好奇：听说家里来客人了，是我表哥，他长什么样？于是，她就会透过门缝去看一看。"窥观"告诉我们，以偏隘的眼光，从窄小的门缝去看一个人，是看不清楚的。

> "窥观"告诉我们，以偏隘的眼光，从窄小的门缝去看一个人，是看不清楚的。
> ——《易经》的智慧

"窥观"就是我们今天所说的"偏见"。有人说"这个人太胖"，就表示他对胖的人有偏见；"这个人太瘦"，就表示他对瘦的人有偏见。为

什么要用偏见来衡量每一个人或物呢？这个我没有吃过，我就是不吃——偏见！这种衣服我一辈子都不会穿——偏见！试着吃吃看，穿穿看，又怎样？我没有说每样事情都可以做，而是说我们不要马上拒绝，先想一想，再试一试，最后表示事物虽好，但对自己不合适，能这样做的人就了不起了。

我们看清楚了以后，再做判断，这是应该的。当我们只是从门缝里面看到了事物的一点点，就以偏概全，对我们自己其实是不利的。女孩子因为要受到格外的保护，在某些方面难免吃亏。所以，"利女贞"是这个意思。

我们再来看看六二小象怎么说：**窥观女贞，亦可丑也**。"亦可丑也"是什么意思？就是说从门缝里面看人的行为，对一个女性来讲，是正当的，但是如果男人也这样做，这个男人就是很羞耻的。可见，"亦可丑也"是针对男人而讲的。如果男人说，你们女人可以从门缝里面看人，我也要这样做，这样的男人就不像个男人。

这跟重男轻女一点关系都没有，而是因为这样会引起很多联想。比如说客人来了，还带了个小女孩，我们马上叫自己的儿子出来跟她见面，对方会觉得，我们很看得起他。因为这样主动权在对方手上，对方将来有权拒绝这门亲事。但是如果客人来，带着一个男孩子，我们马上叫自家的女儿出来，心情就与前者不太一样了。

我是嫁过女儿，也娶过儿媳妇的人，对此深有感触。我可以说得很清楚，嫁女儿的心情跟娶儿媳妇的心情，是完全不一样的。这个只有过来人才体会得到。

观卦借用男孩儿女孩儿不同的观看方式，提醒我们不要门缝里看人，以免产生偏见。同时也告诫我们要学会因人而异看待问题。观察的目的就是要作出正确的选择，确定下一阶段的目标。那么，当我们尽量客观真实地进行观察之后，又应该根据什么来判断自己的选择是否正确呢？

第四十三集　见微知著

六三就更靠近九五了。我再强调一遍，观卦的四个阴爻，就是站在不同的点，共同以九五为目标，来检查自己的观点合不合适。六三爻辞（图43-4）：观我生，进退。就是说，六三离九五更近了，六三也用心观看九五了，此时就要思量自己是要再进一步，还是到此为止就退了。六三在了解了整个状况以后，这个时候就要作出决定了。

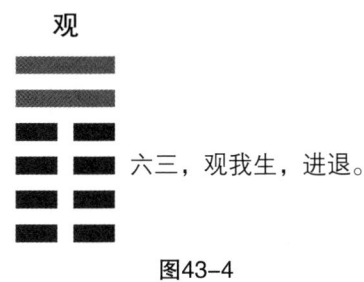

图43-4

我们再看看观卦的卦象，如果把九五跟上九两个阳爻合起来，看成一个阳爻；再把六四跟六三这两个阴爻，合在一起，看成一个阴爻；最后把六二跟初六这两个阴爻也合在一起，看成一个阴爻，我们就会得到下爻是阴爻，中爻是阴爻，上爻是阳爻的艮卦（图43-5）。

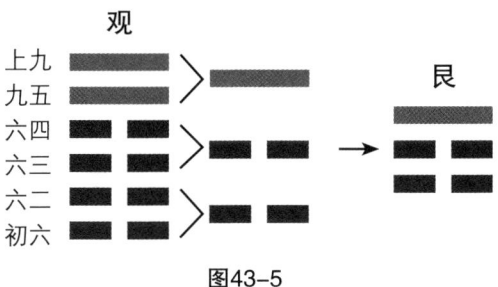

图43-5

可见，观卦有艮的大象，就是整个观卦看起来像一座山。山有止的意思，所谓高山仰止，古文观止。为什么叫古文观止？就是将古人写得很好的文章，选取其中最有代表性的几篇，将其摘编出来，让大家叹为观止。"止"就是说，我们看到这些好的文章以后，就不必再去找其他的了。

其实观看的目的是要作出选择。不是什么都要，也不是什么都不要。

如果人能够将所有事物尽收眼底，还要照相机干什么？很多人说自己的眼睛是最好的照相机，所有的再先进的照相机都比不过自己的眼睛，所以出去都是用眼睛看看，就回来了。你的眼睛真有那么厉害吗？真的什么都能过目不忘？我看不见得。

但是有些人到处去拍，充分利用相机，这个到底好不好？老实讲，一个人出去游历，刚跟外界接触的时候，会拿着相机照个不停。但是如果去过几百次了，还始终只是照相，那就是太不相信自己的眼睛了。有很多东西眼睛可以看得很清楚，相机却照不下来，到科技发达的今天，还是如此。

"观我生，进退"，就是看了以后要作出选择，真正值得照的，才拿出相机来照，不值得的，就不要浪费底片了，否则不仅徒增麻烦，而且会阻碍我们去看更深一层的不太容易看到的部分。

这个我们看了小象就更清楚了，它说：观我生进退，未失道也。"未失道也"就是没有失去正道。一般人来到六三会觉得，自己离九五这么近了，看得这么清楚了，就没有必要再用心了。而且自己好不容易来到这个位置，不能退，要一路上去。这样就失去了警觉性，就失去了考虑到可能会有变化的忧患意识，到了想退也退不了的时候，那就要自作自受了。六三是临界点，它在下卦跟上卦的交界处，所以当我们到了六三这个阶段的时候我们就要格外小心，要多方考虑到底是要进还是要退。

按照《易经》卦爻通例，三多凶。六三是多凶的，我们应该想办法去避免这个凶，在自己还没有丧失正道的时候，要更加小心，明确自己的进退。

在古代，位极人臣，是官员的最高追求。在当代社会，我们也希望能得到重用，让自己的才华得以施展。我们常说，机遇是给有准备的人而准备的。那么，当我们面临机遇时，如何才能抓住机遇，让自己的事业更上一层楼，与上级领导共同推动事业的发展呢？

第四十三集　见微知著

六四就更接近九五了。所以，六四爻辞（图43-6）就告诉我们：**观国之光，利用宾于王**。这个"王"指的就是九五。六四已经很接近九五了，就应该好好表现，好好"观国之光"。"观国之光"就是看国家盛大的景象。

图43-6

为什么不用"观王之光"，要用"观国之光"？六四看到的是九五，而九五就是王，用"观王之光"不就好了吗？不是这样的。因为如果九五始终只顾个人的光彩，那也会一段时间之后就没有了。凡是一个国家领袖，只顾自己的光环，不顾其他人的话，他的统治是不可能持久的。所以，他要把他的光泽透过核心团队，普遍地施与全民，变成国家之光，而不是私人的光，这样才值得大家去靠近。所以，六四极力赞扬国家盛世的光彩，能够广大地施与老百姓，而六四自己有非常好的表现，也很乐意替九五出主意。这样六四就变成了九五这个君王的贵宾。看了半天，终于看出了名堂，也有所得，至少得到了贡献的机会，这种观就非常有价值。

六四小象：**观国之光，尚宾也**。"尚宾"就是变成九五的贵宾，九五很重视六四，给六四很高的礼遇，要听听六四进一步的意见。

九五爻辞（图43-7）：**观我生，君子无咎**。"君子"就是贤明的君王。九五接受大家的观瞻，然后根据大家对他的反映，检讨自己，不断地改善，以求做得更好，所以"君子无咎"。君子的德政广被万民，当然无咎。九五自己做得好，老百姓又拥戴他，所有有能力的人都出来帮忙，就形成了盛世。

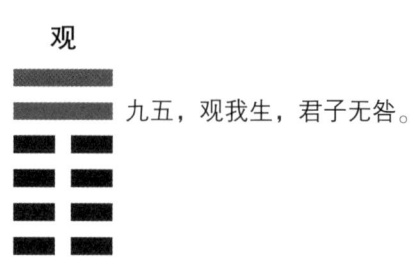

图43-7

九五小象说：观我生，观民也。"观我生"是因为"观民也"。这时候九五去看老百姓的反应，到处去看民情风俗，然后反省，在自己国家里面，为什么会出现这样的事情？进而决定是该调整还是该发扬，并以自身的美德，让老百姓自动把他当作典范，自动去调整各地的民情风俗。这是九五最了不起的，所以"君子无咎"。

处于不同地位的人，会从不同的角度观察问题。一个优秀的领导者，要通过对下属的观察，调整管理方式，更应当用自己的人格魅力影响下属的行为。那么，作为观卦上九爻位置的领导者，应当注意些什么？在生活中，我们又应该如何运用观卦的智慧呢？

上九爻辞（图43-8）：观其生，君子无咎。

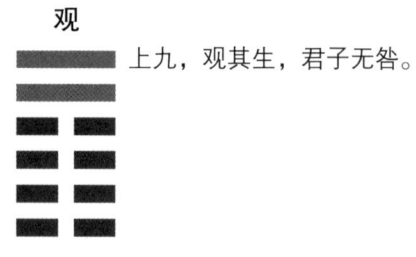

图43-8

"观其生"跟"观我生"有什么不同？九五看自己，所以爻辞是"观我生"，而上九已经是观卦的最后一爻了，他再看自己，就是跟九五抢光

276

第四十三集　见微知著

彩了。上九关心的是观道会不会穷困，因为他非常清楚，当九五站不住了，"观我生"出了问题，那就要靠上九一个人独撑大梁，到那时自己是受不了的。与其到那时叫苦连天，不如现在好好去看一看，九五到底表现得好不好。所以，"观其生"是观九五的表现，然后及时去帮助、协助九五，使得整个观卦上面的两个阳爻能够紧密地联系在一起，发挥团结的力量。

上九小象讲：观其生，志未平也。上九会去观九五的表现，是因为上九内心忐忑不安，上九知道，如果他这一关撑不住，整个观道就会消失不见。所以，上九知道自己一定要撑住，而要撑得住，就一定要帮助九五，所以上九不能很安逸，认为与己无关，就对九五漠不关心。光靠九五一个阳爻是很难撑大局的。上九不能掉以轻心，因为到它独撑大局时，那会众目所视，高处不胜寒。

我们从现在开始，千万记住，看任何事情，不可以随随便便一看，就认为自己全看懂了，要一看，再看，三看。因为第一次多半看到的只是形式、表面，而且我们常常会用自己原来的经验去理解，这样是没有办法了解到真相的。所以，一个人一定要去掉自己的成见。

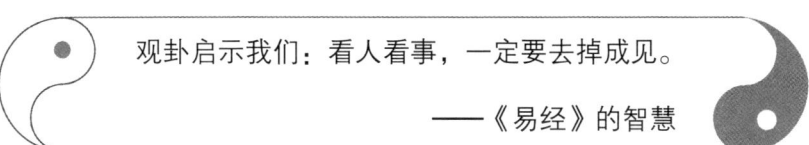

观卦启示我们：看人看事，一定要去掉成见。
——《易经》的智慧

通过学习观卦，我们可以了解到，一般人读《易经》只要求趋吉避凶，那其实也是一种"童观"，只能是"小人无咎"，而"君子吝"。因为如果人生总是不断地追求趋吉避凶，就是贪生怕死，就算每一次凶祸都躲过了，又能有什么好处？我们应当深一层去理解《易经》，它不是教导我们怎样去趋吉避凶，趋吉避凶是太肤浅了。《易经》告诉我们，不管做人做事，都要慎始善终，否则就算所有的凶险都躲过去了，也不是真正的善终。

中国人看我们自己的古董，好像很内行，其实不见得。有一次，我在

纽约看到一个日本人,他的行为使我感动得不得了。他来到一家中国的古董店,我正好也在里面,他一直盯着橱窗里的一件古董看,然后跟店主讲:"这个我很喜欢,能不能让我看一下?"那个店主欣然同意,就打开锁,拿出来让他欣赏。而这个日本人是怎么做的?他居然从口袋里面拿出一副干干净净的白手套,套在手上,整个人跪坐在地毯上,双手恭恭敬敬地把古董捧在手中观看。

当然,有人认为,那个日本人是怕古董掉下去,摔坏了,赔不起,损伤了,被人家告。但是事实上我所看到的,是他以很虔诚、很尊敬、很小心的态度,以非常欣赏的眼光来看那个古董,我认为真是"大观在上"。就在这整个的过程里面,我体会到,大大小小的事情都要慎始善终。我们下一集就要来谈一谈:慎始善终。

易经的智慧·第四十四集 慎始善终

人的一生无论贫穷还是富有，无论幸福还是痛苦，也就是几十年的时间。那么这几十年究竟应该如何度过？什么才是人生的最终追求？怎样才能不虚度一生呢？《易经》给我们的答案是：慎始善终。但是我们无法把握自己何时出生，更不知道自己会何时离去。那么，慎始善终的含义究竟是什么？怎样才能真正做到慎始善终呢？

第四十四集　慎始善终

我们这次讲到观卦，就要告一段落了。

观卦的卦象大家一眼看过去，会不会想到夕阳无限好，只是近黄昏？观卦上面的两个阳爻，就像太阳，下面四个阴爻，代表一片黑暗，太阳快要下山了，一天就要过去了。就好像人生走到了尽头，什么事都干不成了。可是整个观卦并不是消极的，它带给我们无限的希望。

这是什么意思呢？就是告诉我们，有始必有终，有生就有死，这是必然的过程，但是人也应该发挥一点作用。人的一生最可怕的不是死，而是枉费了自己的一生，用四个字来讲，就叫枉走一遭——就这么在人世走了一遭，什么收获都没有，这是最大的不幸。

我们读完《易经》以后，回头看看自己的人生，就应该做到四个字：慎始善终。关于慎始善终，我们可以从很多卦与卦之间的关系中体会出来。比如乾坤两卦（图44-1）中，乾是创始的能量，而坤是演化的力量，就是将理想落实，使其产生很好的结果。所以乾坤要配合。如果只有乾，就会一天到晚做梦，还夸耀说有梦最美，但是每天只有在睡觉的时候才会笑，其他时候笑不出来。那样的生活是没有什么意思的。有梦是不是美，要看能不能梦想成真。而梦想要成真，就要靠坤卦的配合，坤以其柔，以其贞，将合理的理想全面落实。所以，可以说乾是慎始，而坤就是善终。

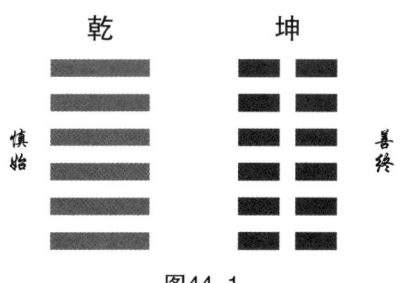

图44-1

《易经》提醒我们,一定要学会慎始善终,不然便会白白枉费一生。但是,古语却说,生死有命,富贵在天。既然我们掌握不了生死,那么,还能不能做到"慎始"与"善终"?假如我们错过了良好的开端,是否还能拥有一个圆满的结局呢?

接下来再看屯卦跟蒙卦(图44-2)。屯卦就是生下来,但是生得好(屯卦),不如教得好(蒙卦)。不管屯卦怎么讲究优生学,怎么产前产后用心,如果蒙卦出了问题,养子不教,也是没有善终。

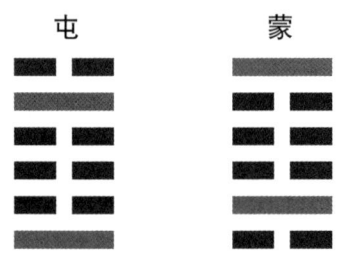

图44-2

当然,我们不能说屯一定是始,而蒙一定是终,这是不一定的。因为《易经》不太讲"始终",而讲"终始",就好比它不太讲"阳阴",而讲"阴阳"一样。这些都值得我们去深思。讲"终始",就表示终必有始,永远带给大家希望,告诉大家,事情没完没了。其实,整部《易经》就是没完没了。

由此我们就会想:人生的目的是什么?其实每个人随着自己年岁的增长,一定会思考自己的一生到底要干什么。我看过全世界很多关于这方面的讨论。人生的目的,有人认为是快乐,有人认为是服务,现在更流行一句话,说人生的目的,就是创造自己被人家利用的价值。但是,我觉得如果从《易经》中去提炼人生的目的,会发现中国人的确有与众不同的思路。《易经》告诉我们,人生的目的是要求得好死。

第四十四集 慎始善终

《易经》告诉我们,人生的目的是要求得好死。
——《易经》的智慧

求得好死就是善终。人,不管怎么来的,要能够做到既来之,则安之,要明确自己现在面对的是死亡,因为出生已经过去了,要想从头再来一次,大概不可能,我们每过一天,就是向死亡迈进一步。与其害怕、担心,求神拜佛,保佑自己长命百岁,倒不如求个善终,也就是好死。

什么叫好死?不是不生病而死,因为人吃五谷就长百病;不是不被车子轧死,因为有时候我们不撞人,但人家会撞我们;不是不死在野外,因为一个军人战死沙场,是最有价值的。我们要从《易经》里面去体会,好死是死得心安理得,毫无愧疚。只要我们把《易经》的道理看清楚,并将其逐步切实地运用在生活中,死的时候就能心安理得。

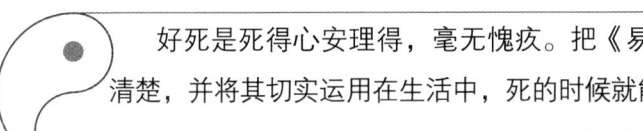
好死是死得心安理得,毫无愧疚。把《易经》的道理看清楚,并将其切实运用在生活中,死的时候就能心安理得。
——《易经》的智慧

但是,问题又来了,每一个人都知道自己迟早会死,可是没有一个人知道自己什么时候会死。我觉得这是老天给人类最大的恩惠。

如果说"不知何时会死"是人类得到的恩惠,那么,人们只需安心度日即可,但为什么还有那么多人想要预知未来吉凶?假如人人都能够轻易卜算未来,将会给我们的生活带来怎样的影响?《易经》又提醒我们,该怎样看待占卜呢?

如果一个人,在他很小的时候,父母就带着他去批流年,把他一生的流年都批出来,而且把他每十年走什么运,甚至再细一点,哪一年会发生

什么事情都告诉他。我请问大家,这个人的日子会好过吗?他每天要去对照,自己今天要做什么,下周会怎么样……这样的话,人还有什么自主性?所以,就算可以批流年,就好像今天可以通过DNA,算出每个人会有什么病,将来会怎么死,我也还是奉劝大家,不要去算比较好,就让它一步一步地自然发生,生活才有趣!

我们都知道自己会死,可是不知道什么时候死,那我们就会每走一步都特别小心,因为只要一大意,很可能就死掉了。有一个人,他一生都很谨慎,所以跟妻子处得很好。可是有一次他生了重病,医生断定他是癌症末期,大概只有三个月的时间了。

他看着不辞辛劳照顾自己的妻子,越想越惭愧:她对我这么好,我居然在外面偷生了一个儿子……虽然之前那么长时间,妻子都不知道这件事,可现在他快死了,再三考虑过后,他决定要把这件事情告诉妻子。于是他就跟妻子讲:"我这一生对你不错,你对我也很好,现在我快不行了,所以我不能不告诉你,我在外面有个私生子,希望你能够收容他。"妻子说:"没有关系,人非圣贤,孰能无过?你告诉我他是谁,我一定照你的意思收容他。"

于是这个人就把私生子的信息告诉了妻子,他内心更对妻子充满了感激之情,觉得妻子的心胸真是宽广,连这种事情都能宽容。

后来这个人的身体越来越好,根本没有死。可是,日子就难过了,两夫妻天天为这事吵得不可开交。老天捉弄人就是这样,多少人想死的时候死不了,不想死的时候,却被老天收回去了。

中国人常说,生死由天不由人。所以,每一个人都要觉悟,时时刻刻都要小心,不能犯错。因为人是习惯的动物,常常谨慎,谨慎就会变成一种习惯,习惯就成自然,自然就很快乐。

> 人是习惯的动物,常常谨慎,谨慎就会变成一种习惯,习惯就成自然,自然就会很快乐。 ——《易经》的智慧

第四十四集　慎始善终

所以，从屯卦和蒙卦中，我们就领悟到，人要活到老学到老，有了错，要把握时间，在没有死以前赶快改掉，就好了。这就是孔子所讲的，我们尽了人事方面的努力，最后还要听天命。这不是迷信，而是事实。每一个人都在边学边做，边做边改。

俗话说："饱暖思淫欲，饥寒起盗心。"人的欲望似乎永远无法满足。在人生的道路上，随时都可能偏离航向，误入歧途。那么，当欲念萌生之时，我们应该怎样处理，才能做到真正的慎始善终？充满古老智慧的《易经》又会教给我们哪些处世之道呢？

我们再看需卦跟讼卦（图44-3），也是一样的。就是当人开始有欲念，开始想要很多东西来满足自己的需求时，一定要预先设想后果，避免引起官司。需和讼也是慎始善终的关系。

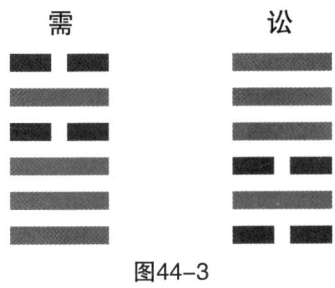

图44-3

师卦跟比卦（图44-4）的关系亦是如此。

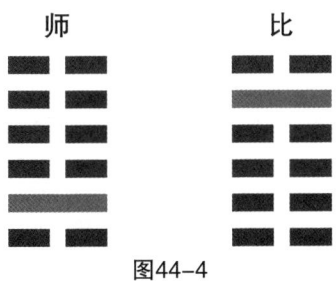

图44-4

一个人气愤不过，就要找几个人去打群架。这是经常有的事情，打群架就是师。但是要想到，自己这样做最后会不会破坏整体的和谐？小不忍则乱大谋，说的就是师卦跟比卦。稍稍退一步，就会海阔天空，当初的怒气一下就消掉了。师卦跟比卦，其实是在我们每天晚上睡觉之前决定的。如果每天晚上睡觉的时候，就想到：那个家伙今天让我受气，明天我找几个人给他难堪。结果弄得自己也睡不好。第二天，怒气冲冲地就去了，不是被人家打回来，就是自己后悔。

这样我们就可以知道，一个人要养成自省的习惯。这就是曾子所讲的"吾日三省吾身"。每天晚上，我们总要对自己好一点，整天的时间都在为大家服务，晚上保留二十分钟给自己，想想今天最愉快的事情，让自己高兴高兴；想想今天最不愉快的事情，然后思考补救的办法；再想想明天有什么紧急要办的事情……将这些统统写在纸上。与其放在脑海里面让自己睡不着，不如把这么辛苦的事情交给一张纸。

你说："我今天越想越气，某某真的对不起我，我生平没有受到过这样的奇耻大辱。明天早上无论如何要给他好看。"可以，你拿出一张纸，写道："某某，你今天对不起我，简直不是人！你这样做，我打你也是应该的。"写下来之后，就去睡觉，安心得很。等到第二天早上，你起床了，再来看你昨天晚上写的纸条，你会觉得很可笑，觉得这种小事情也值得大惊小怪！然后就把纸条撕掉了。这样一来就由师卦变成了比卦。可见，师、比就在一念之间。师提醒我们要慎重，所以叫"慎始"，而比就是"善终"。

小畜卦跟履卦（图44-5）也是一样的。

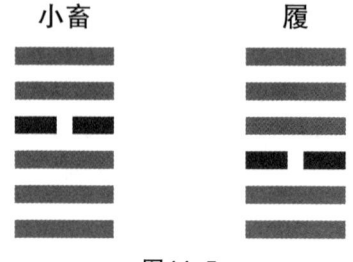

图44-5

第四十四集　慎始善终

有了收入，就有人要动我们的脑筋，要跟我们借钱，或者骗我们的钱。你养了一头猪，人家经过就会看猪肥了没有，想着你什么时候宰，什么时候请客。这些都是人之常情。我们不可能因为这样就一点不储蓄。任何大储蓄都是从小开始的。这时候我们就要知道，任何的储蓄都要慎始。这个东西是人家寄养在我家的，不完全是我的，有了这样的心态，就算将来被人家偷掉，我们也不会太难过。而我们只要按照天道，履就是按照天道，不养就不养，要养就好好养，至于将来怎么分，将来再说，事先不多想，只要记住自己不小气，不斤斤计较就好了。

经过这些以后，我们可以总结出一点：人生其实就是泰否（图44-6）的循环往复而已。不是由泰入否就是由否入泰，而且否中有泰，泰中有否，这样人生才有趣。有人会觉得奇怪：怎么这样人生会有趣呢？人生要很平静，很顺利，才是大吉大利，这样起起伏伏，不是折磨人吗？其实不是。开车的人，只要路很直，很好开，经常会出车祸，而碰到特别难走的路，九转十八弯的，他会特别小心，反而不容易出车祸。事实本来就是这样。一个只会走平路的人，一旦碰到崎岖不平的路，就无能为力了。如果我们什么路都能走，那人生不是更愉快吗？

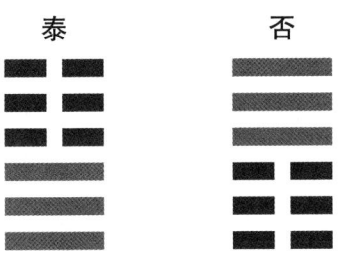

图44-6

泰卦跟否卦几乎就是之前那几卦关于慎始善终的一个小结。三阳开泰是一个好的开始，可是最后经常是闭塞不通的。人生下来的时候，大部分都是很齐全的，鼻子会呼吸，眼睛会看，手会动，耳朵会听，可是不久以后，鼻子不通了，牙齿也掉了。我们很少看到生下来四肢不全，后来越来越好的人，大概没有。慎始都不一定善终，更何况一开始就不好呢？

随着思想的多元化发展，一些人已经开始减少对开头和结果的关注，转而认为过程最为重要，"活在当下"成为很多人的生活理念。但是，更多的人仍旧在为"赢在起跑线上"、为功成名就而奋斗。既然慎始不一定会善终，那么是不是就不必强求事事都有个完美的开端，只要努力获得好结果，就是我们真正该去追求的呢？

到底是"始"重要，还是"终"重要？答案是二者都重要。我们要尽量去慎始，尽管往往会事与愿违，但终究不能因此而放弃。每个妈妈都想生一个人见人爱的小宝宝，但是我们仔细去看，会发现每个孩子都有缺点，那就好了。孩子有缺点，是考验妈妈是真的爱孩子，还是只是爱他的优点。如果一个妈妈说："我的孩子，不生病的时候我就爱他，生病我就不爱他了；他很有出息，他就是我的儿子，不是很有出息的话，我就不认他。"那这算什么母爱？

天底下有很多闭塞不通的现象，有很多缺陷，这个时候就是对我们最严峻的考验，经得起考验，才会持盈保泰。老实讲，很多人碰到我都会讲："听来听去，心态最重要。"我心里想，这个人悟性很高。可是不一会儿，他就开始抱怨这个抱怨那个。我就知道，这个人的心态只是在嘴巴上，不是在内心里。那就没有"化"，有口无心的人就表示他化不了。

因此，我们慢慢就觉悟到，人天生不平等，而且人人都有缺陷。但是同人卦（图44-7）告诉我们，尽管人生而不平等，但我们要尽量让其平等。可是"平等"这两个字会引人遐想，使人堕入一个误区，认为自己就应该与人平等。其实这是不可能的。所以我们才说《易经》要求的是"合理的不平等"。就是因为人各有不同，所以我们才说要同人。同人就告诉我们要慎始，一开始就要把人当人。一开始就把人当病人的医生，不是好医生。不管对方得了什么病，医生都把他看成一个人，只不过这个时候生了病而已，这就是好医生。

第四十四集 慎始善终

图44-7

同人卦之后，大有卦就出来了（图44-8）。人能够做到合理的不公平，能够基本上把人当作人，世界大同，也就是现在讲的地球村，就会慢慢呈现。

图44-8

实际上我们现在已经走到同人、大有的地步了，但是始终还没能实现世界大同，是什么道理？就是因为我们对谦卦（图44-9）没有很深刻的认识。我现在很清楚地告诉大家，整部《易经》的重点不在乾卦和坤卦。乾坤是易之门户，是《易经》的大门，但是真正的核心是谦卦。谦卦的初爻是初六，上爻是上六。初六在下，上六在上，不管当中有几个阳爻，这种卦都叫作阴包阳的卦。

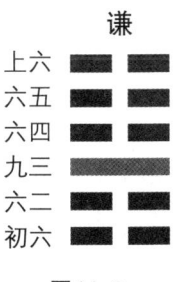

图44-9

综观六十四卦，其中有的是阳包阴，如山雷颐卦（图44-10）。阳包阴就是上下爻是阳爻，当中有阴爻。有的是阴包阳，如大过卦（图44-11）。阴包阳，就是初爻是阴爻，上爻也是阴爻。凡是阴包阳的卦，属于感情方面的比较多。谦卦就是讲对人的态度。对人的态度如果没有内心的感情，那完全是虚有其表。形式上很客气，表面上很谦虚，心里头完全不是那样的，那就是伪装，就是伪君子，而伪君子比真小人更可怕。

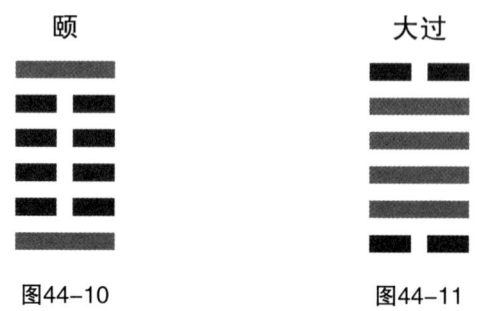

图44-10　　　　　　　　图44-11

谦卦象征谦虚卑退之意，有谦德的君子万事皆能亨通，然而并不是所有人都能从始至终地保持谦虚：小人行谦则不能长久，惟君子有终也。由此看来，慎始善终也要因人而论。那么，我们要怎样去做才能成为一个慎始善终的人呢？

因此，我们就知道，一个人开始要柔，收尾也要柔，当中有时候刚，也是为了要柔。这样才是刚柔并济。刚柔并济就是儒。"儒"，一边是"人"旁，一边是"需"字，就是做人所需要的道理。我们一直在讲儒家，却始终没有去想什么叫儒家。"儒"就是柔的意思，就是用柔来克刚。有人说只有道家才讲以柔克刚。其实不是，儒家也教人要以柔克刚。因此，我们就要好好从谦卦开始，学习修己待人之道。

整个谦卦最要紧的是六二爻，六二爻辞是：**鸣谦，贞吉**。当我们表现得很好的时候，就会受到人家的夸奖，但那是我们人生中最危险的时候。理解了这一点，我们才知道，为什么我们的很多想法跟西方人不太一样。西方人倡导要给孩子鼓励和赞美。可是，如果孩子从小听惯了好听的话，

第四十四集 慎始善终

将来听到难听的话，岂不是会更难过，挫折感更大？《红楼梦》里面，贾宝玉的才华是很高的，可是他每次完成作品后，他的父亲看了，明明心里很高兴，但都会骂他："就是做得几句诗词，也并不怎么样，有什么稀罕处？"我们真的要好好去想想这些事情。

父亲赞美孩子，要在私底下赞美，告诉孩子："你做得不错，但还要继续努力，别人怎么样是别人的事情，你只管好好走自己的路，不要跟人家比。"可是有外人在的时候，父亲一定要说："你这不行，还差得远呢！"所以，中国人为什么有"严父"的说法，就是这个道理。天底下除了父亲会给儿子当头棒喝以外，大概没有人会这样做了。别人犯不着，也没有责任去这样做。但是我们现在完全是背道而驰。父亲拼命地讨好孩子，然后让外面的人来把他害死。父亲对孩子严苛，外人怎么害也害不死他；父亲讨好孩子，外面的人一下就把他害死了。

做母亲的也是一样。每位母亲都认为自己的孩子是天底下最好的。我经常冷眼旁观，很多妈妈带着自己的孩子，一见面，就拼命地赞美自己的孩子。结果没有一个人听，大家都觉得自己的孩子最好，别人讲她家孩子好的时候，自然就没有人听得进去。

读《易经》并不是要把内容背下来，也不是整天在趋吉避凶里动脑筋。那样的话，人太没有价值了。就算我们因此而一路吉祥，把所有祸害统统避掉了，但最后不得好死，有什么用？

为什么谦卦这么重要？我们把谦卦的精神用三个词表达出来：因为它让我们守分、知足、常乐，这才是人生要追求的。为什么要守分？因为每个人的分不一样。自出生起，人就各有不同，有的比较聪明，有的比较不聪明；有的学习很快，有的学习很慢；有的机会很多，有的根本没有机会。这都是事实。有人就有分，这句话是同人卦讲的。大家都是人，应该都有分，但是实际上有的人分大，有的人分小，有的人分好一点，有的人分差一点。因此，人要知足。

 谦卦的精神：守分、知足、常乐。这是我们每个人一生都要追求的。
　　　　　——《易经》的智慧

　　知足就是说要朝满意的角度去想，自然就足了。知不知足要靠个人修养。在求知方面，当然应该一辈子不知足，因为《礼记·学记》告诉我们："是故学然后知不足，教然后知困。知不足，然后能自反也；知困，然后能自强也。"

　　最后，人要常乐，只有常乐，心情才会平静，而一个人只有静下来，才会比较谨慎小心，才会找到正确的目标，才会很冷静地作出选择。慎始善终，只有在守分、知足、常乐的大前提下，成功率才会高。

　　这次暂且先介绍到这里。我有一个诚恳的建议，希望大家从现在开始，好好把谦卦看一看，并下定决心从谦卦做起，大概就可以做到尽人事，听天命了。